U0906378

公司法中的
外国公司法律问题研究

赵磊　著

法律出版社
LAW PRESS·CHINA

前　言

“外国公司”一词经常在各种场合、各个层面被人们提及，不但现代社会中人们的生活与形形色色的外国公司密不可分，[①]而且一个国家的经济发展、政治安全甚至军事国防等重要领域也无处不在地闪现着外国公司的“身影”。从世界范围来看，外国公司已成为各国经济发展的重要推动力量，因此，任何一个国家的法律都无法忽视这一现象的存在。无论是作为发展中国家的中国改革开放30年的高速发展，还是第二次世界大战后的德国、日本

---

① 2005年12月20日，美国女作家Sara Bongiorni在*The Christian Science Monitor*（《基督教科学箴言报》）上发表文章“A year without Made in China”，在中美两国引起较大反响，讲述了一个美国家庭抵制“中国制造”一年的生活，结果是“China-free living has been a hassle”（没有中国制造的生活一团糟）。载http://www.csmonitor.com/2005/1220/p09s01-coop.html，最后访问日期：2017年5月11日。

等国家的崛起,都离不开外国资本与外国公司的作用。外国公司在不同国家(地区)的法律地位不尽相同,究其原因,除了各国在法律体系与传统上的不同之外,更为重要的是,各国对待外国公司的立法态度、公共政策、政治体制等方面有诸多差异。

自 20 世纪 90 年代开始,通过在中国香港特别行政区、英属维尔京群岛、开曼群岛、百慕大群岛等地注册离岸公司,再通过离岸公司返回中国内地设立外商投资企业或实现境外上市和海外收购已经成了不少内地企业间公开的秘密。众多的国有企业(如中国银行、中国电力、中国移动、中国联通、中国网通、中石油)以及几乎所有的国际风险投资与私募并购基金和众多民营企业(如新浪、网易、搜狐、盛大、百度、碧桂园、阿里巴巴)几乎无一不是通过在离岸金融中心设立离岸控股公司的方式而实现其巨大的成功和跨越。这些公司无一不是以"外国公司"的性质在我国以"民族企业"的面貌出现,其中,有的只是借助外国公司的外衣实现在如美国纳斯达克、中国香港特别行政区联交所等资本市场上市需要,而有的则是打着外国公司的幌子在我国寻求或者获取外资企业在税收、资源占有等方面的利益。

随着我国改革开放的不断深化和经济全球化趋势的不断强化,我国与世界各国之间的经济联系愈加紧密。越来越多的外国公司进入中国,或是在我国设立代表处、办事处,或是设立分公司,在华开展业务。截至 2016 年,外商投资在华设立的研发机构超过 2400 家,外商投资企业创造了我国近 1/2 的对外贸易、1/4 的工业产值、1/7 的城镇就业和 1/5 的税收收入,对经济社会可持续发展的促进作用进一步增强。[①] 由此可见,外国公司已经在我国国民经济中发挥着重要作用,外国公司在华的经济活动不仅强化了我国与世界各国的经济联系,而且将先进的技术和管理经验引入我国,推动了我国经济结构的转型升级。在一定程度上,外国公司大量涌入中国,是我国外向型经济发展的重要体现。然而,外国公司进入中国也是一把“双刃剑”,其所带来的不仅是对外经济联系的强化,而且带来了一系列的问题与弊端。部分外国公司利用国内法制的漏洞,盲目追求利润最大化,漠视企业社会责任,造成了极为恶劣的社会影响。例如,2011 年一些城市的部分沃尔玛超市和家乐福超市存在虚构原价、低价促销吸引顾客以及高价结算、不履行价格承诺、误导性价格标示等欺诈行为。丰田公司于 2010 年数次对雷克萨斯、皇冠等 8 款有缺陷的汽车实施全球召回,主要问题包括发动机进/排气门弹簧缺陷,但未包括中国市场。[②] 为了获取税收优惠,降低企业运行成本,不少国内企业在境外“避税天堂”成立公司,采取迂回的方式开展业务,造成了国家税收的严重损失,也使“假外国公司”与“假外资公司”的泛滥成为一个十分严重的现象。还有部分外国公司进行恶意资本运作,试图借助炒作金融资本市场的方式谋取暴利。如何强化对外国公司的资金监管,避免外资的不正常流动,保障我国金融安全,成为一个必须直面的重大课题。

面对外国公司与外资企业蓬勃发展的态势,我国已经出台了

---

① 参见罗兰、陈芳颖:《中国对跨国公司“引力”不减》,载《人民日报》(海外版)2016 年 1 月 22 日,第 2 版。

② 参见《我会发布〈2011 · 跨国公司社会责任问题报告〉》,载中国国际跨国公司促进会官网:http://www.cicpmc.org/detail.asp? id = 3379&Channel = 2&ClassID = 14,最后访问日期:2017 年 5 月 11 日。

一系列立法文件，主要包括《公司法》《外资企业法》《外资企业法实施细则》《外资银行管理条例》《外国企业常驻代表机构登记管理条例》《外国(地区)企业在中国境内从事生产经营活动登记管理办法》《国家工商行政管理总局关于规范外国公司分支机构名称的通知》等。涉及外国公司与外资企业的设立要求、公司章程、名称规范、组织机构等方面的内容，在相当程度上规制了外国公司与外资企业在华的经营行为，保障了我国经济领域的正常秩序和有效运转。然而，既有规范失之于简单和粗略，尤其是在涉及外国公司的相关领域，立法层级过低，立法碎片化的问题较为突出，法律漏洞与法律空白的现象较多，外国公司的诸多法律适用问题仍然处于悬而未决的状态。尤其是在外国公司的认定标准、准入机制、监管制度、撤离制度等方面，规则较为模糊等问题。这显然无法满足外国公司蓬勃发展对相关监管规则的需要。在此背景之下，强化对外国公司基本问题的研究，为司法实践提供一整套清晰合理的解决方案，规范外国公司在华的经营行为，做到趋利避害，防范风险，便具有很强的实践意义和理论价值。

本书在结构上，主要由外国公司人格的法律分析、外国公司的准入制度、外国公司在内国的社会责任、刺破外国公司的面纱、外国公司的监管、外国公司的撤离六章组成。

第一章为外国公司人格的法律分析，这一章主要阐释外国公司的基础理论问题。在学理上，对外国公司法律人格的承认构成了外国公司在内国有效开展业务的前提性条件。本章首先回顾了公司人格的历史演变，指出公司的独立人格主要体现在独立的组织、独立的财产、独立的责任3方面。对于公司而言，其法律人格的取得主要取决于注册地法律的规定。公司住所构成了公司人格的核心要素，对此，我国立法采取的是住所地与登记地一致的原则。然而,我国公司法采取的模式具有较强的行政管制色彩,应当允许公司享有自主选择公司住所的权利。离岸公司在法律人格上表现出较强的特殊性,其无法在注册地开展业务活动,在税收上则被视为非居民纳税人。因此,其法律人格与税收人格在一定程度上实现了分离。对于外国公司的设立标准而言,主要存在注册地标准、住所地标准、实际控制标准等,一般而言,只有当公司注册地和住所地均处于我国境外时,才能认定该公司属于外国公司的范畴。在权利能力方面,外国公司通常具有缔结合同、参与民事诉讼等方面的能力。

第二章为外国公司的准入制度。外国公司进入中国开展业务必须经过承认与许可两大步骤。对外国公司的承认,是指内国对非依内国法成立的外国公司的民事主体资格予以认可,是外国法律制度下特定事实状态之法律效果得以延伸到内国的制度,是对外国公司基本人格和基本民事能力的承认。外国公司的承认包括国际立法与国内立法两种方式。而外国公司的许可是指对外国公司在内国从事经常性及持续性业务之许可或从事其他活动进行特别审查,从本质上来说是指外国公司在内国从事营业活动的营业许可和市场准入问题。外国公司享有一定的担保能力、转投资能力和捐赠能力,但外国公司进行上述活动时,必须严格遵循法定程序,不得损害资本充实原则,必须符合公司经营的目的和宗旨。为保证国家经济安全,各国普遍对外国公司准入的行业领域进行限制,随着我国对外经济开放趋势的不断强化,限制外国公司进入的行业领域逐步缩小。在上海自由贸易区实践中,我国采取了负面清单的管理模式,除清单明确禁止或限制的领域外,外国公司原则上可从事其他领域的经营活动。由于资本市场的特殊性,各国普遍对外国公司进入资本市场采取特殊规则,在我国,这一问题突出表现为红筹股回归和国际板建设两个方面。

第三章为外国公司在内国的社会责任。公司的社会责任,是指公司在创造利润、对股东和员工承担法律责任的同时,还要承担对消费者、社区和环境的责任。公司社会责任是对传统民法中的意思自治、等价有偿原则的矫正和补充。公司社会责任理论基础包括经济力量理论、利益相关者理论、公司公民理论等。外国公司在内国的社会责任主要包括环境、产品流通、生产和交易、社区等领域。外国公司应当承担一定的环境责任,以防止环境污染,促进生态平衡。外国公司必须尊重消费者的权益和需求,确保商品质量,尊重消费者习惯,维护消费者权益。外国公司必须尊重员工的合法权益,给予员工相应的报酬和保障,尊重并维护员工参与公司治理的权利。外国公司必须奉行诚实信用的原则,不滥用法人人格,准确披露企业的相关信息,维护债权人的合法权益。外国企业应当积极参与并资助社区公益事业和公共工程项目建设,协调好自身与社区内各方面的利益关系。在外国公司社会责任实现机制上,应当采取外国公司自愿实施与监督机制并举的方针。一方面,要求外国公司制定内部的行为规范;另一方面,外国公司还应当采取监督和检查措施,保障相关规则的有效实行。在内国法律层面,还应当完善强制实施与激励的制度,将部分道德义务引入法律领域,强化司法救济力度,提升相关制度的可诉性。

第四章为刺破外国公司的面纱。“刺破公司面纱”又称公司法人人格否认制度,是指在股东滥用公司独立人格和有限责任的情况下,在个案中否认公司的独立人格,责令股东对相关公司债务承担连带责任。对于外国公司而言,“刺破公司面纱”须以内国法对外国公司民事主体地位予以承认为前提。在实践中普遍存在“假外国公司”的情形。“假外国公司”是指本国投资者为获取不正当利益,在境外投资设立的实际管理机构和主要业务均在本国的外国公司。“假外国公司”的出现严重扰乱了正常的市场秩序,造成了国家税收的重大损失。在域外,有的国家采取控制主义与住所地主义的双重标准对假外国公司进行规制。本书认为,为了更好地实现对“假外国公司”的有效规制,可以借助“刺破外国公司面纱”的制度,要求背后的股东承担连带责任,以更好地保障债权人的合法权益。

第五章为外国公司的监管。与内国公司相比,外国公司并非根据本国法设立,其运营中心也处于本国国土之外,而外国公司的运营活动、业务行为往往与国家的政治经济安全息息相关,因此必须强化对外国公司的监管,以保障债权人的合法权益,维护国家正常的经济秩序。对于外国公司的监管包括事前监管、事中监管、事后监管等方面。在具体制度上,各国普遍采取代表人制度,通过代表人来实现对外国公司的有效监管。各国法律普遍规定,代表人应在国内具有住所,同时应当具备公司董事、监事、高级管理人员所要求的相应任职资格,与此同时,代表人对公司负有忠实和勤勉义务,必须恪尽职守,不得以权谋私。此外,还应当强化外国公司的信息披露义务,以便交易相对人充分了解外国公司的相关情况,切实保障交易安全。从具体制度来看,信息披露制度包括准入阶段的信息披露制度、存续期间的定期披露制度和交易中的披露制度等。为了保障国家金融体系的安全,必须强化对外国公司的资金监管,最大限度地防止恶意撤资事件的发生。对于金融机构等特定类型的外国公司,应当建立最低运营资金限额、财务会计监管等制度,确保储户的利益不受侵害。

第六章为外国公司的撤离。外国公司的撤离是指外国公司撤销内国的分支机构,停止在内国从事经营活动的行为。与公司终止不同,外国公司的撤离并不导致法律人格的消灭,但是为了保障债权人的合法权益,外国公司的撤离在程序要求上必须参照适用内国公司消灭的相关程序性规定。外国公司的撤离原因多种多样,大体包括外国公司的被迫撤离与因外国公司自身原因产生的自愿撤离两类。外国公司被迫撤离的原因包括外国公司在内国违法经营或交易、外国公司未营业或无故歇业、外国公司未经合法程序而营业等。因外国公司自身原因产生的自愿撤离包括外国公司的解散、外国公司的破产、外国公司决定撤离等事项。无论是自愿撤离还是被迫撤离,外国公司的撤离必须经历清算程序,该程序进行的目的在于保障债权人、雇员等相关主体的利益,防止外国公司恶意撤离给内国经济造成严重损害。在程序上,外国公司撤离清算原则上适用内国公司解散清算的程序,一般经历选任清算人、通知债权人申报债权、制订清算方案、办理撤离登记等步骤。在债权清偿顺序上,外国公司的撤离清算须遵循的顺序为:首先应当支付清算产生的费用;其次应当支付职工工资和相关费用;再次支付所欠税款;最后清偿普通债权。在清算程序开始后,外国公司在内国法上的法律人格仍然存续,但其法律人格仅限于清算的目的范围之内,不得从事其他营利性活动。

目录

第一章　外国公司人格的法律分析

第一节　公司人格的历史演进

“人格”一词源于希腊语“Persona”，最初含义是指演员在舞台上戴的面具，类似于中国京剧中的脸谱，后来被心理学借用，泛指人的性格、气质、能力等特征的总和。法律语境下的人格有特殊的含义，主要是指作为权利与义务主体的资格。具备人格是主体独立享有权利、独立承担义务的前提。

从学理上来看，人格分为自然人人格与团体人格两种基本类型。在现代社会，每个自然人都具有独立的人格，这被认为是每个人与生俱来且当然享有的。但是在人类历史上相当漫长的时期内，法律并不是承认每个自然人都具有人格,而是随着社会的进步与文明的发展,自然人人格才被普遍承认。团体人格乃是团体所具有的一种独立法律人格。具有独立人格的团体就是法人,因此,团体人格又被称为法人人格。赋予团体以独立人格,意味着把团体视为与自然人同样的人,它可以脱离其成员而独立存在,它有自己的意思和形成意思的组织机构,有自己的权利能力和行为能力,有自己的财产,可以以团体的名义从事各种活动,并在其中取得权利和承担义务,也可以以自己的名义参加诉讼等。总之,从团体取得人格时起,凡自然人所有的法律特征几乎都可以适用于团体,团体被赋予了法律上的生命,团体成为了人。[①] 自然人人格的全面承认经历了相当漫长的时期,而法人人格在法律上的真正确立仅仅是近几百年的事情。虽然英国早在中世纪之前就有了团体法人的理念,但团体法人形式最初仅用于与宗教和社会有关的事务,法人资格需要通过英国皇室的特许状(Charter)而获得。[②] 作为最为典型的法人形态之一,公司人格的发展历史很大程度上体现了法人人格的发展历程。公司法人人格制度,即公司、法人、人格三者合为一体,经历了漫长的历史过程才最终形成。[③]

一、从合伙到 Commenda——个人人格到团体人格进化

在人类社会的原始阶段,生产力低下,生产方式简单,靠单个自然人或者单个家庭即能胜任大部分工作。即使出现较为复杂的工作,凭借家族或者部落内部的力量也能够完成。随着生产方式的改变,经济迅速增长,交换方式变得越来越复杂化、规模化和

---

① 参见赵旭东:《企业法律形态论》,中国方正出版社 1996 年版,第 88 页。

② A. F. Coard, Corporation in Perspective 1976, pp. 126 - 134.

③ 参见沈四宝:《西方国家公司法原理》,法律出版社 2006 年版,第 6 页。

常态化。商品经济的发展使个体之间的联合经营、分工合作成为历史的必然，于是便产生了商业合伙，其也更接近于现代的公司形式。直至今日，合伙的基本特征依然是共同经营、共负盈亏，它的形成以及合伙人权利义务的分配高度依赖合伙协议，国家法律的强制性、干预性较小。从另一个角度来看，这说明了合伙是一个契约型组织。合伙组织的债务由全体合伙人或者至少一名合伙人承担无限连带责任，合伙并不具有独立承担责任的能力，也就说合伙并不具有独立人格。

由单个人独自从事某种经营到多人采用合伙组织进行经营，这一发展至少具有以下 3 个方面的重要意义：一是具有集合资金、扩大规模的作用。合伙人共同出资，多个单个资本组成集合资本，使更大规模的生产经营具备了物质条件。二是创造了利益分享的机制。合伙人共同分配合伙组织的收益，更为重要的是，合伙人可以在合伙组织中担当不同的角色，既可以共同出资、全体参与经营，也可以由部分合伙人以实物或货币出资而不参与经营，其余合伙人以劳务出资而亲自经营。三是风险共担机制的形成。无论合伙人在合伙组织中起何种作用，都应当对合伙的债务承担无限连带清偿责任。可以看出，合伙组织的出现与对资本的需求和降低风险难以分开。随着合伙组织的发展，资本在其中的作用越来越大。在 14 世纪、15 世纪的欧洲，合伙甚至成了逃避高利贷禁令的一种狡计，甚至还产生了极为重大的后果，为商业冒险开创了另一种用武之地，它把那些囊中充盈，然而对商业事务几乎一窍不通或极不热衷的人都吸引到一起。[①] 这种新型的商

① 参见[美]詹姆斯·W. 汤普逊：《中世纪晚期欧洲经济社会史》，徐家玲等译，商务印书馆 1992 年版，第 599 页。

业经营方式当时被称为康曼达(Commenda),类似于今天的有限合伙,出现于11世纪晚期的意大利、英格兰等地。在Commenda这种组织形式中,通过资金与经营才能实现有效对接,有资金的合伙人向另一个有经营才能但却没有资金的合伙人提供资金,双方根据合伙协议分享收益。提供资金的合伙人不参与合伙事务的管理工作,仅在其提供的资金范围内承担责任。因为这种有限责任,直至1907年有限合伙制度才得以在英国通过立法予以肯定,并影响了后续英国公司法对于有限责任的态度。

中世纪以来,国际贸易飞速发展,海上运输逐渐成为主要交通方式。海上运输具有成本较低、可长距离、大批量运载等优点,甚至直到今天依然是国际贸易的主要运输方式。但是,囿于当时的技术条件以及经济发展状况,海上运输是一项风险极大的事业:一是因为建造船舶的成本较大,单个资本难以完成;二是海上运输风险极大,无论是海啸、风暴等自然风险,还是海盗、战争等人为风险,都可能导致血本无归,不仅船舶损失,更大的损失往往是所运载货物的灭失。这些因素都使海上运输必须集合多个资本共同参与,才能筹集资本、分担风险,于是Commenda的一个变化形式——"Societa maris"(海上合伙)应运而生。Societa maris发展为今天的有限合伙形式,每个合伙人都是其他合伙人的代理人,并对合伙债务承担无限责任。[①] 当然,众多的投资者积极参与的驱动力是以分享高额的运输费用为前提的。起初,船舶的投资者们雇佣船长,由他负责运送货物并出售商品并保证他们可以从中获利。但在这种情况下,投资者独自承担责任,该船长却没

① 参见黄辉:《现代公司法比较研究——国际经验及对中国的启示》,清华大学出版社2011年版,第5页。

有责任。人们通过日积月累的经验建立了责任限定并分摊的原则。这种责任分担的形式表现为一艘船或者一个贸易公司的证券可以出售或转让给他人，其所带来的利益和义务也就随之转手。[①] 这实际上就是现代股份公司股权自由转让的起源。

Commenda 和 Societas maris 所具有的巨大优势在于合伙人的责任被限于他们最初投资的数额，在这方面它与现代的股份公司极为相似。而且投资者可以通过把他们的钱分散在几个不同的 Commenda 中而不是完全投入一个 Commenda 中以减少风险。但是，Commenda 与 Societas maris 一般是一种短期联营，在完成了特定航行使命后就自动解散了，在这一点上，Commenda 不同于近代的商业公司。[②] 但是，它为英美法系的有限合伙的立法提供了借鉴，也为大陆法系两合公司提供了渊源。[③]

无论是普通合伙还是 Commenda、Societas maris，都是在商人之间自发形成的，并未获得国家承认而取得明确的法律地位，也就是说，它们并不是独立的法人团体。经过几百年的发展，投资 Commenda 的人们逐渐产生了不同的需求，有的人拥有资本想通过 Commenda 取得盈利而不愿意参与其经营，而有的人没有资本或者资本较少但愿意承担经营 Commenda 的责任。这两类人取长补短，结合起来，于是一种新型的企业组织形式就出现了，有学者认为是两合公司。[④] 从该类组织的上述特征来看，其实际上与

---

① 参见[美]詹姆斯·W. 汤普逊：《中世纪晚期欧洲经济社会史》，徐家玲等译，商务印书馆 1992 年版，第 601 页。

② 参见[美]哈罗德·J. 伯尔曼：《法律与革命——西方法律传统的形成》，贺卫方等译，法律出版社 2008 年版，第 346 页。

③ 参见沈四宝：《西方国家公司法原理》，法律出版社 2006 年版，第 8 页。

④ 参见赵旭东：《企业法律形态论》，中国方正出版社 1996 年版，第 39 页。

有限合伙非常相像。但是,其并不具有独立的主体地位,仍需经营其的投资者对其债务承担无限连带责任。更为重要的是,这种组织的出现仍然是商人自发行为而尚未获得法律的认可。而法人的本质特征就是通过法律制度形成的人。①

二、特许公司——公司法人人格的确立

类似于现代企业法人的公司早在14世纪、15世纪就在欧洲大量存在,是西方资本主义制度和商品经济的产物。② 例如,英国从14世纪开始王室就将某些特权以特许状的形式授予那些以Company命名的组织。15世纪后期,地理大发现推动了西欧海上贸易的发展,使航海事业盛况空前,这为现代企业的出现奠定了重要的前提条件。到了16世纪,随着对外贸易的发展与海外殖民地的扩大,这类组织变得普遍化。由于当时的欧洲尚不允许自由贸易,这类组织必须从君王手中取得皇室的特许,才能在特定海域或地区从事贸易活动。因此,这类组织被称为"特许管理公司"(Chartered Regulated Company)。③ 特许管理公司不仅享有进行海外贸易的诸多特权,而且享有广泛的自治权,如立法权、征税权,甚至发行货币和宣战耦合等权利。④ 1593年英国首家海外贸易特许管理公司——俄罗斯公司成立。在此后的200余年中,英国先后成立了49家类似的特许管理公司,如查理一世授权的葛廷联合会(Courting Association)、威廉三世授权的英国东印度

---

① 参见[德]迪特尔·梅迪库斯:《德国民法总论》,邵建东译,法律出版社2001年版,第813页。

② 参见[美]詹姆斯·W.汤普逊:《中世纪晚期欧洲经济社会史》,徐家玲等译,商务印书馆1992年版,第599页。

③ 参见沈四宝:《西方国家公司法原理》,法律出版社2006年版,第8页。

④ H. R. Hahlo, "Erly Progenitors of the Modern Company", *Juridical Rev.* 1982, p. 139.

贸易公司(English Company Trading to the East Indies)。从现有资料来看,真正现代意义上的通过特许状方式出现最早的公司为不列颠东印度公司(或称英国东印度公司)(British East India Company,BEIC)。1600 年 12 月 31 日,英国女王伊丽莎白一世授予该公司皇家特许状,给予它垄断英国对印度、中国等国家的贸易特权。截至 1608 年,BEIC 的股本已增加 50 倍。从 BEIC 的发起方式和运行机制来看,它已经具备了公司法人的基本特征以及股份有限公司的雏形。[①] 这种组织形式的存续时间由最初设立时的以单次航行结束后即进行清算且允许公司成员以私人名义独立开展贸易,逐渐发展到固定持续的股份形式且公司成员进行独立贸易的行为同时被禁止。因此,其已经从一个纯粹为管理特定贸易而设立的特许公司演变为一个追求公司成员商业利益的更为现代化的股份公司形式。与 BEIC 几乎同时产生和运行的公司还有著名的荷兰东印度公司。荷兰东印度公司(Dutch East India Company)成立于 1602 年 3 月 20 日,是向东方进行殖民掠夺和垄断东方贸易的具有国家职能的商业公司。荷文名称为"Vereenig de Oostindische Compagnie"(VOC),中文应

---

① 东印度公司的全称为"伦敦商人在东印度贸易的公司",是由一群有创业心和有影响力的商人发起设立。这些商人获得了英国皇家给予他们的对东印度的 15 年的贸易专利特许。公司共有 125 个持股人,资金为 7.2 万英镑。东印度公司由 1 名总督和 24 名董事组成全体董事。他们皆由全体投资者委任,并要向全体投资者定时汇报。全体董事下辖 10 个要作定时汇报的委员会。

译为“联合东印度公司”。[①] 荷兰东印度公司是荷兰联邦议会通过特许状方式准予其以公司名义从事订立契约以及海外贸易等经营活动,其组织结构与不列颠东印度公司类似。荷兰东印度公司还是世界上第一家股份有限公司。

16 世纪、17 世纪的欧洲诞生了一大批如不列颠东印度公司、荷兰东印度公司这样的公司。它们的出现有极深的历史原因和背景。随着资本主义的发展,早期资本主义国家亟须向外扩张,以便获取更多的土地等资源并垄断国际贸易。形形色色的具有政府背景的公司与私人资本相结合,打着贸易的幌子,实际上是殖民的工具。[②] 不过,在法律意义上,这些公司已经具备了独立的法人主体资格。第一,它们的设立起源于商人从事贸易的动机。这是公司的基本属性,即营利性。一些商人基于共同的利益追求和相互信赖关系,达成共同经营的合意,将零散资本集合起来,使该组织具有了人合因素以及聚集资本的功能。第二,上述公司都是由某个特定国家机关授权而成立的。无论是英国的女王还是荷兰的联邦议会,都是国家意志的代表,它们签发的特许状实际上是一种法律渊源,因此而设立的公司具备了国家承认的法律地位,与早期的商人间通过惯例或协议成立行会等自治性企

---

① 荷兰东印度公司是建立于 17 世纪欧洲的大航海时代,当时的欧洲各国兴起海上冒险,探寻世界地理,更发展外海的商机。16 世纪的葡萄牙在东南亚地区已有殖民地与商业发展,16 世纪 60 年代,一群荷兰人至葡萄牙刺探商情,回国后便成立了一家公司,利用这个资讯往东印度地区发展。1595 年 4 月至 1602 年,荷兰陆续成立了 14 家以东印度贸易为重点的公司,为了避免过度的商业竞争,这 14 家公司合并,成为一家联合公司,也就是荷兰东印度公司。

② 无论是不列颠东印度公司还是荷兰东印度公司都具有了某些“国家职能”,拥有自己的武装力量,充当起所在国的代言人,甚至可以发行货币。这些公司对被殖民国家影响深远,一直存续了几百年,为老牌资本主义国家霸权的建立起了重要的作用。

业组织截然不同。第三,这些公司的股份可以自由转让。早在中世纪,在意大利沿地中海城市普遍存在的 Commenda 已经将“资本”划分为等额,公司成员可以向公司出资认购股份,同时股份在某种程度上可以自由转让、买卖。不列颠东印度公司与荷兰东印度公司都采取将全部资本划分为等额股份的方式,而且它们的股票可以在证券市场进行自由交易。第四,也是最重要的,这些公司的股东对公司承担的是有限责任。荷兰东印度公司成立之初就确立了股东的有限责任。在荷兰联邦议会赋予它的特许状第 42 条中规定了“董事”(Societas)的有限责任,并在这里确定了全部成员的有限责任制,使之形成了一个股份有限公司。这一组织形式,作为一个典范,向当时的欧洲大陆各地,如法国、德国、瑞典、丹麦、意大利等地呈放射性地传播。1662 年英国国王查理二世也通过“条例”的方式规定了东印度公司、非洲公司及其他的“joint-stock company”实行成员的有限责任制。①

三、成文法规制——公司法人人格的规范化

1673 年法国巴黎一个批发商雅克·萨瓦里(Jacques Savary)起草了一部法典——《陆上贸易法令》(ordonnance sur lecommerce de terre),也被称为《萨瓦里法典》(Code Savary),该法典由法国国王路易十四颁布实施。有学者认为,该法典正式规定了无限公司这种形式,其名称为普通公司。自此,无限公司不仅在实践中已经存在,而且也得到了法律的正式确认和调整。②不过,该法典主要规定的是商业合伙、期票、破产以及商业周转中

---

① 参见[日]大塚久雄:《股份公司发展史论》,胡企林等译,中国人民大学出版社 2002 年版,第 115 页。

② 参见赵旭东:《企业法律形态论》,中国方正出版社 1996 年版,第 37 页。

所产生的其他关系,而且被法国学者认为是一项过分实用化的规则性文件,缺乏很大的权威性。[①] 该法典规定的“公司”并未得到实际运用,反而是其规定的商业活动的会计规则成为西方国家有关会计问题的法律规定的根源。

18 世纪 10 ~ 20 年代,大量非经官方承认的“公司”在利益的驱动下如雨后春笋般涌现出来。其中,最为著名的莫过于南海公司(South Sea Company),该公司接受英国政府国债并吸收社会公众购买其公司的股票,在英国国内引发了大规模炒作公司股票的投机行为。英国政府认为这些民间公司的泛滥将会危及金融安全,扰乱经济秩序。因此,1720 年 6 月在财政大臣罗勃特·沃波尔倡导下,国会通过《取缔投机行为和诈骗团体法》,即著名的“泡沫法案”(Bubble Act)。该法案规定,在没有议会法案或国王特许状给予法律权利的场合,禁止以公司名义行事、发行可转让股票或转让任何种类的股份,严惩非法的证券交易。该法案虽然在某种程度上抑制了公司的发展,但是从另一个角度来看,当时的英国政府已经认识到,公司必须符合法定条件且由国家赋予其主体地位才可成立。这无形中促进了公司的制度化、合法化与规范化的发展。

1807 年《法国商法典》出台,首次对股份公司进行了系统、全面的规定。从此之后,大陆法系的公司制度大多通过成文法的方式加以确立。标志着英国现代公司制度诞生的事件是《1844 年合股公司法》(Joint Stock Companies Act 1844)的出台。该法确定的自由登记注册主义在公司的发展史上无疑是具有划时代的

---

① 参见[法]伊夫·居荣:《法国商法》(第 1 卷),罗结珍、赵海峰译,法律出版社 2004 年版,第 16 页。

历史意义。[①] 在该法案中,有限责任依然被排除在外,它规定公司股东依然要对公司的债务承担个人责任。[②] 因此,这部法案出台后,遭到了人们的强烈抨击。人们抱怨该法的条款烦琐、公司注册程序复杂,不过,最为人诟病的是没有规定股东的有限责任。

四、有限责任——公司法人人格的根本

在《1844 年合股公司法》(Joint Stock Companies Act 1844)出台后长达 10 年的时间里,人们对该法的内容发生了持续性的争议。焦点集中在有限责任是否可以适用于类似于欧洲大陆 Societes、Commenda 的私人合伙(Private Partnership),还是仅适用于注册登记的公司。经过实践的检验和上院议员们的长期争辩,英国议会终于在 1855 年通过了《有限责任法》(Limited Liability Act)。该法案规定,如果一个公司是合法登记成立的,那么其股东就可以仅对公司承担有限责任。该法案仅实施了几个月,就被《1856 年合股公司法》(Joint Stock Companies Act 1856)所取代。该法案是人类历史上第一部现代意义上的公司法。此后的《1862 年公司法》(Companies Act 1862)将公司的法人人格、股东的有限责任和合股原则这 3 个现代公司最重要的特征合而为一,该法标志着现代公司制度的最终确立。[③] 自此以后,各国相继出台的公司法也都以上述几个特征作为基础。

从上面的分析可以看出,有限责任并非公司形式与生俱来的特征。一些国家和地区的公司立法曾经长期规定股东对公司债

---

① 参见沈四宝:《西方国家公司法原理》,法律出版社 2006 年版,第 9 页。

② See L. C. B. Gower, LL. M. , F. B. A. etc. , *Principles of Modern Company Law*, Steven & Sons, 1979, p. 41.

③ 参见沈四宝:《西方国家公司法原理》,法律出版社 2006 年版,第 10 页。

务承担无限清偿责任的基本规则,[①]无限公司与两合公司的长期存在也验证了这一点。不过,有限责任却是与公司法人人格相伴相生的,无限公司与两合公司不应当被认为是具有独立人格的主体。[②] “人格”一词在实际使用时有不同的含义,但其最基本的含义还是具有独立法律地位的权利主体的资格。[③] 每一个具有独立法律地位的主体以自有资产对自己的债务承担责任是理所当然的,在没有法律的特别规定或者约定的情况下,其他主体没有义务对它的债务承担责任。股东对公司履行出资义务,其出资转化为公司财产,股东仅对公司享有股权,是与公司相独立的主体,无须对公司债务承担责任。有限责任起到了一种隔离作用,即股东无须在其认购的固定数额的股份之外缴纳出资和对公司债务承担个人责任。[④] 所以,有限责任的意思是公司债权人的权利仅限于公司资产,并且不能对抗公司成员(股东)的个人财产。公司责任与公司成员的责任应分别看待。一方面,公司承担的责任一点也不是有限的,债权人的权利能够对抗公司的全部资产;另一方面,成员的责任是有限的。股东作为投资者,除承担与其出资

---

① 在美国的加利福尼亚州,股东直至1931年还对公司债务承担无限责任。

② 有学者认为,无限公司与合伙的主要区别在于无限公司具有法人地位,因而它的出资人称股东,而合伙的出资人称合伙人。无限公司股东的权利和义务和无限公司的组织形式以及其他对内对外关系更多地受法律的统一规范和强制,而合伙的对内关系则更多地由合伙人自由决定。需要说明的是,这里无限公司的法人地位与目前我国对法人的规定和理解不甚一致,它主要地是指一种法律人格,具有法人地位即成为具有人格的民事主体,它有自己的名义,也有自己的独立财产,但并非必须以自己的财产独立承担民事责任。相关观点参见赵旭东:《企业法律形态论》,中国方正出版社1996年版,第37页。

③ 参见江平主编:《法人制度论》,中国政法大学出版社1994年版,第3页。

④ 参见[英]艾利斯·费伦:《公司金融法律原理》,罗培新译,法律出版社2014年版,第18页。

相对应的责任外,无须对公司的债务承担额外责任。[①] 因此,有限责任的核心实则为公司责任与股东责任的分离,在公司与其股东之间形成了一道明显的分界。

公司法人人格的独立成就了有限责任,与此同时,有限责任又成为公司法人人格的重要基石,推动着公司法律制度的发展。[②] 我们在探讨公司法人人格问题时,首先应理解何为法人。这个问题一度成为19世纪德国民法学家们最热衷研究的课题,并形成了法人拟制说和法人实在说两种颇具影响力的学说。法人拟制说由德国法儒萨维尼(Friedrich Carl von Savigny)所提出。萨维尼主张,根据基督教理论和德国古典哲学,只有自然人才能作为法律主体,若要赋予某类社会团体如自然人一般的权利能力,则必须由客观法为其创设与自然人同等的地位,而这种同等的法律地位仅是拟制性的。在法人拟制说的基础上,又发展出了以阿洛伊斯·布林茨(Alois Brinz)为代表的目的财产说。该说认为,超个人的社会团体不能当然地被赋予法律人格,法律将这类社会团体作为法律秩序中的独立个体,实则是将具有特殊目的的财产集合拟制为法人。与法人拟制说相反,德国法学家基尔克(Otto von Gierke)提出了法人实在说。法人实在说认为,社会团体是实在性的社会主体,它们以独立的行为单位进行活动,因此可以在法律上把它们作为与自然人同等的主体来看待。在解释公司法人的实在性时,该理论又延伸为两派学说,即有机体说和组织体说。前者认为,社会

① 参见[英]保罗·戴维斯:《英国公司法精要》,樊云慧译,法律出版社2007年版,第12页。

② 参见虞政平:《股东有限责任——现代公司法律之基石》,法律出版社2001年版,第9页。

中的自然人首先是一个个独立的主体，同时，在其相互交往中又形成具有类似个人意志的有机团体，这种有机体就是法人的本体。后者则认为，法人是依靠其组织而存在的，而并非依赖于意思主体而存在。但总体而言，有机体说和组织体说都认为法人是实在性的，无须由法律来创设，法律的作用仅仅是承认此类超个人社会团体并引导其发展。

公司具有独立法人人格体现在以下几个方面：一是独立的组织；二是独立的财产；三是独立的责任。在这3点中，公司的独立财产最为重要。因为对于公司独立人格而言，公司具有独立的财产是不可或缺的要素之一。公司经营必然涉及交易，经营活动必然需要相当的独立性，因此要求以公司的名义拥有财产。这与自然人人格的存在条件不同，即自然人具有人格并不以财产为条件，没有任何财产的自然人仍然是独立的民事权利主体。但团体具有人格则是要以拥有财产为绝对要件，没有财产的团体是不可能具有独立人格的。公司财产独立即意味着公司财产与出资者个人财产相分离，只有当公司的财产从个人财产中分离出来，公司才具备独立的人格。[①] 因此，公司法人的独立财产是公司拥有的并独立于其发起人或者股东的财产。公司以其独立的财产对外从事民事活动，进行财产交易，并以此财产为基础承担民事责任和刑事责任。公司拥有独立财产是公司作为独立法人人格而区别于其他非法人社团的重要标志之一。法人组织的独立性在于法人与其成员的民事主体资格之间彼此独立。一方面，法人具有独立的组织机构，设立法人机关负责作出决策和执行决策，无

---

① 参见曹兴权：《公司法的现代化：方法与制度》，法律出版社2008年版，第50页。

须依靠其他组织而存在；另一方面，法人成员的变动、退出对法人的存续状态不产生影响。换言之，法人不得以某个成员的死亡或退出作为其解散事由，这也被称为法人“目的事业的超生命性”。[①] 法人责任的独立，是指当法人具备了独立的财产和组织后，就可以以自己的名义进行活动。法人进行的活动效果归属于其自身，而非归属于组成法人的成员。因此，法人违反民事义务时，亦应当独立承担民事责任，而与组成法人的成员无涉。可见，在法人人格独立的问题上，组织和财产的独立是法人独立承担责任的基础，责任独立则是法人具备独立组织和财产后的当然结果。

第二节　公司人格与公司注册地的关系

一、公司法人人格的取得赖于公司注册地的法律规定

如前所述，作为一个法人团体，公司的人格获得法律上的承认经历了漫长的历史过程。虽然学术界对于公司的本质的认识有不同的看法，但无论是法人拟制说、法人否认说还是实在说，公司法人资格必须符合某部公司法所规定的设立要件并且履行法定程序设立成功才可取得。从这个意义上来说，公司注册地就是公司的“出生地”。换言之，公司的法人人格是公司注册地登记机关依据其所在地的公司法而授予的。当今世界主要国家与地区的公司法对于普通公司的设立一般采用准则主义的立法态度，公司人格的确立实质上遵循“事实确认”的路径。公司登记

---

① 李永军：《民法总论》，法律出版社2006年版，第285页。

机关对公司设立登记申请并不进行实质性审查,公司设立申请文件只要在形式上符合法定条件即可成立。只有经过登记,公司才取得法人人格。未经设立登记,不得以公司名义从事经营活动。

各国公司法规定的公司设立条件则各不相同,差别较大。一个国家公司法关于公司设立条件的规定,与其经济发展水平、社会信用程度高低以及文化传统等因素相关。一般说来,经济发展水平与社会信用程度与公司设立条件的难易程度成反比。一个国家的经济发展水平越高、社会信用程度越好,那么其公司法规定的公司设立条件往往就容易。不过,在公司的本质属性方面,不同国家的认识基本相同。投资人设立公司这种法人型企业组织的本质动机,在于使其财产独立化而产生限制责任效果。[①] 从主体登记的角度来看,公司登记的制度意义是保护第三人对公司具有法人人格的信赖利益。公司登记规则,事实上是对公司人格的一种事后肯定,以帮助股东对事实性实体的公示。[②] 在第三人看来,一个合法成立的公司是一个独立的法人主体,具有独立的财产与责任能力。

二、公司住所——公司人格的必备要素

与自然人相同,公司自诞生开始,无时无刻不处于各种各样的法律关系当中。一项法律关系的地点归属问题,一般以公司住所为确定标准。所谓住所,是指一个人生活关系之中心所处的地

---

① 参见[德]迪特尔·梅迪库斯:《德国民法总论》,邵建东译,法律出版社 2001 年版,第 815 页。

② 参见曹兴权:《公司法的现代化:方法与制度》,法律出版社 2008 年版,第 77 页。

方或者其空间上之重点所处的地方。[①]

如前所述,公司作为具有独立主体资格的法人,其人格构成中最为重要的是独立财产与独立组织,这是其能够独立对外承担责任的根本。其人格要素还应当包括公司名称与公司住所。公司名称是此公司与彼公司区分的标志,也是公司独立参加法律关系之必备要素。公司住所的作用更是至关重要,它往往是公司名称的重要组成部分并决定独立责任是否可以落实。公司住所的法律意义在于:第一,据以确认诉讼管辖及司法文书的送达;第二,据以确认登记、税收及其他管理关系;第三,据以确认合同的履行地;第四,据以确认准据法。[②] 因此,住所是公司章程必须记载的事项之一,也是公司登记的主要事项之一。[③]

---

① 吉特尔(Gitter):《慕尼黑德国民法典评注》第7条,边码6以下。转引自[德]迪特尔·梅迪库斯:《德国民法总论》,邵建东译,法律出版社2001年版,第792页。

② 参见施天涛:《公司法论》,法律出版社2006年版,第153~154页。

③ 我国《公司法》第7条第2款规定:"公司营业执照应当载明公司的名称、住所、注册资本、经营范围、法定代表人姓名等事项。"第23条规定:"设立有限责任公司,应当具备下列条件:(一)股东符合法定人数;(二)有符合公司章程规定的全体股东认缴的出资额;(三)股东共同制定公司章程;(四)有公司名称,建立符合有限责任公司要求的组织机构;(五)有公司住所。"第25条第1款规定:"有限责任公司章程应当载明下列事项:(一)公司名称和住所;(二)公司经营范围;(三)公司注册资本;(四)股东的姓名或者名称;(五)股东的出资方式、出资额和出资时间;(六)公司的机构及其产生办法、职权、议事规则;(七)公司法定代表人;(八)股东会会议认为需要规定的其他事项。"第76条规定:"设立股份有限公司,应当具备下列条件:(一)发起人符合法定人数;(二)有符合公司章程规定的全体发起人认购的股本总额或者募集的实收股本总额;(三)股份发行、筹办事项符合法律规定;(四)发起人制订公司章程,采用募集方式设立的经创立大会通过;(五)有公司名称,建立符合股份有限公司要求的组织机构;(六)有公司住所。"第81条规定:"股份有限公司章程应当载明下列事项:(一)公司名称和住所;(二)公司经营范围;(三)公司设立方式;(四)公司股份总数、每股金额和注册资本;(五)发起人的姓名或者名称、认购的股份数、出资方式和出资时间;(六)董事会的组成、职权和议事规则;(七)公司法定代表人;(八)监事会的组成、职权和议事规则;(九)公司利润分配办法;(十)公司的解散事由与清算办法;(十一)公司的通知和公告办法;(十二)股东大会会议认为需要规定的其他事项。"

三、公司住所的确定

各国公司法关于公司住所的确定,一般采取尊重公司自治的立法态度。公司可以自由选择公司住所。例如,《法国民法典》第 1835 条规定,公司的总机构住所应当在章程中载明;《德国股份公司法》第 5 条规定:"(1)公司所在地是章程所确定的地点。(2)章程通常应指定公司的营业经营地或业务执行地、管理实行地为公司住所。"《德国有限责任公司法》关于有限公司的住所也有类似规定。[①]《美国标准公司法》(Model Business Corporation Act, MBCA)第 1.40(17)条规定,"主要办公地"是指年度报告中指明(本州或州外)的办公地,该地点为本州公司或者外州公司主要执行机构所在地。以上几个国家公司法的做法基本相同,那就是公司的住所由公司自己选定,在公司章程中规定。在实践中,公司的主要营业地往往与其注册地不一致,注册地的"主要办事机构"往往形同虚设,仅仅凭借公司登记信息,通常很难确定公司真正的活动中心。法律赋予公司章程确定公司住所的权利,使公司随时可以根据自己的经营需要调整公司住所。第三人需要了解公司住所,只要查阅公司章程就可以了,而且公司对于在何处设立住所应当进行公告。第三人对公司章程以及公司公告中有关住所的规定有充分理由相信,该信赖利益受法律保护。《法国民法典》第 1837 条第 2 款与《法国商事公司法》第 3 条第 2 款

---

① 德国有限责任公司的公司合同(Gesellschafts vertrag),相当于公司的章程(Satzung)。在德国法律中,股份公司用"章程",而民事合伙、无限公司这类人合公司均用"公司合同"。有限责任公司是德国立法者糅合人合公司的灵活性与资合公司的"有限责任"性质创造出来的公司形式。其中,保留了许多人合公司的特点,对公司规范自身事务的大纲也沿用"公司合同"而未用"章程"。相关观点参见卞耀武主编:《当代外国公司法》,法律出版社 1995 年版,第 291 页。

均规定,第三人可援引公司章程中规定的住所,认定公司的住所地,即使公司的真实住所地在另一场所的,公司也不能援引实际住所对抗第三人。

我国立法关于公司住所的确定,采取的是住所地与登记地一致的原则。我国《民法通则》第 39 条规定:“法人以它的主要办事机构所在地为住所。”《公司登记管理条例》第 12 条规定:公司的住所是公司主要办事机构所在地。经公司登记机关登记的公司的住所只能有一个。公司的住所应当在其公司登记机关辖区内。一方面,此种住所的确定方法,优势在于公司住所地与注册地统一,便于识别,第三人凭借公司登记就可以大致确定公司住所;另一方面,其也有利于登记机关及其他监管机构对公司进行监管。不过,这种做法体现了较为浓厚的行政管制/干预色彩,不尊重公司自由,不利于公司灵活、机动地开展经营活动。公司虽然必须经过注册才取得法人资格,但从本质上来说,公司仍然属于私法主体。如同自然人出生以后可以在任何地方选择其住所一样,公司也有选择不在其“出生地”——注册地选择住所的权利。法律不应该将公司的住所限定在公司登记机关辖区内,这不仅是赋予公司意思自治的问题,也关系到利害关系人的权利保护。我国公司法也应该借鉴上述国家有关公司住所的规定,赋予公司自主选择公司住所的权利。

四、离岸公司——法人人格与税收人格的分离

近年来,离岸公司得到了较大的发展,各国投资者纷纷通过设立离岸公司的手段,达到合理避税或者进入海外资本市场等经济目的。所谓离岸公司(Offshore Company),是指非本地投资者在离岸金融中心内依据当地法律法规的规定设立的有限责任公司或者股份有限公司,这些公司并不在其注册国从事公司业务。

离岸是一种形象的比喻,主要是指这类公司的投资者在一国注册的目的并非是在该国从事经营,而是通过该注册地取得法人主体资格。一般说来,离岸金融中心的法律禁止离岸公司在当地进行经营。[①] 目前,在不同的离岸金融中心,对于离岸公司的称谓各不相同。例如,英属维尔京群岛称此类公司为国际商事公司(International Business Companies),百慕大群岛称此类公司为豁免公司(Exempted Companies),库克群岛称此类公司为国际公司(International Companies)。

从法律角度来看,离岸公司具有以下几个特征:第一,在地域因素方面,离岸公司是在法定的离岸金融中心设立的公司。第二,在公司设立依据方面,离岸公司的成立必须以离岸金融中心的专门法律规范为依据。第三,在注册主体方面,离岸公司的发起人应当为离岸金融中心之外的投资者。第四,在公司运作方面,离岸公司的注册地和经营地应当彼此分离。这种分离不仅体现在公司发起人的国籍身份上,往往还体现在公司高级管理人员的任免上。此外,这种分离应当是跨越国界的,而非简单的一国

---

① 自20世纪七八十年代以来,一些地处大洋中心的岛国,为了拓展其经济来源,通过较为宽松、自由的立法培育出一些特别宽松的经济区域,吸引世界各地的投资者在这些区域设立公司,这些区域一般被称为离岸金融中心(Offshore Financial Center)。最著名的离岸金融中心为英属维尔京群岛(The British Virgin Islands,BVI)、百慕大群岛(Bermuda Islands)、开曼群岛(Gayman Islands),近年来,巴哈马群岛、塞舌尔群岛、巴拿马共和国、毛里求斯共和国等国家和地区也成为热门的离岸金融中心。所有的国际大银行都承认这类公司,为其设立银行账号及财务运作提供方便。通常情况下,这类地区和国家与世界发达国家有很好的贸易关系。无论在上述任何一个国家或地区注册的海外离岸公司,均具有高度的保密性、减免税务负担、无外汇管制三大特点,因而吸引了众多商家与投资者选择海外离岸公司的发展模式。

境内某公司与自身分支机构的分离关系。[①]

对于投资者而言,离岸公司的最大优势在于离岸公司所得无须向注册国缴纳税款,离岸金融中心政府只是每年向离岸公司收取少量的年度管理费。例如,《英属维尔京群岛国际商事公司法》(British Virgin Islands International Business Companies Act)第105条规定,对于注册资本5万美元以下的离岸公司每年收取650美元执照费(License Fee),对于注册资本5万美元以上的离岸公司每年收取1500美元的执照费。只是对于注册资本超过5万美元的离岸公司在公司设立时,一次性收取1300美元的税款。其他离岸金融中心的规定基本相同,只是在数额上有所差异。离岸公司之所以可以在这些离岸金融中心得到发展,主要原因在于,这些地区一般地处大洋中心,自然资源匮乏、人口稀少、缺少经济增长来源,主要是依赖得天独厚的地理优势发展旅游业,经济增长缓慢。但是,这些地区大多是西方发达国家海外领地或者长期被它们殖民,拥有较为先进且可以与欧美发达国家对接的法律制度或类似的法律传统。于是就把给国际投资者提供金融和法律方面的服务作为它们新的经济增长点。离岸公司的主要营业地不在离岸金融中心,其营业收入不是来自注册地,注册地也无须为这类公司的经营行为担负除法律支持之外的任何资源付出,但可以通过收取公司设立时的注册费和税费以及公司存续期间的执照费,即可获取可观的经济利益。特别是近年来随着离岸公司在数量上的大幅度增长,离岸公司已经成为各离岸金融中心经济收入的主要贡献者。

---

① 参见张诗伟主编:《离岸公司法理论、制度与实务》,法律出版社2004年版,第7页。

与离岸金融中心的本地公司(Local Company)相比,离岸公司主要有以下几点显著区别。

第一,在公司的设立动机上来说,离岸公司属于特殊目的公司,即SPC。[①] 这些SPC或者是为了回到内国享受外资企业的优惠政策,或者是为了可以在某些国家或地区的证券市场上市交易,或者是作为海外并购的壳公司。

第二,离岸金融中心一般对这类公司专门立法。例如,BVI对于本地公司的设立与规制适用《英属维尔京群岛公司法》(British Virgin Islands Companies Act),而对于离岸公司则专门适用《英属维尔京群岛国际商事公司法》(British Virgin Islands International Business Companies Act,BVIIBC)。当然,有些离岸金融中心对于本地公司与离岸公司统一适用一部公司法,如开曼群岛(Gayman Islands)。

第三,离岸公司被禁止在注册地从事经营活动。离岸公司的“离岸”(Offshore)两字,比较形象地表明了该类公司的经营活动不在“岸上”——注册地进行。离岸公司一般都有特殊目的,不需要在注册地从事经营活动。注册地也没有足够的市场、资源以及能力支撑离岸公司在本地经营。禁止离岸公司在本地经营,一方面可以降低离岸金融中心的管理成本,另一方面也因此减少了对公司行为的规制而使离岸公司享有更大的自由度。

第四,离岸公司无须就其在海外所得向其注册地政府缴纳任何税费。各离岸金融中心均在其立法中明确规定,免除离岸公司

---

① 本质属性为特殊目的机构(Special Purpose Vehicle,SPV),SPV有两种主要形式:一是特殊目的公司(Special Purpose Company,SPC);二是特殊目的信托(Special Purpose Trust,SPT)。

的各种税收。例如,《英属维尔京群岛国际商事公司法》(BVIIBC)第111条规定,离岸公司自非本岛居民所获得的股息、利息、租金、版税、补偿金等其他合法收入以及资本所得、债权以及证券收入等均免予征税。

上述特点说明,离岸公司虽然具有其注册地法律所授予的独立法人人格,但是,其在注册地税收上的人格并不完全。根据税收基本原理,一国政府有权对其居民企业的境内以及境外的所有所得征收税款;有权对非居民企业在该国境内所得征收税款。但是各国对于居民企业的认识基本一致,一般认为只要是依据一国法律法规在该国成立的企业以及即使依据外国法律在他国成立但主要办事机构在本国的企业都被认为是居民企业;依据外国法律成立而且主要办事机构不在国内的则被认为是非居民企业。[①]一国的居民企业当然具有该国税法上的人格,而非居民企业的税法人格是有一定限制的,只有其与该国有实际联系或者在该国境内取得所得时才有纳税的义务。[②]

离岸公司普遍被离岸金融中心视为非居民企业。这样做的

---

① 我国对居民企业的认识就采取这种立法态度。我国《企业所得税法》第2条规定:"企业分为居民企业和非居民企业。本法所称居民企业,是指依法在中国境内成立,或者依照外国(地区)法律成立但实际管理机构在中国境内的企业。本法所称非居民企业,是指依照外国(地区)法律成立且实际管理机构不在中国境内,但在中国境内设立机构、场所的,或者在中国境内未设立机构、场所,但有来源于中国境内所得的企业。"

② 我国《企业所得税法》第3条规定:"居民企业应当就其来源于中国境内、境外的所得缴纳企业所得税。非居民企业在中国境内设立机构、场所的,应当就其所设机构、场所取得的来源于中国境内的所得,以及发生在中国境外但与其所设机构、场所有实际联系的所得,缴纳企业所得税。非居民企业在中国境内未设立机构、场所的,或者虽设立机构、场所但取得的所得与其所设机构、场所没有实际联系的,应当就其来源于中国境内的所得缴纳企业所得税。"

目的,一方面是因此可以赋予离岸公司税收免除优惠,另一方面也是为了禁止离岸公司在其领域内从事经营活动。例如,《开曼群岛公司法》[Cayman Islands Companies(Amendment) Law of 2009]规定,非居民企业(Ordinary Non-Resident Company)与居民企业(Ordinary Resident Company)可以适用同样的法律规则,但是不能在开曼群岛从事任何经营活动。这类公司只能作为一种离岸运作方式(Offshore Operations)而已。

离岸公司法人人格与税收人格分离的特点,使其成为众多公司在进行集团税务筹划时所采取的重要手段。利用离岸公司避税的方法属于税法理论中国际避税的方式之一。在当前实践中,利用离岸公司达到避税目的的操作手法表现各异,其中,应用最为广泛的是利用离岸金融中心的低税率进行避税。具体运作模式为集团母公司的利润和其他来源的利润通过转移定价的方式向离岸公司转移,离岸公司作为母公司资金转移的口袋,将积累的资金再次投入母公司或其他关联公司。[①] 在国际税法上,税收管辖权包括居民税收管辖和来源地税收管辖权。居民税收管辖是一国根据纳税人与其存在的属人关系而享有的管辖权。由于离岸金融中心通常不向离岸公司征税,离岸公司往往能够借此大幅度节省经营成本。来源地税收管辖权是一国根据纳税人与该国具有的经济上的实际联系而享有的管辖权。尽管离岸公司据此需要在进行跨国投资时缴纳税款,但其大多能够通过其他税收优惠政策达到减少本项支出的目的。[②]

---

① 参见马更新:《离岸公司的应用与法律规制:基于我国公司集团的实证研究》,法律出版社2013年版,第82页。

② 参见王清友、郭上上:《离岸公司的国际避税手段与法律分析》,载《中国律师》2009年第5期。

随着时间的推移,企业利用离岸公司避税的手段发生了进一步演变。有些企业选择通过设立离岸公司来享受国际税收协定给予的优惠政策。国际税收协定,是缔约国之间为了避免国际双重征税而做出的让步,包含着对缔约国居民纳税人的税收优惠条款,但其效力仅存在于缔约国之间。基于此,在与非缔约国(目标国)企业进行贸易往来时,有些企业会先在与目标国有税收协定的离岸金融中心设立公司,复以离岸公司的名义与目标国企业开展贸易活动,以此获得国际税收协定的政策优惠。此外,还有些企业在避税港设立离岸公司,让离岸公司参与母公司的业务,从而使内资企业转化为外商投资企业,获得母国法给予外资企业的税收优惠待遇。①

第三节　外国公司的界定

我们对于"外国公司"这一称谓并不陌生,它时常以各种方式——书面文件或者口头议论出现在各种场合——官方或者民间的。各国公司法也大多有关于外国公司的规定,但迄今为止,无论学术界还是法律制度上,对究竟何为外国公司以及其内涵与外延应如何予以界定等基本问题仍未形成统一认识。

一、外国公司的认定

在私法语境下,人的范畴包括自然人与法人。具有一个国家国籍的自然人属于该国的公民。同样,一个合法成立的公司法人对于其注册地来说,属于这个国家或地区具有独立法律地位的民

---

① 参见马更新:《离岸公司的应用与法律规制:基于我国公司集团的实证研究》,法律出版社2013年版,第88～89页。

事主体。如前所述,每一个合法存续的公司,一定是依据某个国家或地区的法律而成立的。任何法律都有其地域效力,所以该公司只能在其注册地国家或地区当然地享有法人人格。从其他国家或地区的视角来看,该公司就属于外国公司,这是关于何为外国公司最为普遍的认识。我国《公司法》就采用这一标准,《公司法》第191条规定:"本法所称外国公司是指依照外国法律在中国境外设立的公司。"不过,仅从这个意义上理解外国公司是狭隘的。因为在多大范围承认一个公司是外国公司还是本国公司,直接关系一个国家的经济利益以及司法管辖权力等重要问题。有许多依据外国法在外国成立的"外国公司"的原始资本来源于内国,主要业务在内国开展,甚至实际控制人根本就是内国公民或者企业。也就是说,内国是与其有最密切联系的国家。如果把这类公司完全视为外国公司,那么将可能会导致内国税收流失、监管缺位,甚至司法管辖权旁落等问题的发生。近年来,我国许多国有企业纷纷在海外设立离岸公司,再以外国公司的面目回归国内,一方面可以享受外资待遇,另一方面又打着国有企业的幌子,这种情况已经变得非常严重,而且有愈演愈烈的趋势。从另一个角度来看,按照这样的标准,离岸公司对于其注册地来说应当属于本国公司。但是,从各离岸金融中心的立法来分析,离岸公司实际上被视为外国公司,例如,BVI就直接通过《国际商事公司法》(British Virgin Islands International Business Companies Act)来规范离岸公司,其本国公司有专门的《商事公司法》(The BVI Business Companies Act,2004)来规制。因此,各国公司法对外国公司的界定普遍采取较为审慎的态度。

目前,大多数国家对于外国公司的认识只是停留在理论上和实践中,成文法并无关于何为外国公司的明确规定。不过,各国在实践中对外国公司的认定大多并不坚持以注册地作为唯一认定标准的做法。关于何为外国公司的认定标准,主要有设立说与住所说两种。[①] 英美法系国家(地区)普遍采用设立说。在英国,外国公司被称为海外公司(Overseas Company),是指根据英国以外的国家设立的公司。[②] 英国还根据该公司是否在英国建立营业地而分为海外公司和一般外国公司,在英国境内建立营业所的公司成为海外公司(Overseas Company),不在英国境内设立营业所,但在英国从事业务活动的外国公司称为一般外国公司(Foreign Company)。[③] 美国特拉华州公司法也规定,外州(国)公司就是非本州法律而设立的公司。同属英美法系的我国香港特别行政区的公司条例中并无外国公司(Foreign Company)的字眼,而是使用了"非香港公司"(Non-Hong Kong Company),也是采用的设立说。而以德国为代表的欧洲大陆国家,对外国公司的认定标准,普遍采用的是住所说。据此,连接点取决于公司实际上的重心,即公司总部设在何处。如果公司总部设在德国,则即便公司是按照外国法成立的,且其章程遵照的是外国法,对该公司也应适用德国法。也就是说,这样的公司不被视为外国公司。[④]

分析上述两个标准,可以看出:设立说标准主要是从法人资格取得的角度来看公司,一个外国公司是否具有法人主体资格只

---

① 有些学者认为外国公司的认定标准有准据法主义、住所地主义、控制主义和复合标准主义四种,本书认为这些标准的总结归纳有一定道理,但是以采纳设立说、住所说加上最密切联系原则的排除方法认定外国公司更加清晰、明了。

② Companies Act 2006, Part 34 Overseas companies, § 1044.

③ 参见沈四宝:《西方国家公司法原理》,法律出版社 2006 年版,第 366 页。

④ 参见[德]托马斯·莱赛尔、吕迪格·法伊尔:《德国资合公司法》(第 3 版),高旭军等译,法律出版社 2005 年版,第 906 页。

能通过其设立地法以及是否在注册地有效成立来判断。至于一个公司成立后其主要活动的中心是在注册地还是在他国,即形成法律关系的中心为何,则只能依据住所地来判断。内国在审查外来公司时,如果一个公司符合第一个标准,则在形式上属于外国公司;同时符合第二个标准,才能算是实质上的外国公司,也就是真正的外国公司。因此,本书认为,判断一个公司是否属于外国公司应当坚持两个标准:一是设立地是否在国外;二是住所地是否在国外。只有同时符合这两个标准的公司才是外国公司。另外,认定外国公司还应当适用一个排除性规则——实际控制标准。具体说来,如果一个外国公司的实际控制人为本国公民或企业,并且该公司长期在本国营业,那么应该根据最密切联系原则将该公司视为本国公司。

二、美国的外州公司与外国公司——以特拉华州为例

美国公司法以成文法为主,公司法的立法权为各州议会所有,美国 50 个州都有自己的公司法,整个联邦并无统一的公司法。美国律师协会(American Bar Association,ABA)1950 年公布了《美国示范商事公司法》(Model Business Corporation Act, MBCA),60 年来,不断推陈出新,今天我们看到的已经是 2002 年的版本。MBCA 近年来对各州公司法立法的影响越来越大,已经成为各州公司法立法的重要参考,但是其并不具有法律效力,仅是 ABA 的研究成果而已。为了吸引投资,美国各州的公司立法的竞赛一直比较激烈,特拉华州(Delaware)长期以来处于领先的位置。在纽约股票交易所上市的公司中,大约有 1/2 是在特拉华州注册的,世界 500 强公司大约 3/5 在那里注册。因此,本书以特拉华州的公司立法为例,讨论一下美国公司法中的外国公司。

在美国,无论公司的资产、雇员和投资者所处的具体位置,管理者都可以选择在任何一个州组建公司。因此,州与州之间必须相互竞争,才能吸引公司到他们的州进行注册。[①] 正如资本永远向获利多的市场流动一样,投资者总是倾向于将公司设立在那些注册容易、管制较少、税赋较轻的地区。当然,完备的法律体系以及熟悉公司法律制度的法官与律师也是有重要影响的因素。特拉华州公司法成功的原因,主要在于有"一揽子"供投资者参考的公司制度安排,为投资者以及公司管理者获取更多的收益提供了方便,这也是离岸金融中心的优势之一。

《特拉华州普通公司法》第 371 条规定,本法所称的外州(国)公司是指依据非本州法的法律而设立的公司。[②] 外州(国)公司在没有向州务卿(Secretary of State)备案及缴纳 80 美元手续费之前,禁止自己或者通过分支机构、代理人以及代表处在本州进行任何经营。外州(国)公司必须向州务卿提交其合法成立的执照以证明自己作为一个独立的法人存在。如果该执照使用的是外国语言,则应提供附有翻译者誓言的翻译版本。这里的"Foreign Corporation"涵盖了所有不是依据《特拉华州公司法》成立的公司,既包括了美国其他州的公司,也包括了非美国公司。在公司法实践和理论上,还经常会使用"Alien Corporation"来表示外国公司。与"Foreign Corporation"比较,"Alien Corporation"与之有近似的含义,一般可以互换使用。但是,严格地说,二者有明显的差异:一是"Alien Corporation"只指外国公司,而"Foreign

---

① 参见[美]弗兰克·伊斯特布鲁克、丹尼尔·费希尔:《公司法的经济结构》,张建伟、罗培新译,北京大学出版社 2005 年版,第 240 页。

② As used in this chapter, the words "foreign corporation" mean a corporation organized under the laws of any jurisdiction other than this State.

Corporation”既可以指外国公司,也可以指外州公司;二是“Foreign Corporation”用于外国公司时,是指在美国境内没有经营实体,仅通过经销商提供出售商品或者提供服务。而“Alien Corporation”会在美国境内开设工厂、零售店或者明确以自己名义经营的实体。当然,无论是“Foreign Corporation”还是“Alien Corporation”都必须经过授权才可以在特拉华州从事业务。

三、跨国公司

跨国公司(Multinational Firms),又称多国公司(Multinational Enterprise),是指由隶属于两个或两个以上国家的经济实体所组成,从事生产、销售或其他经营活动的国际性企业。跨国公司是垄断资本主义高度发展的产物。它的出现与资本输出密切相关。19世纪末20世纪初,资本主义进入垄断阶段,资本输出迅速发展起来,这时才开始出现少数跨国公司。当时,发达资本主义国家的某些大型企业通过对外直接投资,在海外设立分支机构和子公司,开始跨国经营。联合国跨国公司委员会(U. N. Commission on InternationalInvestment and Transnational Corporations)认为跨国公司应具备以下3个要素:第一,跨国公司是指一个工商企业,组成这个企业的实体在两个或两个以上的国家内经营业务,而不论其采取何种法律形式经营,也不论其在哪一经济部门经营;第二,这种企业有一个中央决策体系,因而具有共同的政策,此等政策可能反映企业的全球战略目标;第三,这种企业的各个实体分享资源、信息并分担责任。

严格地说,跨国公司并非一个法律概念,对其地位亦无法给予明确的法律界定。跨国公司一般由属于不同国家的公司、合伙企业以及其他经济实体组成的企业集团,各国法律都没有赋予其合法地位。它也不隶属于哪一个国家。在整体上判断一个跨国公司的法律属性是行不通的，只能分别对其成员的注册地、住所地进行判断，来决定其分别应该适用哪一个国家的法律。跨国公司这一概念的经济意义远远大于其法律意义。

四、欧共体公司

欧洲共同体（European Communities），简称欧共体（EC），是西欧国家推行欧洲经济、政治一体化，并具有一定超国家机制和职能的国际组织。其是欧洲煤钢共同体、欧洲原子能共同体和欧洲经济共同体的总称，又称欧洲共同市场。欧共体成立于1957年。1993年11月1日《马斯特里赫特条约》（The Treaty of Maastricht）正式生效，欧共体更名为欧洲联盟（European Union），简称欧盟（EU）。欧盟（欧共体）成立几十年来，一直致力于欧洲国家间经济、政治合作以及一体化的工作。早在欧共体创立之初，《欧共体条约》（The Treaty of Rome）即规定，在欧洲共同体内相互承认公司和企业。

欧共体公司是指依据《欧共体条约》（The Treaty of Rome）以及欧共体（欧盟）的有关公司法指令成立的，在欧盟范围内享有独立法人地位的公司。《欧共体条约》第58条规定："根据某一成员国法律设立的、在欧共体范围内有登记住所、管理总部或者主营业所的公司或者企业，应当根据本章目的，与作为成员国公民的自然人享受同等待遇。'公司或者企业'指根据民商法设立的公司或者企业，包括合作社、以及公法或者私法调整的其他法人，但不以营利为目的的公司或者企业除外。"[①]此后，欧共体（欧盟）为落实该规定，出台了一系列的公司法指令。有欧洲学者认为，这些共同体指令在为属于不同立法管辖的公司提供了方便条

① 刘俊海：《欧盟公司法指令全译》，法律出版社2000年版，第3～4页。

件的同时,也有可能使公司法出现僵化的危险,故建议将公司与总机构所在地的法律联系起来,让公司服从某一统一的规则,给予其某种“超国家性质”。[①]

欧共体(欧盟)在1968年2月29日公布了关于相互承认公司的条约,但是因为没有得到荷兰的批准,以致该条约没有生效。40多年来,虽然欧共体(欧盟)为了欧盟公司法一体化做了很多努力,但是真正的欧共体公司尚停留在条约中与学理上,迄今为止尚未存在相关的实践活动。

第四节　外国公司的权利能力

“权利能力”一词的含义,是指民事主体能够独立地参加民事法律关系、享有权利和承担义务的资格。“法人的权利能力是团体被赋予私人人格的表现。但法人的人格赋予纯粹是经济生活发展之需求的产物,并不包含自然人的人格所表现的人类尊严、人人生而自由平等之价值观念。”[②]被赋予法人人格的公司,是具有权利能力的民事主体,具有了成为权利和义务载体的可能。

一、外国公司权利能力的性质

学理上普遍认为,权利能力是私法上能够充任民事权利义务主体的地位。这一概念在《奥地利民法典》中首次出现,作为立

---

① [法]伊夫·居荣:《法国商法》(第1卷),罗结珍、赵海峰译,法律出版社2004年版,第237页。

② 尹田:《民事主体理论与立法研究》,法律出版社2003年版,第183页。

法上的意义使用。此后,德国、日本等国家纷纷沿用了这一立法例,把权利能力用作表述私法上的主体资格。[①]

相较于自然人的权利能力,公司法人的权利能力一般说来有以下几个方面的限制:第一,法人的权利能力受公司属性使然的限制。如前所述,法人在财产权上享有与自然人同样的权利能力,但无法享有以自然人身体或身份为前提的生命权、健康权、亲权等人格权和身份权。第二,法人的权利能力受法律、法规的限制,即法人的权利能力须受到《公司法》《破产法》等法律的限制。第三,法人的权利能力受公司目的范围的限制。在英美法中,将其称为"越权无效规则",即法人只得在其确定的事业范围内开展活动。[②] 第四,法人的权利能力与行为能力具有一致性,即法人的权利能力与行为能力不可分离。这些限制对于任何一个公司都是存在的,无论哪个国家或地区何种类型的公司,都概莫能外。外国公司并不具有内国的法人人格,是否具有权利能力取决于内国的立法态度。

当代社会,各国普遍承认外国公司在法律上的存在,也就是说承认外国公司具有一定的权利能力,只不过外国公司要进入内国,必须经过法定程序而已。[③] 外国公司被获准进入内国后,通常被视为同本国公司具有相同的权利能力。不过,关于主体资格问题的法律适用上,应当依据其注册地法而非内国法。例如,德国法认为,对于依照其本国法律规定成立的,在其本国享有权利能力的外国资合公司,德国的国际私法原则上也承认其在德国国

---

① 参见梁慧星:《民法总论》,法律出版社1996年版,第57页。

② 参见施启扬:《民法总则》,中国法制出版社2010年版,第136~137页。

③ 参见关于外国公司的准入制度,本书在第二章有专门讨论。

内的权利能力。对于外国公司而言,有关其法律关系应当适用统一的法律,外国公司可以同德国企业一样享有权利、承担义务、从事交易活动、成为行政行为的相对人以及在法院起诉和应诉。[①]其他国家的法律也大都持类似态度。例如,《日本民法典》第36条规定,凡属外国商业公司,日本原则上都予以认可。

内国普遍承认外国公司权利能力的原因主要有以下几点:

第一,承认外国公司的权利能力是国际经济交往的需要。自20世纪七八十年代以来,随着国际经济飞速发展,国际贸易大幅增加,各国都面临着如何看待外来公司的问题,不承认外国公司享有权利能力也就意味着不与外国公司进行经济往来,这显然是任何一个国家都不可能做到的。

第二,承认外国公司的权利能力是维护交易安全、稳定交易秩序的需要。如果否认外国公司的权利能力,那么外国公司与本国民事主体之间订立的合同将会因为主体不适格而产生效力上的瑕疵,反而不利于保护交易安全,极有可能导致本国公民、法人等主体的利益受损。

第三,全球公司法的趋同化发展为承认外国公司的权利能力扫除了障碍。经济全球化已经成为历史的必然选择,由此带来的商事法律制度的全球化使各国公司法出现了趋同化的局面。各国为了吸引外资,纷纷降低投资门槛、制定优惠政策,修改、完善本国法律体系,公司制度朝底竞争的趋势愈发显著。在这一点上,受意识形态与文化传统影响不大的公司法表现得尤为明显,较为落后的国家向发达国家学习、借鉴,改造本国的公司法。各

---

① 参见[德]托马斯·莱赛尔、吕迪格·法伊尔:《德国资合公司法》(第3版),高旭军等译,法律出版社2005年版,第905页。

国法人型公司的设立条件的差异越来越小,外国公司与本国公司取得权利能力的实质要件要求渐趋一致,承认外国公司具有权利能力并无太多制度上的障碍。

二、外国公司权利能力的取得

自然人的权利能力得到普遍承认不过几百年的时间,法人的权利能力也并非与生俱来。在经过原始自由设立、特许设立、核准设立等几个阶段的发展后,准则主义成为现代各国公司法的主要立法态度,公司权利能力的取得大多采取规范制的立场。所谓规范制,就是国家法律预先设定公司成立的条件,只要一个组织符合这些条件,如制订了章程、股东人数达到法定要求以及资本缴纳符合法律规定等,那么该组织就可以成为公司而取得权利能力。[①] 规范制是一个国家本国公司取得权利能力的主要方式。

本国公司是依据本国公司法成立的,其当然地符合法律对于一个团体能成为独立参加法律关系的民事主体的一切条件;而外国公司是依据另外一个国家或地区的法律成立的,不能在本国当然地取得权利能力。外国公司进入内国,是否具有权利能力以及是否可以参加民事法律关系,需要内国的承认与许可。[②] 简单地说,外国公司在内国取得民事权利能力必须经过内国的特许,此为特许制。在被特许之前,外国公司的权利能力是受到限制的,也可以说是部分承认。例如,美国各州对待外来公司的态度是必须申请营业许可(authorization),否则只有可能在外州成为被告,而没有资格以原告的身份在外州的法庭起诉。

① 参见[德]迪特尔·梅迪库斯:《德国民法总论》,邵建东译,法律出版社2001年版,第816页。

② 本书第二章将就该问题进行深入分析。

三、外国公司权利能力的范围

所有自然人的权利能力的取得都是因为出生,每个自然人的权利能力范围是相同的。而法人权利能力因每个法人的类型、设立依据以及存续目的的不同,不同类型法人的权利能力范围不尽相同,特别是外国公司与本国公司的权利能力范围出入较大。

(一)外国公司的名称

一般而言,内国通常不限制外国公司自由使用自己的名称。不过,各国(地区)大多要求外国公司的名称必须在内国登记,以便与内国其他公司相区分。例如,日本公司法规定,外国公司应当按照在日本的同类公司或者最类似公司的种类的区分登记商号。[①] 我国《香港公司条例》(Companies Ordinance)也规定,在我国香港特别行政区设立营业地点的非香港公司,须在该营业地点设立后1个月内向公司注册处处长(Registrar)交付一份指明表格,其中第一项就要求指明公司名称详情。[②] 外国公司使用的名称不得与已经有效成立的本国公司名称相冲突,也不得有其他违反本国法律关于公司名称使用的禁止性规定。

外国公司的名称注册后,即在该国取得此名称的专有权。MBCA对此专有权的保护有明确规定:外州(国)公司名称注册生效后,可以获得使用该注册名称的外州(国)公司资格,或者有资格书面同意此后在本州依照本法成立的公司或者此后被授权在本州经营业务的其他外州(国)公司使用该名称。当本国(州)公司成立或者外州(国)公司具备或者同意另一外州(国)公司具

---

① 参见《日本公司法》第911条第3款与第933条。

② 参见我国《香港公司条例》第333条。

有使用该注册名称的资格时，这一注册即行终止。[①]

（二）缔结合同的资格

无论某个外国公司是否经过内国的承认和许可，任何国家（地区）都不会否认它的缔约能力。合同是否成立、效力以及纠纷解决，可以通过国际私法规则或者国际贸易法规则处理。但是，在未获得特许之前，该外国公司不得连续或者长期地从事其经营业务，否则将会承担一定的法律责任。《日本公司法》第818条规定："外国公司，在进行登记之前，不得在日本进行持续性交易；违反前款规定进行交易者，对相对人，与外国公司连带承担因该交易而发生的债务的清偿责任。"MBCA规定，外州（国）公司在从州务卿处取得授权证书前，不得在本州经营业务。但是，进行一个在30日内完成的、独立的非类似性质重复交易的交易不被认为是经营业务。[②]

（三）民事诉讼权利能力

民事诉讼权利能力，是当事人参与诉讼活动，实现诉讼权利和履行诉讼义务的资格。从严格意义上来讲，民事诉讼权利能力不同于诉讼行为能力。例如，当法律规定某项特定的诉讼行为必须由代理人进行时，尽管当事人具有诉讼权利能力，其仍可能因法律的特别规定而欠缺诉讼行为能力。

外国公司无论是否进入内国从事经营，都有可能在内国涉及民事诉讼。如果一个国家不承认某个外国公司成为诉讼当事人的资格，意味着该国主动放弃司法管辖权。因此，世界各国普遍认为，外国公司无须特别程序确认即具有成为被告的资格。但

① § 4.03 Registered Name of MBCA.

② § 15.01 Authority to Transact Business Required of MBCA.

是,关于是否可以成为原告的问题,各国有不同的认识。MBCA 第 15.02 条规定,如外州(国)公司未取得授权证书而在本州经营业务,在它取得授权证书前不能在本州任何法院起诉。[①] 本书认为,这种规定使外国公司在内国无法以原告身份提起诉讼,必然会导致外国公司通过外国提起诉讼的方式来解决与内国民事主体产生的纠纷,内国法院会因此丧失管辖权。内国之所以对外国公司规定必须经过特许才可以在内国经营,主要是从民事主体资格的角度考虑,而是否可以起诉属于民事诉讼主体资格问题,与民事主体资格是两个不同层面的问题。民事主体资格是参加民事法律关系的资格,属于实体法的范畴;民事诉讼主体资格是民事主体参加诉讼的资格,属于程序法的范畴。本书认为,为了更好地维护本国公民、法人的合法权益以及充分尊重法律关系当事人的意愿,一国应当承认任何外国公司享有完全的民事诉讼权利能力。当然,外国公司的起诉是否符合法律要求,司法实践中法院有权依法审查。

另外,外国公司在内国可以以自己的名义拥有动产、不动产,可以从事担保、委托等绝大多数民事活动。

---

① § 15.02Consequences of Transacting Business without Authority of MBCA.

第二章　外国公司的准入制度

第一节　外国公司的承认与许可

如前所述，与自然人不同，公司作为企业法人是法律拟制的产物。依据一国或地区法律设立的公司，其他国家或地区并没有予以当然承认的义务。正如有学者所说，“如果把个人作为完全没有法律人格看待，将是违反国际法的，因为那样就等于把他作为奴隶看待。这是现代保护人权的国际法规则所要求的。但对公司却不同，一国没有义务承认外国公司的法律人格。从历史发展的进程来看，在很长的一段时间内，是否应当对外国公司进行承认还存在着争议，公司在它产生的领土外不存在的观念在19世纪的美国和欧洲大陆流行。尽管现在已不支持这种观念，但在许多国家，一般并不自动地承认外国公司的法律人格”。尽管采取什么样的“承认”方式现在尚存争议,但外国公司作为能够享有权利与履行义务之主体的观点现已得到普遍认可。

由于主权国家的立法原则上仅在本国范围内有效,如果外国公司仅与本国进行贸易活动,而并未到本国境内进行实际的生产经营活动,则本国法律原则上难以约束该外国公司。[①] 但若该外国公司要进入到本国境内开展生产经营活动,则需要本国的承认与许可。对于外国公司的进入,各国普遍采取特许制,一家外国公司要成为某国涉外民商事法律关系的主体,必须经过内国法上的承认与许可。首先通过内国法上的承认制度获得在内国的基本民事权利能力和基本民事行为能力,[②]其次通过内国法上的许可制度获得从事持续经营或进行某种特定活动的资格。承认和许可是对外国公司民商事营业资格进行控制的两个阶段,从本质上来说,内国法上的外国公司准入问题是内国主权的体现。

一、外国公司的承认

(一)外国公司承认的概念与特征

外国公司的承认,是指内国对非依内国法成立的外国公司的民事主体资格予以认可,是外国法律制度下特定事实状态之法律效果得延伸到内国的制度,是对外国公司基本人格和基本民事能力的承认,涉及其自身权利能力以及独立法律地位的获取。对外国公司的承认包含了两个方面的意义:一是外国公司依其本国的法律已经成立;二是对于该外国公司依本国法已有效成立的事实,内国也认可其作为内国民商事法律关系主体的地位,从而确

---

① 参见赵旭东主编:《公司法学》,高等教育出版社2006年版,第517页。

② 参见吕岩峰主编:《国际私法教程》,吉林大学出版社2007年版,第85页。

认了外国公司在内国能够获得的权利具体内容,以及其应承担相应义务的前提条件。[①] 对外国公司的承认具有以下法律特征:

1. 对外国公司的承认是一国或地区的自主行为。对于一个国家来说,这是主权的体现;对于一个地区来说,这是地区自主权的体现。[②] 正如《奥本海国际法》中所述:"国际法承认每一个国家在其领土内的最高权威,在领土上或进入领土内的任何人或物,就当然隶属于该国最高权威。"[③]作为国家管辖权原则的重要体现,属地管辖原则适用于对外国公司的承认,一国有权自主决定是否承认在本国活动的外国公司的法律人格。

2. 对外国公司的承认是以外国的相关法律为基础的。对外国公司的承认不是使外国公司具有内国公司的法律人格,也不是使外国公司转化为内国公司,而是承认外国公司在内国的法律人格,并以此为基础从事民商事法律活动。[④] 对外国公司承认是以属国法律为基础的,只有依所属国家的法律已具有法律人格,才能得到承认。

3. 对外国公司的承认并不导致经营资格的产生。对外国公司的承认和许可不同,对外国公司的承认是许可的前提条件,对外国公司的承认使其在内国获得相应的权利能力和行为能力,有资格作为民事法律关系的主体。但该外国公司若想要在内国开始从事相应的生产经营活动,则需要在获得内国承认的基础

---

① 参见[德]马迪亚斯·赫德根:《国际经济法》(第6版),江清云等译,上海人民出版社2007年版,第236页。

② 参见李金泽:《公司法律冲突研究》,法律出版社2001年版,第90页。

③ [英]劳特派特修订:《奥本海国际法上:争端法战争法中立法》(第二分册),王铁崖等译,商务印书馆1989年版,第2页。

④ 参见李金泽:《公司法律冲突研究》,法律出版社2001年版,第91页。

上，进一步取得内国对其自身的许可，而承认与许可存在显著不同。

4. 对外国公司的承认是抽象意义上对外国公司一般法律人格的承认，与《海牙承认外国公司、社团和财团法律人格公约》第5条的规定相符，即"承认法人资格，包括承认其据以取得法人资格的法律所赋予的能力"。此种一般法律人格的承认原则主要体现一种价值上的承认，充分展现出对外国公司一般人格给予尊重的必要性。[①]

（二）外国公司承认的条件与方式

从对外国公司承认的一般法律实践上来看，各国并不要求外国公司满足内国公司设立的条件，只要外国公司依其本国法律有效成立即可。对外国公司的承认主要有两种方式：

1. 通过国际立法进行承认

通过国际立法进行承认是指通过有关国家之间签订的或国际组织制订的条约而承认其他国家的公司。例如，海牙国际私法会议于1956年制定的《承认外国公司、社团和财团法律人格的公约》第1条规定："凡公司、社团和财团按照缔约国法律在其国内履行登记或公告手续并设有法定所在地而取得法律人格的，其他缔约国当然应予承认，只要其法律人格不仅包含进行诉讼的能力，而且至少还包含拥有财产、订立合同以及进行其他法律行为的能力。公司、社团或财团的法律人格，如果按照其据以成立的法律规定无须经过登记或公告手续而已取得的，则当然应在与前款相同的条件下予以承认。"欧共体国家于1968年订立的《关于

---

① 参见王利民：《论人的私法地位：从一个制度的分析》，法律出版社2007年版，第350页。

相互承认公司和法人团体的公约》第 1 条规定:“凡属于民事或商事公司,包括合作社,依缔约国之一的法律而成立,由该国法律给予享有权利和承担义务,并在本公约适用的领土之内设有其法定注册事务所的能力者,当然予以承认。”条约的缔约国之间互相承认他国法人的行为即是通过国际立法的承认。

2. 通过国内立法进行承认

通过国内立法进行承认是指通过内国法律的规定对外国公司的法律人格进行承认。一般说来,有 3 种具体的立法模式:

一是特别承认主义,又称法律承认主义,即内国不承认外国公司在内国当然具有法律人格,对于外国公司要通过特别的程序逐一加以承认,才能够承认该外国公司在内国的存在。这种程序的特征是逐一承认、工作烦琐,但由于该承认标准实际上最为严苛,因此有利于控制外国法人在内国的活动。但现行国际上多采用对外国公司法人资格自动承认的做法,该种承认标准实际上并未得到较多国家的使用。①

二是类别承认主义,即内国通过立法对某一类别的外国公司都承认其主体资格。类别可能表现为国别,也可能表现为从事某类具体业务的公司。例如,法国曾于 1957 年 5 月 30 日制定一项法律,承认凡经比利时政府许可而成立的法人,均可在法国行使权利;对于其他各国法人,只要有互惠关系的国家所成立的法人也应予以承认。② 法国的此项法令以双方的互惠为前提,实际上也就是属于以国别为依据对外国公司的主体资格予以承认。

三是一般承认主义,即对于外国公司的承认无须满足特别的

① 参见吕岩峰主编:《国际私法教程》,吉林大学出版社 2007 年版,第 86 页。

② 参见李金泽:《公司法律冲突研究》,法律出版社 2001 年版,第 16 页。

要求,除非有法律的特别限制,只需依据成立地法律正式成立,该外国公司的法律人格就能够得到有效承认。这种立法主义简单易行,被大多数国家采用。例如,《日本民法典》第36条规定,外国法人,除国家、国家的行政区划以及商事公司外,不承认其成立。反面解释可知,对于外国商事公司,日本法上一律承认主体资格。英国冲突法也同样规定:“按照外国法适当成立和解散的公司,其成立和解散在英格兰有效。”①

但无论是通过国际立法还是通过国内立法的方式对外国公司进行承认,均是一个国家行使主权的结果。该项权力的行使应以国家的利益以及对外交往的需要为依据,要充分考虑到外国公司在国际经济发展与交流中的重要地位,而不能够依据自身的单方面利益而对外国公司的承认与否作出片面的规定。

(三)外国公司承认的效力

外国公司承认的效力,具体体现为外国公司自身在内国获得何种私法地位,以及该种私法地位的具体内涵为何。由于承认是以外国公司符合其本国法上的公司成立条件为标准进行的,通常不要求外国公司符合内国法上关于公司法人设立条件的规定,承认并不导致外国公司成立所依据的法律发生转换,外国公司的法人资格仍是以其本国法为基础而成立的,对外国法人的承认并不导致外国法人成为内国法人。

对于外国公司承认的具体效力,各国在认识上比较一致。即经过承认的外国公司具备内国的民事主体资格,具有诉讼能力、

---

① 孔玉飞:《跨国证券发行与交易中的法律冲突》,知识产权出版社2009年版,第39页。

缔约能力及为各种偶然性、一次性交易行为,[①]能够以自己的名义在内国进行一般性民商事活动和起诉、应诉,但法律有特殊规定的除外。未经过承认的外国公司,其人格不为内国所承认,不具备内国的民事主体资格,不能参与内国的民商事活动。而且许多国家还规定,没有被承认的外国公司通常也不能以自己的名义在法院进行起诉。[②]

二、外国公司的许可

(一)外国公司许可的概念与特征

外国法人的许可,是指对外国公司在内国从事经常性及持续性业务之许可或从事其他活动进行特别审查,从本质上来说是指外国公司在内国从事营业[③]活动的营业许可和市场准入问题。[④]承认与许可存在显著的不同,承认是许可的前提条件,许可是承认的深化发展;承认经常体现为国家私法上的主体问题,而许可往往体现为公司法上对外国公司的监管问题;得到内国承认的外国公司只是取得在内国从事民商事交易的基本人格,只有得到内国进一步许可的外国公司才能从事持续性的经营活动和进行某些特殊性的活动。

对外国公司的许可具有以下法律特征:

---

① 参见王文宇:《公司法论》,中国政法大学出版社2004年版,第601页。

② 如本书第一部分所言,原则上承认外国公司的诉讼能力有利于内国公民、法人合法权益的维护,也是符合内国国家利益的。关于外国公司的法人资格可以通过在诉讼程序中由法院进行审查的方式进行控制。

③ "营业"一词作为商法上的特定概念,有两种含义:一为主观意义上的营业,是指营业活动,即以营利为目的而进行的连续的、有计划的、同种类的活动(行为);另一为客观意义上的营业,是指营业财产,即供进行营业活动之用的有组织的一切财产以及在营业活动中形成的各种有价值的事实关系的总体。此处指主观意义上的营业。

④ 参见吕岩峰主编:《国际私法教程》,吉林大学出版社2007年版,第85页。

1. 外国公司的许可也是国家主权和地区自主权的体现,特别是经济主权和经济自主权的体现。对外国公司进行逐一特别审查,根据国家(地区)利益要求及具体情形决定是否给予认可,是一国(地区)自主决定权和公共政策的体现,对此,他国无权进行干涉。

2. 外国公司的许可以对外国公司的承认为基础,只有经内国承认的外国公司才能获得在国内进行民事活动的主体资格,进而才可能取得从事某类具体营业的准许。

3. 外国公司的许可一般通过"申请—审查—核准"的程序进行,针对外国公司的申请,内国的主管机关根据法律的规定进行特别审查,通过审查的,许可该外国公司在内国从事营业活动或某些特定活动。

(二)外国公司许可的条件与方式

对于外国公司的许可,各国一般设有相应的法律规范,对许可的条件和方式进行规定,许可的方式一般表现为营业执照的签发。几个主要国家的立法例如下:

1. 美国

美国《特拉华州普通公司法》(General Corporation Law)规定,外州(国)公司为了获取在本州从事业务活动的营业执照,应向州务卿申请,申请书应包括公司名称及该公司据以设立的法律所属的国名、公司设立日期及公司存在期限、公司在其据以设立的法律所属的国家的办公地址、公司拟在本州设立的注册办事处的地址以及在本州拟任命的注册代理人姓名、公司在本州从事业务活动的宗旨等内容。

上述资料应当经州务卿审核备案,在公司支付了法律规定的相应费用后,颁发给该外州(国)公司在本州营业的许可证(The

Certificate of the Secretary of State)。外州(国)公司取得该营业许可证后,便有权在该州从事正当的营业活动。[①]

2. 英国

在英国境内具有固定的营业所的外国公司,称为海外公司。这类公司要获准在英国从事商业性交易活动,必须向英国公司登记注册局递交以下资料:(1)该公司的公司章程和内部细则的复印件各一份,如果上述文本不是用英语写成的,则必须附上经核准的英文译本。(2)该公司的董事及其秘书的名册。(3)有权代表公司接受诉讼文书和通知书的居住在英国的人员的姓名和地址。如果上述内容发生变化,则必须立即把该变化通知公司登记注册局。(4)每个年度的资产负债表和损益表,如果该公司是控股公司,则必须递交含有在英国注册的子公司的账目。公司注册登记局认为上述申请合法的,应给该公司颁发相应的许可证。公司一旦获得营业许可证,它便有权在英国从事正当的营业活动。[②]

3. 日本

日本参众两院于2005年7月审议通过《公司法》,其第六章是有关外国公司许可的规定,主要内容如下:

外国公司在日本进行交易,应当选定公司驻日本的代表人,设置营业所,并对其代表人和营业所进行登记和公告;外国公司在进行上述登记之前,不得在日本从事持续性交易活动,违反此规定而进行交易者,与外国公司连带承担因该交易而发生的清偿

① See § 371. Definition; qualification to do business in State; procedure. Subchapter XV. Foreign Corporations of General Corporation Law in Delaware.

② 参见沈四宝:《西方国家公司法原理》,法律出版社2006年版,第366页。

责任;经登记注册的外国公司在适用法律上,除法律另有规定外,应同在日本成立的同种类或最相类似的公司一视同仁。①

可见,外国公司在日本营业除了要符合《日本民法典》第36条的规定外,还要遵守《日本公司法》第六章的规定,即不但要得到日本对其主体资格的承认,也要经过内国的许可程序,通过申请取得营业许可证。

(三)外国公司许可的效力

外国公司经内国的许可,取得营业资格,除法律另有规定外,享有与内国同样的权利,履行与同国公司同样的义务。

未被认可的外国公司,虽然已经取得诉讼能力、缔约能力及为各种偶然性、一次性交易行为的能力,能够在内国从事一般民事活动和起诉、应诉,但并不能从事经营性的活动或某些特殊活动。外国公司未被许可而从事大规模的营业活动或设立分支机构的,该行为将被认定为无效,此时,为保护交易相对人的利益,应由该行为人与外国公司负连带赔偿责任。②

此外,外国公司还可能因违反内国对外国公司的行政管理而承担相应的行政责任。例如,《日本公司法》第979条规定,外国公司未经登记从事交易的,处相当于公司设立的注册登记印花税税额的罚款。我国《公司法》第212条规定,外国公司违反本法规定,擅自在中国境内设立分支机构的,由公司登记机关责令改正或者关闭,可以并处5万元以上20万元以下的罚款。

---

① 参见《日本公司法》第817条与第819条。

② 参见王文宇:《公司法论》,中国政法大学出版社2004年版,第601页。

三、我国外国公司承认与许可制度评析与立法完善

(一)我国对外国公司承认与认可的立法现状评析

对外国公司的承认主要是一个国际私法问题,现有对于外国公司的承认存在两种截然不同的理论,通常称为"成立国"理论和"真实本座"理论。[①] "成立国"理论主张应适用公司成立国法对公司的权利能力以及对公司内部事项进行规范,即应依照公司成立国法律确定是否对该外国公司进行承认。[②] "真实本座"理论滥觞于萨维尼的"法律关系本座说",将该理论适用于公司承认领域,即仅与该外国公司有"真实本座"(如管理中心和控制中心)的内国有权对公司内部事务进行调整。[③] 我国的国际私法立法——《民法通则》第八章"涉外民事关系的法律适用"并无关于外国公司承认与许可的明确规定。最高人民法院《关于贯彻执行〈中华人民共和国民法通则〉若干问题的意见(试行)》第184条规定:"外国法人以其注册登记地国家的法律为其本国法,法人的民事行为能力依其本国法确定。外国法人在我国领域内进行的民事活动,必须符合我国的法律规定。"可以看出,我国在对外国公司承认的立法中,采取了一般承认的立法模式,即只要依据外国公司的属人法具有法人资格,我国也予以承认。

我国法上对外国公司的许可,未设有一般性的规定。目前主要通过对外国公司设在我国分支机构或代表机构的许可来实现

---

① 参见邢钢:《国际私法视野下的外国公司法律规制》,知识产权出版社2009年版,第13页。

② 参见赵相林主编:《国际商事关系法律适用论》,中国政法大学出版社2005年版,第195页。

③ 参见邢钢:《国际私法视野下的外国公司法律规制》,知识产权出版社2009年版,第13页。

对外国公司进入我国的有效控制。[①]

对于外国公司在我国设立分支机构，主要的法律规范体现在《公司法》第十一章，即“外国公司的分支机构”。该章对外国公司在我国设立分支机构的条件和程序，以及分支机构的法律地位、活动原则等方面作出了规定，要求外国公司在中国设立分支机构要履行申请—主管机关审查—主管机关批准—公司登记机关签发营业执照的程序。2001 年国务院颁行、2016 年进行修订的《外资保险公司管理条例》对外国保险公司在中国设立分公司的程序和条件作了专门规制，2006 年国务院颁行、2014 年进行修订的《外资银行管理条例》对外国银行在我国设立分行的条件和程序作了详细地规定。

对于外国公司在我国设立代表机构，国务院 1980 年发布了《关于管理外国企业常驻代表机构的暂行规定》，对外国企业在中国设立代表机构的程序和条件进行了全面的规定；1983 年国家工商行政管理总局发布但现已失效的《关于外国企业常驻代表机构登记管理办法》，对外国公司代表机构的具体登记和管理方式进行了明确；2006 年国务院颁行、2014 年进行修订的《外资银行管理条例》对外国银行在我国设立代表处的条件和程序作出了详细的规定；2006 年中国保监会发布了《外国保险机构驻华代表机构管理办法》，对外国保险公司在我国设立代表机构的条件和程序及监管进行了特殊的规制。

---

① 外国公司在中国开展投资或贸易活动，主要通过以下 4 种形式：一是设立外商投资企业；二是设立分支机构，如分公司；三是设立常驻代表机构，即代表处；四是直接在中国境内从事生产经营活动。其中，外商投资企业是以我国法为准据法而设立的，是我国的法人，不存在承认和许可的问题。外国公司通过除此之外的 3 种形式在我国从事投资贸易活动，需要根据不同形式而通过不同的许可程序。

对于外国公司在我国从事某些特定活动，主要的法律规范是国家工商行政管理总局于1992年颁布的《关于外国（地区）企业在中国境内从事生产经营活动登记管理办法》，该办法对外国公司在我国从事陆上或海洋的石油及其他矿产资源勘探开发房屋、土木工程的建造、装饰或线路、管道、设备的安装等工程承包及承包或接受委托经营管理外商投资企业等经营活动的审批程序进行了规定。

从以上规定来看，对于外国公司的承认和许可，我国立法在目前已经形成了一个比较完整的体系，比较明确地区分出了对外国公司的承认和许可。对于外国公司的承认，采用的是一般承认的立法模式；对于外国公司的许可，则根据外国公司涉及行业的不同，区别采用不同的规制方法，既符合国际立法潮流，有利于进行国际交往，也有利于维护社会公共利益和实现特定的公共政策目的。

另外，在外国公司的承认与许可的立法上，我国的现行立法存在以下问题：一是没有明确对外国公司的承认采用一般承认的立法模式；二是对外国公司代表机构的许可上采用严格的审批制模式，过于严格，且对于代表机构的性质、活动范围、名称选择等具体方面不够明确；三是对外国公司分支机构的规范上，仅有《公司法》7个条文的规范，不够全面，且对于外国公司分支机构的审批办法，国务院未及时履行授权立法职责作出相应的规定；[①]四

---

① 我国《公司法》第192条规定："外国公司在中国境内设立分支机构，必须向中国主管机关提出申请，并提交其公司章程、所属国的公司登记证书等有关文件，经批准后，向公司登记机关依法办理登记，领取营业执照。外国公司分支机构的审批办法由国务院另行规定。"第193条规定："外国公司在中国境内设立分支机构，必须在中国境内指定负责该分支机构的代表人或者代理人，并向该分支机构拨付与其所从事的经营活动相适应的资金。对外国公司分支机构的经营资金需要规定最低限额的，由国务院另行规定。"

是对外国公司直接在我国境内从事特定活动的许可范围过于宽泛,程序过于严格,相关法律、法规的规定之间存在冲突,滞后于我国的经济发展实践。

(二)我国外国公司承认与许可制度的完善

鉴于我国经济发展的现实及我国既有法律规范上存在的问题,应当在立足于我国的经济现状、发展前景以及国际经济局面和趋势的基础上,全面完善我国的相关立法。

第一,立法明确采用一般承认模式。有必要在我国的国际私法上,也就是未来民法典"涉外法律关系的法律适用"一编中明确我国法上对外国公司承认采用一般承认的立法模式,即只要是依外国(地区)法律有效成立的公司,我国就承认其法律人格。

第二,鉴于我国《公司法》第192条对国务院的授权,国务院应当积极履行该职责,对外国公司分支机构的审批办法作出规定。同时,我国《公司法》对外国公司分支机构的相关规定太过宽泛,有必要通过修订《公司法》作出更全面详尽的规定,特别是明确未被我国认可的外国公司从事经营活动的行为效力及法律责任。

第三,我国法上对外国公司代表机构的规定过于简单,且很多具体规定不合时宜。可喜的是,我国的相关部门已经注意到了这一现象,《外国企业常驻代表机构登记管理条例》已于2010年10月10日出台,并于2013年修改。该条例对登记事项、设立登记、变更登记、注销登记等方面作了详细规定。

第四,《关于外国(地区)企业在中国境内从事生产经营活动登记管理办法》这一部门规章,无论是从适用范围上还是从审批程序上都与实践脱节,应该以紧缩审批范围和简化程序为立足点,及时对该规章作出修正或者用新的法规予以替代。

第二节　外国公司的公司目的与公司权力

一、外国公司的公司目的

(一)公司目的:传统理论与现代发展

“目的”在汉语中是指“想要达到的地点或境界;想要达到的结果”。作为公司法学上的一个专门术语,公司目的并不能通过简单的类推得到其含义。法学在论及公司目的时,可能有3种不同含义:一是指公司的营利目的,此为公司的“终极目的”;二是指股东设立公司所希望达到的目标和意图,相当于我们常用的“公司宗旨”一词;三是指公司成员为达到设立公司之目标而制定的,在公司章程规定的公司活动的范围,如公司从事生产的商品类别及提供的服务项目等。[①] 本书即在第三种含义上使用“公司目的”一词。各国公司法一般规定,公司应当在章程中载明公司目的,公司目的是公司章程的绝对必要记载事项。

传统公司法理论都认为公司目的是对公司能力的一种限制,英美法上的越权无效规则和大陆法上的目的限制规则据此产生。如在英国,早期的法律与判例认为,公司的活动不能超越其目的范围,否则无效,这就是著名的越权无效规则。越权无效规则最初适用于19世纪上半叶的法令公司(statutory company),由于这种公司是依政府法令而设立的从事铁路和其他公用事业的公司,因此,法律要求其经营活动只限于目的范围。但是,1875年

---

① 参见吴雨冰:《论公司目的》,中国政法大学民商经济法学院2004年硕士学位论文。

Ashbury Rly Carriage and Iron Co. Ltd. v. Riche 一案的判决将这一规则推广适用于其他类型的公司,并且严格阐述和界定了越权理论的含义。在大陆法系国家中,早期曾遵循"目的范围限制权利能力"的规则(以下简称目的限制规则),法人的行为受其目的范围的限制,超越其目的范围的行为无效。目的限制规则和越权无效规则的理论依据在于每个法人的成立目的不同,其经营范围和业务活动范围也不相同,因此,其权利能力也会有所不同。并且传统公司法理论认为,目的限制规则和越权无效规则也是出于保护股东、债权人和交易安全的需要。①

进入 20 世纪以来,目的限制规则和越权无效规则受到了越来越多的抨击。早在 1945 年,由英国的科恩委员会起草的一份关于修改公司法的报告中就指出,越权无效规则对股东来说是虚幻的保护,对不注意的第三人是一个陷阱,而且是不必要的争论和烦扰的根源。于是,一些国家在判例和学理上对传统的目的限制规则和越权无效规则进行了修正和改革。②

例如,在英美法系国家,许多公司在章程中采纳一般性的目的条款,如"公司可从事任何合法业务"等,这在一定程度上限制了越权无效规则的消极影响。1985 年《英国公司法》开始修正越权无效规则,它规定善意第三人可以主张公司能力外的行为有效。英国 1989 年《公司法》第 108 条则明确规定:"公司的能力不受公司章程的限制",正式废除了越权无效规则。美国作为英国法律传统的继受者,长期采用越权无效规则,但 1984 年美国修

① 参见蔡恒、孙晓洁:《公司权利能力受目的(经营)范围限制的立法变革——从新〈公司法〉第 12 条谈起》,载《求实》2006 年第 S2 期。

② 同上。

正后的《标准公司法》第3.02条规定,公司有权像自然人一样进行所有必要和便于执行其业务和事务的事宜。第3.04条规定,公司行为的有效性不得因为公司现在缺乏或者曾经缺乏该行为的权力而受到质疑。美国公司法最终也抛弃了越权无效规则。在大陆法系国家,原先采用目的限制规则的国家也最终放弃了这一原则。例如,瑞士、德国等国家的法律认为,除专属自然人的权利外,法人享有与自然人相同的权利能力,法人的目的范围不构成对法人权利能力的限制。1966年《法国商事公司法》第49条规定:“在与第三者的关系中,经理拥有在任何情况下以公司的名义进行活动的最广泛的权力,但法律明确授予股东的权力除外。公司甚至应对经理的不属于公司宗旨范围的行为负责,但公司举证证明第三者已知道或根据当时情况不可能不知道该行为超越了公司宗旨范围的情况除外,仅公布章程不足以构成此证据。”

根据我国《民法通则》①的规定,企业法定代表人和其他工作人员所从事经营活动的后果由企业法人承担。但其中并未具体说明此处所谓经营活动的具体范围。从文义解释角度对该法律条文进行理解,可以推断出其中界定的经营活动,应包括企业法定代表人和其他工作人员的越权行为。同时,我国《公司法》②现有规定并没有进一步对该问题进行说明,仅明确了公司的经营范围由公司章程规定,并应经依法登记,若要改变经营范围,仍需办理变更登记。对于董事或经理等所从事的越权行为的法律效力

① 我国《民法通则》第43条规定:“企业法人对它的法定代表人和其他工作人员的经营活动,承担民事责任。”

② 我国《公司法》第12条规定:“公司的经营范围由公司章程规定,并依法登记。公司可以修改公司章程,改变经营范围,但是应当办理变更登记。公司的经营范围中属于法律、行政法规规定须经批准的项目,应当依法经过批准。”

仍未进行有效说明。而现有涉及对越权规则最直接的规定应属《合同法》第50条对法定代表人越权行为效力的规定，即法人或者其他组织的法定代表人、负责人超越权限订立的合同，除相对人知道或者应当知道其超越权限的以外，该代表行为有效。该条规定出于保护善意第三人的目的，认可了超越其权限行为的效力。但由于合同法主要是解决平等民事主体基于合同设立、变更、终止民事权利的行为，与越权无效规则涉及的情形仍有所差异，若完全选择适用《合同法》解决越权行为的效力问题，其正当性略显不足。同时，若是对公司超越经营范围所从事经营活动的效力"一刀切"地进行否认，可能将导致公司利益相关人与公司之间的风险配置显著失衡。因为若公司超越经营范围与第三人进行的交易对自身有益，公司自然不会主动声明自身超越了经营范围而导致该交易无效，双方忠实履行彼此义务，由此的确能够实现双方利益的最大化。但若是该公司后来发现其超越经营范围的交易实际上难以获得预期的收益，甚至会给自身带来亏损，则此时的公司就可以提出该交易超越公司经营范围，而使该交易无效，此时作为善意的交易相对人的利益则难以获得有效保障。由此，公司实际上找到了一条仅接受合同利益而放弃履行合同义务的捷径。为最大程度上实现维护市场合理平等经济秩序与保护善意第三人利益之间的平衡，应区分不同的情形对公司超越经营范围所从事经营活动的效力进行明确。若公司超越经营范围的交易属于法律法规所明确禁止从事的经营活动，则公司的经营行为当然无效。但若公司超越自身经营范围的经营活动并不违反我国效力性、强制性的具体规定，则不宜认定公司超越经营范围的该行为无效。但我们也不排除存在恶意第三人串通公司进行虚假交易以达到某些特定目的情形的存在。因此，在确定公司超越经营范围的经营行为并未违反效力性、强制性规定的情形下,还应进一步严格区分第三人是恶意还是善意,而仅给予善意第三人的权益以有效的保护。[①]

以上可以看出,在公司法经历由传统向现代的转型进程中,公司目的制度也经历了从严格到宽松的演变,公司超越目的范围行为的效力状态由僵化的无效转变为普遍性的有效,公司目的不再被当作对公司权利能力的限制,而更加纯化为保障公司股东和债权人利益的工具。内国公司目的制度的这一转变和转变过程中所反映出来的制度信息成为我们解读外国公司的重要参考。

(二)政府管制视角下的外国公司之公司目的

公司目的制度是公司制度的重要内容,涉及四重法律关系,即公司自身的确定与保护关系、经营者与股东的关系、公司与交易第三人的关系,以及公司与政府监管的关系。[②] 公司目的的4个方面也反映了公司目的制度的四重功能,即公司自身的身份确认、公司股东对经营者的行为监控、对交易第三人的利益保护以及国家对公司的监管。本书着眼于从外国公司准入的背景下讨论公司目的,主要从政府管制的视角对其进行解读。

国家对公司目的的控制由来已久,在英国斯图亚特王朝时期,公司不仅是营利性的组织,还是政府进行殖民扩张的工具,公司承载了政府的特定政治目标,国王通过“特许令”来许可设立公司,对公司设立采取的是特许主义的姿态,当然,对公司的目的范围也采用了特许的立法态度。其后的重商主义时期,欧陆国家

① 参见张鲲、张雯:《英美公司法越权代表制度及其启示》,载《中共济南市委党校学报》2012年第3期。

② 参见童列春、商燕萍:《论公司经营范围的准确定位》,载《行政与法》2006年第10期。

普遍对公司的设立实行审批，即实质审查，公司的设立不但要满足法定的形式要件，还要符合政府的经济政策，在公司设立阶段，政府对公司目的进行详细的审核和全面的评估，只会将许可证颁给那些符合自己经济政策的公司。[①] 在随后的自由主义经济时期，随着资本主义的发展，自由主义成为潮流，政府对公司目的的严格控制失去了理论支持的土壤，逐渐走向弱化。公司设立的准则主义取代特许主义，随着准则主义的普遍确立，公司取得了充分的自治权，国家对公司目的的监控趋于弱化，这种弱化不仅表现为对在公司设立时对公司目的不再采取实质性审查，而且表现在公司目的外行为的宽容。其后，各国普遍废除目的范围对公司权利能力的限制，公司目的更多地成为完善公司法理中的工具。

从历史角度来看，内国对本国公司目的的控制逐步走向宽松。从当今世界各国的情况来看，一般说来，除了政府禁止或限制经营的行业或政府专营的行业，公司可以在各行业中自由选择和变更经营范围，公司目的不再被看作对公司权利能力或行为能力的限制，公司单纯超越经营范围并不导致公司行为的无效，只是产生内部责任的承担。目前，很多国家特别是发展中国家还没有达到对外国公司和本国公司真正的一视同仁的发展水平，完全的国民待遇在现实中还不存在，对外国公司目的的控制还是内国监管外国公司的重要方式。

内国在对外国公司进行经营许可的过程中，外国公司的目的成为许可程序中的必要登记事项，从某种程度上来说，对外国公司的许可也是对外国公司进行目的范围控制的一种方式。

---

① 参见吴雨冰：《论公司目的》，中国政法大学民商经济法学院2004年硕士学位论文。

出于维护国家安全、公共秩序以及国家特定领域特定利益之目的,内国对外国公司的目的控制主要表现为以下 4 种情形:其一,某些行业属于国家禁止之列,如毒品、武器等严重危害国家安全、社会秩序、人们身心健康等产品的生产和交易,一般各国都给予禁止,不论外国公司还是内国公司都不能从事;其二,某些行业属于国家限制之列,如电视节目的制作与播出、麻醉药品等的生产与销售管制,各国一般都给予限制,此类公司目的必须经过国内有关部门的批准或审批;其三,公司目的属于国家专营之列,必须由内国指定的有关公司经营,如邮政、铁路,外国公司一般不能从事;其四,不属于上述之列之公司目的,内国管制相对较为宽松。这并不表明,公司成立后就可以在公司目的外从事这些营业,某些国家对此也可能有所限制,外国公司只有取得相应的审批之后才能从事。

(三)微观与宏观的互动:外国公司准入视角下的公司目的与行业限制

正如上文所述,对外国公司的公司目的限制是对外国公司的微观层面监管,个案地划定了各个外国公司活动的范围。这种限制通过外国公司提出准入营业申请,内国主管机关在个案审查的基础上得出结论。这种个案审查的方式针对性强,便于考虑个案的特殊性,灵活而不僵化,保证不会出现外国公司活动危害内国国家安全或损害内国在某些特殊领域的特殊利益等情形。

对外国公司的准入进行行业限制,是一种宏观层面的控制,整体划定了外国公司活动的范围,这种限制通过由内国相关部门发布规范性文件的方式作出。外国公司在申请营业许可的过程中自觉退避,保证内国这一经济政策能够收到实效。这个整体规制的方式适用简捷,具有概括性,能够全面考虑相关因素,可以从国家宏观层面上保证对外国公司活动范围的有效监管。

对公司目的的限制与对公司行业准入的限制，是外国公司准入制度的两个重要立足点。一个从微观着手，另一个从宏观着手，共同服务于限定外国公司活动范围这一目标，有机统一，互相配合，缺一不可。若无对外国公司目的的限制，就不能在个案中保证外国公司活动范围的可控性；若无对外国公司行业准入的限制，就无法保证对外国公司活动范围限定的整体协调性。在规制外国公司活动范围的行动中，两者均不可或缺，只有坚持两者共同使用和良性互动，才能收到实效。

二、外国公司的公司权力

（一）公司权力的含义

公司权力，英文为“power of corporation”，为英美法上的概念，是指公司在存续过程中所享有的各种对自身财产和行为的支配力。这一概念从公司的主体性出发，是公司主体性的外化表现。相似的制度在大陆法系一般被称为公司能力，公司权力是公司权利能力的表现。[①]

英美判例法早期并不严格区分公司目的和公司权力，认为公司的权力以公司的明示目的为限，公司在明示的目之外不享有从事某种活动的权力。这在 Ashbury Railway Carriage and Iron Co. v. Riche 一案中得到了清楚的说明。[②] 其后，为满足公司从事商事活动的需求，立法对公司权力和公司目的作了区分，认为公司权力仅为实现公司目的之手段，公司权力不仅及于公司目的条款

---

① 参见施天涛：《公司法论》，法律出版社 2006 年版，第 129 页。

② Ashbury Railway Carriage and Iron Co. v. Riche, (1875) L. R. 7H. L. 653. 转引自张民安：《现代英美董事法律地位研究》，法律出版社 2000 年版，第 263 页。

所明示规定的权力,而且及于法律暗含每个公司都享有的暗含权力(Implied Power)。

在现代英美公司法中,公司享有十分广泛的权力,比如,美国 MBCA 第 3.02 条规定了公司所享有的一般权力,有 10 多项;第 3.03 条规定了公司的紧急状态权力,这些制定法上的权力自动为每一个公司所享有,公司章程对此无须特殊规定。大陆法系国家或地区公司法对公司权力一般并不作如此明确的列举式规定,如韩国及我国台湾地区"公司法"主要从对公司权力限制的角度来规定公司的权力。对于世界各国或地区而言,无论是否以"公司权力"这一词语来指称,公司实质上都享有普遍的权力。从各国或地区的立法上来看,公司的权力主要表现为转投资能力、担保能力和捐赠能力等。

外国公司的公司权力主要指外国公司在内国活动所享有的权力。受内国承认与许可的外国公司,除法律另有规定,享有与内国公司同等的权力,履行与内国公司同等的义务。本书对外国公司权力的分析主要从转投资能力、担保能力和捐赠能力 3 个方面展开。

(二)外国公司的公司权力若干问题

1. 外国公司的转投资能力

转投资是指公司为了获取资本收益而按照法律的规定投资于其他企业,成为其他企业经营者的行为。公司进行转投资是公司经营活动中的正常行为,但为了保证公司的转投资不致影响公司的资本充实,并保证公司有足够的责任财产去清偿自身债务,许多国家对公司的转投资能力都进行了规制。从逻辑上来说,这些规制也应当适用于外国公司。值得注意的是,对美国各州公司法立法有着重要参考意义的《示范商事公司法》(MBCA)只有对转投资能力的确认,不含有对公司转投资能力的限制。

从比较法上来看,各国或地区对公司转投资能力的规制主要体现在投资数额和投资对象上。在对投资对象的限制上,《韩国商法》第 173 条规定,公司不能成为其他公司的无限责任社员(股东)。[①] 我国台湾地区"公司法"第 13 条规定,公司不得为他公司无限责任股东或合伙事业之合伙人。[②] 我国《公司法》第 15 条规定,公司可以向其他企业投资;但是,除法律另有规定外,不得成为对所投资企业的债务承担连带责任的出资人。总体来看,其立法目的体现为,若公司成为其他企业的无限责任成员,会将公司的命运寄托在他人的身上,与公司独立运营的本质背道而驰。[③]

在对投资数额的限制上,韩国法没有作出明确的规定,我国台湾地区"公司法"第 13 条规定,(公司)如为他公司有限责任股东时,其所有投资总额,除以投资为专业或公司章程另有规定或经依其他各款规定,取得股东同意或股东会决议者外,不得超过本公司实收股本 40% 。我国 2005 年《公司法》规定,公司向其他企业投资,按照公司章程的规定由董事会或者股东会、股东大会决议;公司章程对投资的总额及单项投资的数额有限额规定的,不得超过规定的限额。公司为公司股东或者实际控制人提供担保的,必须经股东会或者股东大会决议。我国 1993 年《公司

---

① 参见[韩]李哲松:《韩国公司法》,吴日焕译,中国政法大学出版社 2000 年版,第 57 页。

② 参见江平、赖源河主编:《两岸公司法研讨》,中国政法大学出版社 2003 年版,第 269 页。

③ 参见[韩]李哲松:《韩国公司法》,吴日焕译,中国政法大学出版社 2000 年版,第 57 页。

法》规定公司累计对外转投资的数额不得超过本公司净资产的50%。但这一规定对公司的转投资能力限制过严，且与公司法发展趋势及经济时势不合，在2005年修订《公司法》时已经废除。

综上所述，外国公司享有对外转投资的能力是一个不容否认的事实，但对公司的转投资能力进行一定的限制也是具有普遍性的做法。但从本质上来说，公司转投资是公司的正常经营行为，对公司转投资能力进行限制，实际上是法学界缺乏对公司现实运行情况的了解而产生的误区，仅从单一的权利、义务的配置角度对公司的经营活动进行规范，而忽视了经济社会中效率的重要性。① 公司转投资也并非一定会损及公司信用，危害公司债权人的利益。② 公司的转投资行为应该由公司自身根据自身的经营策略做出决定，风险自担，法律不必要进行过于严格的限制。

2. 外国公司的担保能力

公司的担保能力即公司通过人保或物保的方式为他人债务提供担保的能力。债的担保一般可以分为一般担保和特别担保。一般担保，是指债务人的财产在债的关系成立以后，即成为担保债权实现和债务履行的责任财产，债权人可在债务人不履行其债务时请求强制执行债务人的财产。而特别担保，即指第三人以自己的一般财产为债务人的债务提供担保，以及第三人或债务人以其特定的财产为债务人的债务提供担保。③ 对于公司的担保能力，有肯定说和否认说两种观点。如果考察学者的分析，不难发

---

① 参见单荔枝、张朝珺、张博华：《公司治理法律问题研究》，天津人民出版社2007年版，第209页。

② 参见赵旭东主编：《公司法学》，高等教育出版社2006年版，第195页。

③ 参见刘建生主编：《公司法》，四川人民出版社2004年版，第153页。

现这种学术争议是源于选取的立法例的差异，换言之，只是对法律规范的解释上产生的差异。[①] 对于公司担保能力的立法，主要存在两种立法例：一种是原则上承认公司享有担保能力，但在特殊情况下存在例外，代表性国家为美国，美国 MBCA 明确规定担保能力为公司权力的组成部分；[②]另一种是指原则上否认公司有担保能力，但肯定公司在特定情况下有担保能力。例如，我国台湾地区"公司法"规定，公司除依其他"法律"或公司章程规定得为保证者外，不得为任何保证人。根据文义解释，除非特定情形，公司也不得为物上担保人。从立法趋势来看，各国或地区立法普遍放松对公司担保活动的限制，总体上承认其享有一定的担保能力。

如果任意允许公司转投资可能会导致公司财产变现能力下降，损害资本充实原则还有些道理，那么否定公司的担保能力就没有任何理由了。公司作为拥有独立意思能力与行为能力的民商事法律关系主体，为他人提供担保只会增进债权人的利益，而对于与公益无关的事项，公司法根本不应当干预。至于如何完善公司提供担保的程序及维护公司股东利益，其实质是一个"后位"的技术问题。对公司的担保能力给予承认是各国立法的普遍做法，外国公司享有担保能力是一个普遍的事实。外国公司经过内国的承认与许可后，享有的担保能力与内国公司无异。但应注

---

① 参见叶林：《公司法研究》，中国人民大学出版社 2008 年版，第 147 页。

② § 3.02 General powers of Chapter 3 Purposes and Powers of MBCA.

意的是，根据我国《公司法》的规定，[①]在未经股东会、股东大会或者董事会同意的前提下，公司不得以公司资本为本公司的股东或者其他个人债务提供担保这一限制条件应同样适用于外国公司。

3. 外国公司的捐赠能力探讨

公司捐赠的对象可以分为两类，即慈善捐赠与政治献金。由于两者的目标与在现实中的作用显著不同，本书主要对慈善捐赠进行探讨。

对于慈善捐赠，立法史上经历了由不承认到认可再到鼓励的沿革。例如，美国早期公司法中即不承认公司具有捐赠能力，在1919 年著名的 Dodge v. Ford Motor Co. [②]一案中，福特汽车公司董事长 Henry Ford 在股东的反对下，运用其权力，不发放额外股利，便宜出售汽车，以扩大产能、惠及大众。而审理本案的密歇根州最高法院认为，Ford 的想法固然可敬，但他不能慷他人之慨，毕竟公司不是慈善组织，Ford 先生的此举乃是恶意，违反了受托人义务，应加以禁止。从此案可以看出，20 世纪早期，美国法上对公司的捐献能力持否定态度。直到 20 世纪中期，一个著名的案例结束了普通法上关于公司捐赠效力的分歧，确立了公司捐赠的合法性，这就是 A. R. Smith v. Barfow 案。该案中，涉案公司从事

---

① 我国《公司法》第 148 条第 1 款规定："董事、高级管理人员不得有下列行为：（一）挪用公司资金；（二）将公司资金以其个人名义或者以其他个人名义开立账户存储；（三）违反公司章程的规定，未经股东会、股东大会或者董事会同意，将公司资金借贷给他人或者以公司财产为他人提供担保；（四）违反公司章程的规定或者未经股东会、股东大会同意，与本公司订立合同或者进行交易；（五）未经股东会或者股东大会同意，利用职务便利为自己或者他人谋取属于公司的商业机会，自营或者为他人经营与所任职公司同类的业务；（六）接受他人与公司交易的佣金归为己有；（七）擅自披露公司秘密；（八）违反对公司忠实义务的其他行为。"

② Dodge v. Ford Motor Co. ,170 N. W. 668（Mich. 1919）.

制造和销售阀门、消火栓以及特定设备的业务。1951年公司董事会在对本公司没有任何明显的经济利益的前提下,作出了向普林斯顿大学捐赠1500美元的决定。公司的股东对这项捐赠提出了质疑,认为董事会没有作出捐赠的权力,新泽西州最高法院却裁决公司有权作出这种捐赠,因为慈善捐赠是随着经济和社会环境的变化对公司的默示和附带性权利的合法运用,是严格遵循自由企业制度中公司现实生存的需要。而这一判决最终的影响是“宣告了有关公司慈善活动越权教条的死亡”。自该案之后,美国各州开始采用一种新的方法来确认公司捐赠的效力,很多州都通过立法明确允许公司不需证明捐赠给公司带来利益即可进行慈善捐赠,在一些州,即使普通法上没有明确的先例,立法上也确立了公司捐赠有效的法律。后来的《美国标准公司法》第3.02条明确规定,公司具有为公共福利或者为慈善、科学和教育目的进行捐款的权利。[①] 同期,其他各国也相继确认公司的慈善捐赠能力。

公司的公益捐赠能力已经成为各国立法的共识,无论是发展中国家还是发达国家,无论是大陆法系国家还是英美法系国家,都普遍认可了公司的公益捐赠能力。

承认外国公司的捐赠能力不仅是对外国公司承认或许可后的必然结果,而且有利于内国的公共利益事业。

---

① 参见刘连煜:《公司治理与公司社会责任》,中国政法大学出版社2002年版,第91页。

第三节　外国公司准入的行业限制

一、外国公司准入的行业限制及其必要性

外国公司准入是指允许外国公司进入内国从事生产经营活动,是外资准入制度的重要内容,是一国经济主权的体现。外国公司进入内国主要是通过在内国设立分支机构或代表机构的方式实现的。外国公司的准入包括行业限制和资格限制两个方面。外国公司准入的行业限制是指内国的某些行业允许外国公司进入内国经营,是一个国家外资准入政策的重要方面,是对外资准入进行管制的重要内容。

内国为了确保外国投资有利于本国经济的发展,维护本国的经济秩序、国家安全以及保护本国某些产业,都对外国公司进入内国经营的范围作出规定。一方面,各国将关系国家安全和重大利益、国计民生的行业和部门,保留在政府和本国国民手中;另一方面,将外资引导到本国亟待发展的行业和部门,以便外资投入与本国的经济发展目标一致。①

由于各国的国情不同,各国外资法中对外国公司准入的行业限制也有所不同。一般来说,发展中国家的限制更加严格,其在更多的行业中对外国公司进行了保留,发达国家对外国公司的行业限制较少。但鉴于对外国公司的行业限制的重要意义,没有一个国家或地区完全放弃对外国公司准入行业管制,只是管制的程

① 参见余劲松主编:《国际投资法》,法律出版社2007年版,第139页。

度有所差别而已。[①] 美国是世界上对外资最为开放的国家，英国、德国等西欧国家对外资的限制也比较少，而广大发展中国家对外资的限制较多。总之，对外国公司的准入限制是一国外资准入法制的重要内容，宽严与否，不仅取决于国家的经济发展水平，还取决于国家的社会治理模式与理念。

二、外国公司准入行业限制的立法模式与规制方法

外国公司准入的行业限制，传统上主要是一国的内国法问题，即内国的外资管理法律制度的内容。但随着贸易自由化的进程在当代的展开，这一内容更多地在双边条约和多边条约中有所体现。特别是随着世界贸易组织（World Trade Organization，WTO）及各种地区性经济组织在全球的发展，世界经济的开放程度不断提高，各种投资壁垒不断被打破，国际条约成为规制外国公司准入行业限制的重要方法。内国的外资法和内国参加的双边或多边国际条约成为规制外国公司准入行业限制上这一制度的“双翼”，对外国公司准入行业限制的规制的立法模式由单一国内法规制转变为国内法与国际法共同规制的模式。

各国对外国公司的准入主要通过禁止进入、事前审批等方式进行。禁止进入是指对于与国家安全关系重大的行业领域，内国不允许外国公司从事相关营业，绝对禁止外国公司的进入，这种方式比较彻底、简单，一般适用于极少数行业。事前审批是指对某些行业，不允许外国公司无限制地进入，特定外国公司进入前应当事前向内国有相关主管机关提出申请，主管机关对申请进行实质审查，若审查后认为不会对内国的国家安全和经济秩序造成伤害，则个案允许外国公司进入该行业从事经营活动。对于不属

① 参见史晓丽、祁欢：《国际投资法》，中国政法大学出版社2009年版，第67页。

于外国公司准入受限的行业，国家为了掌握外资进入该领域的状况，一般要求外国公司的事后报告，但报告并不构成对外国公司的进入限制。

三、外国公司准入行业限制的领域

如前文所述，各国对外国公司准入这一问题的立法既体现在内国法中，也体现在国际条约中。由于国情不同，各国对外国公司准入的行业限制的具体内容并不相同。但从世界范围来看，各国在行业限制上又有诸多共性。

美国法上对外国公司的行业限制主要以国家安全作为出发点来制订相应的规制措施，根据美国2007年的《外国投资和国家安全法》，除在特殊情形下经其国内相应机关的批准，外国公司不得取得在美国注册的船舶或从事内陆运输或沿海运输、捞船、拆船或从事内陆航运业公司的控制权；不得在美国从事电讯公司的业务或进行无线电或电视的广播；不得在美国从事石油管道的铺设或从事联邦政府矿业的开采。另外，外国公司也不得参与美国的基础设施建设。①

德国法上对限制外国投资进入的领域没有明文规定，原则上所有产业均对外国公司开放。只有1961年《对外经济关系法》中规定了政府对外国投资的管制权，但行使这种权力必须有明确的、正当的理由。出于国家安全的需要，德国政府对铁路、公共设施、邮电业、广播电视业等领域进行严格的控制。②

日本法上也对外国公司从事有碍国家安全或国际上允许保留限制的行业作出了规制，其立法主要体现在日本《外汇及外贸

① 参见史晓丽、祁欢：《国际投资法》，中国政法大学出版社2009年版，第59页。
② 参见范剑虹主编：《国际投资法导读》，浙江大学出版社2000年版，第351页。

管理法》中,该法规定的涉及国家安全的领域主要包括航空、武器、原子、宇宙火药、电力、煤气、供热、排水、铁路、客运、通信、广播、警备等。

从上述国家的立法上来看,各国对外国公司准入的行业限制主要集中在电信、基础设施、武器、能源等与国家安全密切相关的经济领域上。对这些行业,各国或者通过绝对禁止,或者通过事前审批程序进行控制,以保障国家安全和实现国家对外国公司的营业领域控制。

四、我国对外国公司准入的行业限制

对于外国公司准入的行业限制,我国现行法上的规定主要有2002年国务院制定的《指导外商投资方向规定》和2016年修订的《外商投资产业指导目录》。

根据《指导外商投资方向规定》第4条的规定,外商投资项目分为鼓励、允许、限制和禁止4类。鼓励类、限制类和禁止类的外商投资项目,列入《外商投资产业指导目录》。不属于鼓励类、限制类和禁止类的外商投资项目,为允许类外商投资项目。允许类外商投资项目不列入《外商投资产业指导目录》。该规定第6条规定,属于下列情形之一的,列为限制类外商投资项目:(1)技术水平落后的;(2)不利于节约资源和改善生态环境的;(3)从事国家规定实行保护性开采的特定矿种勘探、开采的;(4)属于国家逐步开放的产业的;(5)法律、行政法规规定的其他情形。该规定第7条规定,属于下列情形之一的,列为禁止类外商投资项目:(1)危害国家安全或者损害社会公共利益的;(2)对环境造成污染损害,破坏自然资源或者损害人体健康的;(3)占用大量耕地,不利于保护、开发土地资源的;(4)危害军事设施安全和使用效能的;(5)运用我国特有工艺或者技术生产产品的;(6)法律、行政法规规定的其他情形。

结合我国2016年修订的《外商投资产业指导目录》,对于外国公司的准入的行业限制,我国的外资法已经形成了比较完整的体系,内容也比较全面。

五、我国外资准入审批制度的完善

经济全球化要求国际投资的自由化。自20世纪90年代以来,投资自由化成为各国国家经济改革的重要亮点。外资自由化改革涉及外资准入、外资待遇、履行要求、投资保护和争议解决等多方面的内容。[①] 其中,投资准入的自由化是国际投资自由化的重要内容。这种投资自由化除了体现在各国的内国外资法的改革中外,还体现在双边和多边国际条约中。具体而言,这一趋势主要反映在以下方面:一是在投资准入问题上推行国民待遇,排除内国对外国投资领域和进入条件的普遍审查权,对外资准入的审查制度受到越来越大的限制;二是扩大投资的领域和范围,传统上各国禁止或限制外资进入的一些服务领域(如金融、保险、通讯、商业零售)逐步成为对外开放的领域;三是简化外资进入的程序,减少审批机构和审批环节,缩小审批范围,放宽审批标准。[②]

目前,我国对外国投资采取逐项审查的办法,无论投资数额大小,无论投资方向如何,均须经政府审查批准,并根据投资总额的多少,限额以下的由地方或其他授权机关审批,限额以上的由商务部审批。[③] 这是一种最严格的审批制度,显然与国际上投资准入自由化的改革趋势不符,也与我国加入WTO后不断扩大开

---

① 参见史晓丽、祁欢:《国际投资法》,中国政法大学出版社2009年版,第68页。

② 参见陈安主编:《国际经济法学专论》(第2版·下编),高等教育出版社2007年版,第672页。

③ 参见余劲松主编:《国际投资法》,法律出版社2007年版,第147页。

放的大背景不符，因此，应当立足国际趋势和国内背景，对我国的外资审批制度进行改革，简化外资进入的程序，减少审批机构和审批环节，缩小审批范围，放宽审批标准。与此同时，在稳步推进的上海自由贸易区试点中，我国开始采取负面清单管理模式，进一步扩大开放领域，这一点值得学界深入关注。

第四节　特殊领域外国公司的准入：以资本市场为例

外国公司进入内国，可能是为了在内国经营实业，也可能是为了进入内国资本市场募集资金。从内国角度来看，外国公司进入内国发行证券是内国法上的境外公司在资本市场上的准入问题；而从外国公司的母国来看，则是本国公司赴海外上市问题。

随着国际资本流动的加速以及各国资本市场的开放程序的加强，境外公司来内国上市问题成为一个热点，构成了外国公司准入制度上的重要一环。对资本市场上外国公司准入制度的研究，是观察特殊领域外国公司准入制度的一个重要视角，也是完善一国的外国公司准入制度的重要方面。

一、纳斯达克市场上的外国公司准入问题

纳斯达克，英文为“NASDAQ”，是全美证券商协会自动报价系统（National Association of Securities Dealers Automated Quotations）的英文缩写。纳斯达克是世界上最大的股票电子交易市场，建于1971年，是一个完全采用电子交易、为新兴产业提供竞争舞台、自我监管、面向全球的股票市场，在世界证券业界享有盛誉。纳斯达克股票市场分为3个层次，即纳斯达克全球市场、纳斯达克全球精选市场和纳斯达克资本市场，吸引不同层次的企业上市。

美国是世界上资本流动最自由的国家之一，纳斯达克市场上对外国公司的进入几乎没有什么障碍，对外国公司采用与本国公司同样的准入机制，只要是依法成立的公司，符合上市规则对公司各种指标的规定，都可在美国证券市场上市，不存在外汇管制或者是国籍限制问题。[①] 外国公司与美国本国公司一样，在纳斯达克市场上市的一般程序包括以下几个步骤：

（一）向美国证监会（Securities and Exchange Commission，SEC）提出发行申请

根据《美国证券法》的规定，对证券发行实行登记制，除依法获得登记豁免外，发行人公开发行证券都要经过证监会的登记程序。向证监会申请登记是上市的核心阶段。证券在公开发行之前必须向美国证监会提交登记说明书，登记说明书应包括两个部分：第一部分包含招股书，第二部分包括补充信息、签字和附件。

（二）证监会登记

美国证监会在30天内审查登记说明书。[②] 审查完毕后，证监会向公司发出一封信，要求提供补充信息或更详尽的披露，主要涉及披露和会计问题。公司即按照该意见进行修改并将修改意见递交证监会，证监会再次进行审查。美国证监会认为登记说明书达到要求后，将依法予以登记。

（三）向纳斯达克市场提出上市申请

纳斯达克市场的登记与证监会的登记不同，[③]在证监会的登

---

① 参见徐冬根等：《美国证券法律与实务》，上海社会科学院出版社1997年版，第255页。

② See Alan R. Palmiter, *Securities Regulation*: *Examples and Explanations*, Aspen Publishers, c2005.

③ 参见高如星、王敏祥：《美国证券法》，法律出版社2000年版，第152页。

记只是取得了发行证券的权利,并不代表其发行的证券可以在交易所交易。为了获得在纳斯达克市场上的上市交易资格,发行人还必须向交易所提出上市申请。

(四)核准上市

根据纳斯达克市场的3个上市标准,只要发行人满足其中一个,纳斯达克交易所就会核准发行人的上市申请,然后发行人就可以在纳斯达克挂牌交易。

二、中国香港特别行政区联交所的境外公司准入问题

中国香港特别行政区联交所为香港交易与结算所有限公司(Hong Kong Exchanges and Clearing Limited,HKEX)的简称,是香港特别行政区唯一的证券交易所,规模庞大,拥有数千家上市公司,在业界广受推崇,是亚洲最著名的证券交易所之一。香港特别行政区联交所历史悠久,其前身有100多年的历史,包括主板和创业板两个板块。

我国香港特别行政区是著名的金融中心,奉行金融自由化的政策。香港特别行政区联交所依托香港特别行政区的自由港地位,吸引世界各地的企业来香港特别行政区上市。联交所主板和创业板均接纳境外公司上市。联交所对境外公司来港上市采取鼓励政策,只要是境外公司注册于联交所认可的司法辖区或者虽然境外公司不在联交所认可的司法辖区内注册,但通过修改海外发行人的组织文件,亦可为股东提供相当于香港特别行政区水平的保障,联交所仍可能会批准海外发行人的证券上市。[1] 鉴于境外公司来香港特别行政区上市的特殊性,《香港联合交易所有限

---

① 参见我国《香港联合交易所有限公司证券上市规则》第19.30条、《香港联合交易所有限公司创业板证券上市规则》第24.05条。

公司证券上市规则》特设第19章规定海外公司来港上市的特殊规定,第19A章涉及的是中国内地公司来香港特别行政区上市的特殊规定。《香港联合交易所有限公司创业板证券上市规则》特设第24章和第25章分别规定了海外公司和中国内地公司来香港特别行政区上市的特殊规则。

境外公司来香港特别行政区上市一般包括如下步骤:

(一)向香港特别行政区证监会提出发行申请

根据香港特别行政区《证券及期货条例》的规定,发行人公开发行证券都要经过证监会的核准程序。证券在公开发之前必须向证监会提交发行申请书。

(二)证监会核准

证监会对发行人的发行申请审查完毕后,认为申请书达到法定要求的,将依法予以核准。认为不合要求的,不予核准。

(三)向联交所上市委员会提出上市申请

得到证监会的核准只是取得了发行证券的权利,并不代表其发行的证券可以在联交所挂牌交易。为了获得在联交所的上市交易资格,发行人还必须向交易所上市委员会提出上市申请。[①]

(四)核准上市

根据联交所的上市标准,只要发行人满足了标准,上市委员会就会核准发行人的上市申请,然后,发行人的股票就可以在联交所挂牌交易了。

境外公司赴香港特别行政区创业板发行及上市的程序与主板相似,只是发行人的上市申请由联交所上市科审核。

---

① 参见王春阁:《内地公司与香港上市及两地监管合作研究》,北京大学出版社2005年版,第15页。

三、资本市场上的外国公司准入问题

境外公司在境外发行证券并上市交易是外国公司进入内国的方式之一,是外国公司准入制度的重要内容。外国公司赴内国发行证券并上市是一种融资行为,与进入内国经营实业不同,各国特别是发展中国家对外国公司发行证券并上市的行为一般采取比较严格的管制措施。

但从发达国家和地区,特别是从美国和我国香港特别行政区来看,由于采取金融自由化的政策,对外国公司来境内发行证券并没有给予严格的管制,甚至是给予鼓励。当然,这种鼓励也收到了预期效果,美国纳斯达克市场和香港联交所都成为世界著名的交易所,为纽约和我国香港特别行政区成为世界的金融中心地位奠定了基础。

在资本流动自由化和经济一体化的背景下,即使是传统上对外国公司限制较严格的国家,也在逐渐放松对外国公司进入资本市场的管制。如 2005 年年底,韩国证券交易所修订上市规则,允许外国公司在韩国证券市场上进行首次公开募股(Initial Public Offerings,IPO),且上市标准与韩国企业相同。[①] 在各国纷纷放开外国公司赴本国上市的背景下,国际各大交易所间的竞争日趋激烈,又促使各国再次放宽外国公司在本国上市的准入标准,这一竞争的事态将对证券市场产生深远的影响。

四、红筹股回归与我国资本市场国际板的建设问题

外国公司在内国资本市场上的准入问题,在我国目前的情况

---

① 参见朱周良:《为争取中国企业上市,韩国再放宽海外公司上市要求》,载中国经济网:http://intl.ce.cn/zgysj/200608/24/t20060824_8262147.shtml,最后访问日期:2017 年 5 月 11 日。

下突出表现为红筹股回归和国际板建设两个问题。

（一）红筹公司回归问题

1. 红筹公司回归：背景与原因

红筹公司这一概念产生于20世纪90年代初的香港特别行政区证券市场，原先是指那些在境外注册并在香港特别行政区上市但主要业务位于我国内地且控股股东为内地自然人或法人的公司，[①]后来泛指在境外注册在我国香港特别行政区、美国及新加坡上市但控股股东在我国内地的公司。90年代初期，组建红筹公司成为我国企业海外上市一种重要方式，也是我国大型企业海外上市的通常路径选择。其原因在于以下几个方面：一是当时境内证券市场尚在起步阶段，在市场广度和深度方面无法适应大型企业的融资需求，而且相关监管法律制度和监管框架还未建立，在企业上市的审批中存在很多不确定因素；二是与H股直接上市方式比较，通过在开曼群岛、英属维尔京群岛、百慕大等离岸金融中心设立壳公司，再以境内股权或资产对壳公司进行增资扩股，并以壳公司在香港上市，企业可以避开相对严格的H股发行上市条件，也可以充分享受宽松的外汇管制带来的资本运作优势；[②]三是在离岸金融中心注册公司后再回大陆投资可以享受外资在税收等领域特殊待遇。

现在，前述背景已经发生了重大变化，红筹公司回归A股市场，可以将一部分优质上市资源引入境内证券市场，对境内投资者而言，可以获得新的投资产品和投资机会，使他们可以公平地

① 参见李霖：《红筹股公司回归A股市场法律问题研究》，载《金融理论与实践》2007年第7期。

② 参见唐应茂：《私人企业为何去海外上市——中国法律对红筹模式海外上市的监管》，载《政法论坛》2010年第4期。

与海外投资者共同分享到这部分优质企业高速成长的收益。此外,红筹公司的回归也是我国建设国际板的重要环节,有利于进一步提升我国资本市场的国际化程度,进一步提升境内证券交易所在国际上的竞争力。①

2. 红筹公司回归的路径选择

对于红筹股回归的路径,主要有3个选择,即直接发行A股的方式、发行存托凭证(Chinese Depository Receipt,CDR)方式和联通模式。

直接公开发行A股方式,是指直接以境外注册并在海外上市的红筹公司为主体向境内投资者公开发行A股,而不是通过由红股公司以境内资产或业务另行设立境内公司的方式公开发行。红筹公司直接在境内公开发行A股的方式相对简便易行,易于为投资者和市场理解并接受,也便于监管部门实行有效监管。

发行存托凭证是指红股公司将部分已在我国香港特别行政区市场发行上市的股票托管在当地保管银行,再由中国境内的存托银行发行并在境内A股市场上市以人民币交易结算、供国内投资者买卖的投资凭证的行为。在我国尚未实现人民币资本项目下可自由兑换的前提下,发行CDR存在一定的障碍,而且有关CDR的发行条件、交易制度、与基础股票的转换问题都较为复杂,目前国内也没有制定有关CDR发行和上市的相关法规,因此,还不完全具备通过CDR发行上市的条件。

联通模式是指由境外红筹公司作为发起人设立以控股为目

① 参见李霖:《红筹股公司回归A股市场法律问题研究》,载《金融理论与实践》2007年第7期。

的的 A 股投资公司,通过 A 股公司发行股票的方式实现在 A 股市场的上市。在这种模式下,A 股和 H 股的发行人从法律上来讲并不是同一家公司,这种模式也并不是真正的 A 股回归。例如,中国联通(0762. HK)回归境内市场是通过由实际控制人在境内另行设立中国联通公司(600050. SH),由中国联通公司在国内发行 A 股加以实现。[①]

3. 红筹公司回归的前景

红筹公司回归 A 股问题,自 2007 年进入公众视野以后,引发了各界强烈的关注,各种消息层出不穷,对回归路径、回归时机等的讨论不绝于耳,后来初步达成共识,认为红筹公司应当尽快回归,红筹公司的回归采用直接发行 A 股的方式。市场上关于某些公司回归的传言也俯拾皆是。但 2008 年 4 月后,这一问题莫名搁浅,至今仍没有确切消息。[②] 但红筹公司的回归是大势所趋,即使是管理层暂时控制节奏,也不会改变这一既定方针,红筹公司的回归只是个时间问题。

红筹公司回归 A 股市场,对境内投资者而言,可以获得新的投资产品和投资机会,使他们可以公平地与海外投资者共同分享这部分优质企业高速成长的收益;对于我国证券交易所而言,可以提升其在国际上的影响力和竞争力,使其在世界金融版图中的地位得到进一步加强。此外,红筹公司的回归也是我国建设国际板中的重要一环,是提高我国资本市场国际化程度的重要契机。

---

① 参见上海证券交易所联合研究计划课题报告:《红筹股回归 A 股市场研究》,第 69 页,载上海证券交易所网站。

② 参见《传国务院搁置红筹股回归计划》,载金融界:http://stock. jrj. com. cn/2008 - 04 - 14/000003526944. shtml,最后访问日期:2017 年 5 月 12 日。

（二）我国资本市场国际板建设问题

1. 国际板：背景与趋势

经济全球化的不断深化构成了世界经济发展的最大特征，贸易与投资的全球化是这一趋势的两大支柱。其中，跨国的证券发行与交易是资本跨国流动的重要形式。前往海外上市募集资本和允许境外企业来境外发行证券成为国际证券市场的亮点，正是这种情况的大量出现催生出了如纳斯达克、香港联交所等全球著名的证券交易所。

投资作为拉动经济增长的重要动力，在国际经济竞争空前激烈的背景下，国际竞争在一定程度上就是吸引国际投资能力的竞争，资本的自由流动是其中的重要内容。以资本市场为例，各国纷纷采取措施强化本国吸引外资的能力，一个引人注目的事实是各国纷纷进行证券交易所的公司化改制，通过以灵活的公司制管理模式代替传统的会员制模式强化本国的资本市场功能。在资本市场领域，不断清除体制机制障碍，为外国公司赴本国上市创造良好环境成为一个引人注目的趋势。

在这一背景下，改革我国的证券市场发行方式与交易制度，引入外国公司进入我国发行证券，不但能够对我国的公司治理机制作出可供借鉴的示范，也可以为投资者提供更多的投资机会。国际板的建设是加强我国金融市场对外开放的重要措施，对于我国多层次资本市场的构建以及加强我国在世界金融版图中的地位具有重要意义。

2. 国际板建设的法律障碍及其克服

我国建设国际板是大势所趋，在法律层面，应当对是否存在法律障碍以及如何克服上述障碍进行探讨。具体来说，主要障碍体现在外国公司作为发行主体在我国的《公司法》及《证券法》框架下是否适格以及资本流动与我国现行的外汇管理体制之间是否存在冲突两大方面。

关于外国公司作为证券发行主体问题，有学者认为，依照我国《证券法》第 2 条第 1 款与《公司法》第 2 条的规定，在我国境内发行证券并上市的公司，必须是依据《公司法》在境内设立的股份有限公司，外国公司的注册设立地不在我国，因而不能在境内发行证券并上市交易，外国公司在境内证券市场发行证券存在法律障碍。[①] 本书认为，这种观点并不具有客观性与合理性。

对这两个法条的具体含义进行体系及功能解释可知，外国公司在我国发行证券且上市交易并无法律障碍。首先，《公司法》从内容来看主要是组织法，其主要应规制公司的组织机构及治理结构，而《证券法》则是对证券的发行、上市与交易等行为进行规范的专门法，属于典型的行为法范畴。两者的规制对象并不相同，《公司法》与《证券法》承担的是不同的法律职能。就外国公司在我国境内发行证券并上市的行为应优先适用《证券法》。其次，外国公司在我国境内发行证券，就股票而言属于新股发行行为，《证券法》第 12 条有关“设立股份有限公司公开发行股票，应当符合《公司法》规定的条件”此类规定对于外国公司而言毫无法律意义，而《证券法》第 13 条、第 14 条和第 15 条已经明确规定了公司公开发行新股的条件、申报文件和资金用途等内容，综观《证券法》全文，该法在公司公开发行新股和债券方面无任何对《公司法》的指引条款，与《公司法》无关。我国现行《证券法》对于外国公司境内证券市场融资的法律大门是敞开的。

当然，外国公司来我国境内发行证券与我国公司发行证券还

① 参见徐明、蒋辉宇：《外国公司在我国证券发行与上市的法律问题》，载《东方法学》2009 年第 2 期。

是存在很多方面的区别,涉及证券监管机构,还与财政部门、外汇管理机构、中央银行等众多部门相关,应由国务院制定《外国公司境内证券发行管理条例》,对外国公司来我国境内证券发行种类、程序、监管目标及措施、外汇管理、各相关部门的职能交叉及协调等内容进行规定。

对于国际板设立后的外汇兑换问题,有人认为外国公司将发行股份所募集资金汇出境外的行为与我国现行的外汇管理体制相悖。本书认为,资金汇出境外并不与我国外汇管理体制矛盾。我国现行外汇管理制度特征体现为经常项目实现可兑换,资本项目下不可自由兑换。外管局负责人多次表示,"要在有效防范风险的前提下,有选择、分步骤地放宽对跨境资本交易活动的限制"。也就是说,我国对资本项目下的外汇兑换实行有管理的自由兑换政策。为了能够在可控的前提下实行资本跨境流动,可以参考国家外汇管理局对合格境内投资者(Qualified Domestic Institutional Investor,QDII)的管理模式。[①] 在国际板设立初期,外国公司来我国证券市场发行证券,可以由外汇管理局按年度设定外汇额度总额,监管机构根据这一额度来控制国际板的发行速度,即便外国公司将国际板所募集的资金汇出境外,也是在我国的控制下有节奏地完成的,[②]符合我国现行的外汇管理体制。

3. 推出国际板的时机已经成熟

对于国际板推出的时机是否成熟,业界有不同的看法。学者

---

① QDII 是指在一国境内设立、经该国有关部门批准从事境外证券市场的股票、债券等有价证券业务的证券投资基金。它是在一国货币没有实现可自由兑换、资本项目没有开放的条件下,有限度、有节奏地允许境内投资境外证券市场的过渡性制度。

② 参见张琢、王皓雪:《浅析我国建设国际板是否存在法律障碍》,载《上海证券报》2010 年 4 月 7 日,第 F10 版。

胡海峰认为国际板的推出时机并不成熟，并列出了6点理由：一是在资本项目管制下启动国际板存在资本外逃风险；二是中外会计准则差异增加了国际板监管难度；三是新股发行市盈率差异可能致使国际板沦为外资“提款机”；四是主板行政割裂条件下发展国际板缺乏可借鉴经验；五是资本市场转板、退市渠道不畅会引发道德风险；六是国际板先于股市启动“全流通”可能导致国有资产流失。①

本书认为，上述理由并不能成立。上述理由所说的资本外逃其实是资本流动问题，在国际板中，资本的流动是在国家外汇主管部门监管下的正常流动，不会引发大规模外逃问题；而监管难度问题与监管经验缺乏更不能成为延迟或拒绝进行国际板建设的正当理由，我们不应该因为难度而退缩。另外，监管经验绝非与生俱来，而是需要在监管过程中逐步积累。至于国有资产流失，则更是无从谈起了。

本书认为，我国资本市场推出国际板的时机已经成熟。第一，技术层面已提供足够支持，这可以从相关部门负责人在诸多场合的表态中予以印证；第二，从以上分析来看，国际板的推出并不存在重大法律障碍，现在的问题可以通过国务院制定《外国公司境内证券发行管理条例》轻易解决；第三，部分外国公司如汇丰银行等多次表达希望在我国内地上市的愿望，从海外回归的红筹公司也可以作为国际板上的交易对象，所以无须过度担心国际板缺乏上市对象的问题。

① 参见胡海峰：《我国目前推出国际板时机不成熟》，载 http://sspress.cass.cn/news/13443.htm，最后访问日期：2017年5月11日。

第三章　外国公司在内国的社会责任

第一节　外国公司在内国社会责任的伦理基础

一、公司社会责任的起源

作为现代意义上的公司社会责任，真正进入理论和实践的视野也不过是近几十年的事情，尽管这一理论的酝酿早已萌动于20世纪20年代。发生在20世纪30年代的伯利(Adolf A. Berle)与多德(E. Merrick Dodd)之间关于“公司经理人受谁之托”的论战[①]被视

---

① E. Merrick Dodd,“For Whom are Corperate Managers Trustees”, *Harvard Law Review*, pp. 1145 – 1163; Adolf A. Berle,“For Whom Corperate Managers are Trustees: a Note”, *Harvard Law Review*, 1932, pp. 1365, 1367 – 1368.

为公司社会责任理论在法学界的肇始之端。尽管这场论战并未明确提出公司社会责任这一概念,且双方论者在此后的观点也有所变动。但以此为标志,传统上公司法股东利益至上理念逐渐受到挑战,各国公司法在立法上也随之修正与转变,公司社会责任理论逐渐被广泛接受。

从公司社会责任问题的缘起来看,这种挑战根深蒂固的以股东为中心之传统理念的理论并不是凭空产生的,而是客观社会条件所推动的结果,尽管这一推动是一个逐步深化的缓慢过程。古典经济学家指出,经济人对自身利益最大化的追求会引导其产生对社会最优的决策,[①]而新古典主义经济学也继承了这一基本信条并影响了其传统之下的经济学流派。举例而言,20 世纪 70 年代以来,芝加哥学派的弗里德曼和哈耶克都认为公司的目标就是实现作为公司投资人的股东利益最大化,他们认为公司追求其自身利益的最大化,实现资源最有效的利用就已经承担了社会责任,此外任何其他目标都会导致企业的危机,弗里德曼甚至认为企业不应该存在社会良知(social conscience)。[②] 不可否认,股东利益最大化理论在鼓励投资、促进社会经济的发展与繁荣等方面起到了积极的作用。因此,在经济水平落后,公司蓬勃发展所带来的外部问题尚未凸显,劳动者权益、消费者权利以及公众环境权等尚未引起社会极力关注的时代,股东利益最大化理念的诞生和延续有其历史必然性。然而,随着经济的发展,公司这种以营利性为唯一价值目标,以股东利益为中心地位的整套理念,也因

---

① 参见[英]亚当・斯密:《国民财富的性质与原理》(四),赵东旭、丁毅译,中国社会科学出版社 2007 年版,第 971 页。

② See Saleen Sheikh, *Corporate Social Responsiblity*: *Law and Practice*, Cavendish Pubishing Limited, 1996, pp. 24 - 25.

为历史条件的变化而发生了动摇。

当进入现代资本主义时期后，公司作为生产资料、劳动力等多种生产要素聚集的场所，利用其天然优势（特别是法人制度和有限责任），在商业领域里通过有效地配置资源，创造了巨额财富并形成了有着巨大影响力的公司帝国，并且通过对各个领域的渗透和扩张，实现了对整个社会的政治、经济、文化、生活等方面相当程度的控制和干预。然而任何不被控制的权利（力）都会被滥用。由于公司力量的壮大和不受节制，公司在追逐利润的过程中不但消耗了社会整体资源，而且产生了一系列外部问题，给社会造成了严重的威胁和侵害，如资源的浪费、环境的污染破坏、制造假冒伪劣产品、对职工利益的漠视以及进行不正当竞争破坏社会经济秩序，从而对社会造成了严重的负面影响。根据 1999 年世界大型企业联合会发起的一项全球民意调查显示，全球公民对于企业的期望被概括为以下 4 点：企业通过实际行动表明其信奉社会价值观并对于社会发展做出积极贡献；控制公司经营和生产对于社会的消极影响；使利益相关者共享公司发展的利益；通过正当途径寻求利益。① 可见现代社会对于企业的期望已经超越了追求利益创造财富的单一目标，而要求其承担其他更多的社会功能。

但如同前述，公司制度的发展使公司聚集了规模庞大的生产要素，形成了在经济实力和社会影响力上相对其他社会成员的实质优势地位。法律过去建构的正义理论立足于人类的抽象平等，而传统的民商法理念强调的“意思自治”“等价有偿”等原则也是

---

① 参见［美］阿奇·B. 卡罗尔、安·K. 巴克霍尔茨：《企业与社会——伦理与利益相关者管理》（原书第 5 版），黄煜平等译，机械工业出版社 2004 年版，第 29 页。

基于抽象人格平等与理性人的假设构建的,但公司力量的膨胀使它和其他社会成员不再处于同一个"重量级"上,此时再谈"意思自治"已经失去了原有的意义。面对事实上经济地位的不平等,依靠传统的民商法理念约束公司的不正当行为已经力不从心,甚至还会强化公司的经济力量。因此,社会需要新的理念来解决实际问题,公司社会责任理论便应运而生。

从公司社会责任的历史发展进程可以看出,公司社会责任的发展经历了一个由否定到肯定的曲折的历史发展进程。尽管弗里德曼将企业接受除为股东牟利之外的社会责任视为对自由经济的根本颠覆,①但仍未能改变世界范围内公司法立法对于企业社会责任的承认和规制。美国学界也开始出现对于"企业无道德神话"的反思。② 公司社会责任理念的最终确立在一定程度上标志着以个人主义为本位的"私权神圣"让位于以社会为本位的"权利社会化"的法律思想观念的改变。公司社会责任是在批评主流的传统公司理论的过程中逐步发展起来的,随着公司社会责任理论自身的不断完善以及社会实践的深入,公司社会责任的重要性及独特价值将会得到更多国家政府和企业界的认同。

二、公司社会责任的理论基础

(一)公司社会责任的前提

公司利益最大化是公司承担社会责任的前提和动力。一方面,现代公司以营利最大化为目的,追求公司自身利益最大化,公司存在本身是投资者追求利益的组织工具,离开公司的营利性来

---

① See Milton Friedman, "The Social Responsiblity of Business is to Increas Profit", *the New York Times Magzine*, September, 1970, p. 13.

② 参见[美]理查德·T. 德·乔治:《企业伦理学》(原书第7版),王漫天、唐爱军译,机械工业出版社2012年版,第4~5页。

讨论公司的社会责任,任何理论都会失去根本,也没有现实意义。换句话说,公司是否能够承担社会责任,以及能在多大程度上实现社会责任,都要建立在公司本身的存续和发展的基础之上。没有公司本身的持续存在和价值的持续增长,公司社会责任的承担将无从实现。另一方面,公司利益最大化能够激发公司承担社会责任的积极性。Mark S. Schwartz 认为在促使公司承担社会责任的经济、制度和道德等诸多动因中,公司纯粹出于道德动因而承担社会责任的情况十分少见,纯粹出于制度动因承担社会责任则往往是对制度的被动适应。而道德动因通常也可以被解释为有利于长期经济利益,所以利益是企业承担社会责任的根本动因。① Tim Kitch 认为,公司只有在收益超过成本,或者当外在压力可以通过有效的机制转化为其内在经济动因时,才会从不自觉的适应转变成自觉的改变。② 因此,只有承认公司追求利益最大化的正当性和前提性,并将公司社会责任与公司经营目标统一起来时,公司社会责任才能得以有效实现。无论如何,营利性的公司本质上是作为追求利润的理性工具出现的,它们在营利之外承担社会责任难免与其本性相悖。正如波斯纳认为的那样,在竞争市场中,长期为了利润之外的任何其他目标而经营将导致公司萎缩,甚至倒闭、破产,而公司承担社会责任的成本也会以提高产品价格等方式由消费者来承担;公司履行社会责任也会降低股东自己履行社会责任的能力,而追求利润最大化却可以增加股东的财

---

① See Mark S. Schwartz and Archie B. Carroll, "Corporate Social Responsibility: A Three Domain Approach", *Business Ethics*, Quarterly 13 2003.

② See Tim Kitch, "Corporate Social Responsibility: A Brand Explanation", *Brand Management*, 10 2003.

富,股东可以用这种资源来对政治、慈善捐赠等做出贡献。[①] 实际上,波斯纳也是在承认公司的目的在于追求利润最大化的前提下,要求公司更好地承担社会责任的,其强调公司追求利润最大化是承担其他社会责任的前提,要求企业不能本末倒置。[②]

（二）支持公司社会责任的基础理论

1. 经济力量理论

公司作为存在于社会中的经济组织,不可能与社会的其他主体隔绝。因此在生产经营之外,其在与其他社会成员的互动中就产生了多样的社会作用:其能够最有效地配置社会经济资源实现资金聚合与利用效率的提升,能够鼓励人们的创业与冒险精神,能够帮助投资者、经营者和劳动者实现人生价值,能够向政府纳税,还具有促进社会整合和精神文明建设的社会功能,如此种种,不一而足。

在现代市场经济社会,公司受益于其制度设计,高效地吸纳资本、劳动力、管理经验和其他生产要素并将其熔于一炉,从而实现高速的价值增长,创造巨量的社会财富,产生了强大的经济力量。根据一项 20 世纪 90 年代的调查显示,世界上规模最大的 100 个经济体中,国家只占 49 个,而 51 个是公司。[③] 随着公司经济力量的日益强大和社会财富的不断集中,公司的影响力已经逐渐超越了单纯的经济领域,对于政治、文化、社会生活等诸多方面都产生了不可忽视的作用。公司的强大经济力量必然对应着其

---

① 参见[美]理查德·A. 波斯纳:《法律的经济分析》,蒋兆康译,中国大百科全书出版社 1997 年版,第 544～547 页。

② 参见卢代富:《企业社会责任的经济学与法学分析》,法律出版社 2002 年版,第 57 页。

③ 参见刘俊海:《公司的社会责任》,法律出版社 1999 年版,第 15～16 页。

应当承担的社会责任,由于蕴含于民事权利中的社会义务与其在社会中的实际影响成正比,因此社会影响越大,社会义务越多;反之亦然。公司不能存在于社会真空之中,公司既然从社会赚取利润,也就应当承担起分担与化解社会问题、尊重与推动社会法与社会政策的责任。在现代社会,多数社会问题的解决都是庞杂艰巨的系统性工程,只有动员社会各方力量才能实现预期的社会治理目标。公司的本身就占有了大量的社会财富,其强大的经济力量也意味着能够调动丰富的社会资源。因此,在社会问题的解决过程中,公司的介入可以提供从资源到渠道的有力保障。

除此之外,任何经济活动都不能绝对地避免外部性,而公司强大的经济力量与占有的社会资源意味着其生产经营过程中造成的社会问题也不可忽视,当今社会的许多热点社会问题或直接或间接由公司引起,如环境污染、劳动者权利、消费者权益保障。对于此部分由公司自身造成的社会问题的解决,公司责无旁贷,这不仅具是有伦理上正当性的道义义务,也是公司对于自身所引起的危害后果的修正和弥补。

2. 利益相关者理论

利益相关者理论产生于20世纪60年代,发展于80年代之后,它颠覆了“股东至上论”,为公司社会责任奠定了有力的理论基础。弗里曼(R. E. Freeman)指出,利益相关人不仅受到组织实现目标的过程的影响,而且能影响组织目标的实现。[①] 因此,可以认为公司本质上是一种受多方面社会关系影响的组织,许多利益相关者组成了共同的契约联合体,公司的资本不仅来自于股

---

① See R. E. Freeman, *Strategic Management: A Stakeholder Approach*, Pitman Press, 1984, p. 46.

东,而且来自于这些利益相关者,前者提供了公司设立与运行所必需的物质资本,而后者提供的是一种特殊的人力投资与风险承担。因此,公司的存在必须考虑企业的雇员、债权人、消费者和社区等方面的利益,而不仅仅是为了股东利益最大化。

美国学者克拉克森(Clarkson)对公司的利益相关者所下的定义与此相似:"对于公司及其过去、现在或未来的活动享有或者主张所有权、权利或者利益的自然人或社会团体。这种被主张的权利或者利益源于权利主体或利益主体与公司之间的商事活动,或者公司实施的行为。这种权利或者利益可以是法律意义上的,也可以是道德意义上的;既可以是个体性的,也可以是集体性的。具有类似利益、请求或权利的公司的利益相关者可以划入同一群体:职工、股东和顾客等。"①公司利益相关者对公司的存在和发展有着密切的联系,克拉克森将利益相关者划分为两类:其一是公司赖以生存的人,与公司的生产经营直接相关,如顾客、雇员、投资者、供应商、经销商;其二是能影响公司或者被公司影响,但不直接参与公司经营活动的人,如环境主义者、媒体、社区。② 不管哪一类利益相关者,也不管其是否能够按照公司法的规定参与公司的经营,公司都应当对他们的权益维护承担起应有的责任。

但是究竟基于什么样的理论根据,以此来要求公司对利益相关者承担责任。有学者认为,应该从公司契约理论角度来认定。公司契约理论认为,公司不是一个独立的实体,而是被结构为公司各参与人之间设定权利和义务关系的明示和默示契约所组成

① See Clarkson, Max B. E, "A Stakeholder Framework for Analyzing and Evaluating Corporate Social Performance", *The Academy of Management*, 20 1995.

② Ibid.

的一个契约网,当事人包括股东、经理、其他雇员、债权人、供应商和其他公司参与人。[①] 公司是契约的思想已经隐含地承认,公司契约的各方当事人乃独立平等的产权主体,他们都有权从企业中获取自己应得的权益,片面地强调其中一方的利益不符合内在于市场经济的公平原则。正是在这一意义上,可以认为,企业的利益相关者理论可以在公司契约理论中找到根基。利益相关者理论一出现,就对传统的公司理论造成了重大冲击,深深地影响了英美等国的企业立法。

3. 公司公民理论

世纪交替之际,广义的公司社会责任概念之下又诞生了一个新的概念:公司公民。爱泼斯坦(Edwin M. Epstein)在1989年的文章中第一次提出了这一概念,指出公司同样应当积极承担社会责任,以实现公司与社会整体的双赢。[②] 通常这个概念侧重于描述公司在对其利益相关者责任的履行程度,但有学者指出,从对一组承担社会责任的典范企业的考察来看,强劲的经济效益是使其在伦理行为上表现良好的基础,多数世界上最成功的企业公民都有比较出色的财务绩效,[③]而二者之间并非单向的关联关系,成功地兑现对利益相关者的承诺从长期来看有利于企业的经济绩效。

公司公民这一理念让公司看到或者说是重新意识到了公司

---

① 参见[美]弗兰克·H. 伊斯特布鲁克等:《公司法的逻辑》,黄辉译,法律出版社2016年版,第3~4页。

② See Edwin M. Epstein, "Business Ethics, Corporate Good Citizenship and the Corporate Social Policy Process: A View from the United States", *Journal of Business Ethics*, 8(8), 1989.

③ 参见[美]O. C. 费雷尔、约翰·弗雷德里克、琳达·费雷尔:《企业伦理学——诚信道德、职业操守与案例》,李文浩等译,中国人民大学出版社2016年版,第33页。

在社会中的正确位置,它们在社会中与其他“公民”相邻,公司与这些公民一起组成了社区。公民意识强调的是社区中所有相互联系和相互依赖的成员的权利和义务。公司公民与传统公司社会责任的内涵与运行机制不同,它延伸了传统公司社会责任概念。公司公民通过在公司社会表现的框架内将公司社会责任与相关利益者管理糅合在一起,从而克服了公司社会中责任在运作和实施上的困难。所以,公司公民是对“企业—社会关系”的重新界定,它借助公民意识明晰其含义,公司可以从个人公民的表现中明白社会对公民的要求。公司公民概念之所以能够延伸传统公司社会责任的概念,是因为公司公民概念以“公民权”为核心和本质。公司像公民一样行使公民权,是创造其所在社会的重要途径,他们所承担的责任不是讨价还价或是契约的结果,而是他们作为社会主体存在的内在要求。因此,要求公司承担社会责任,是其内在的要求,而不是外在的强制。

三、外国公司在内国承担社会责任的伦理基础

(一)公司公民理论的适用

公司社会责任理论发展至今,已经得到世界上大多数国家的认可,并且已经付诸立法实践。上文通过公司社会责任理论的梳理,对公司社会责任承担的正当性分析定位于多种理论。其中公司公民理论作为新近产生的理论,在证成公司社会责任方面产生了较大的影响。

公司公民理论认为,现代公司不应当仅仅是盈利的工具,它还是这个社会的“公司公民”,同样应当履行其作为“公民”的义务,这种义务不仅是法律义务而且是道德义务。“公司公民”的提法始于20世纪80年代。其核心观点是,公司的成功与社会的健康发展密切相关。公司在获取经济利益的时候,要通过各种方

式来回报社会。公司公民的责任构成,有社会责任和道德责任两大类。[①] 公司公民理论在证成内国公司社会责任承担上,具有很强的说服力。但外国公司不是内国公民,要求其作为内国公民承担社会责任是无依据可言的。似乎不能通过赋予其公民角色,以此对它课以一定的社会责任。

但是,事实上,外国公司在内国的活动,应当遵守当地的法律和习惯,其中的道德标准是基于内国全体成员的共识而形成的。这些以人类自由、社会公平为基础的道德义务性社会责任的承担,使公司公民的性质可以突破国家的边界。因为商业组织的身份是与特定的社会和文化相连的。按照一般道德原则的观点,无论来自哪个国家或者文化背景的员工、顾客以及其他利益相关者,由于共同的人道精神以及人类共同的道义,他们都有权利获得同样的保护。[②] 当外国公司在内国进行活动时,应当对内国的环境、员工以及社区等利益相关者承担起应有的责任。因为他们对外国公司存在这样的合理期待性,他们期待的基础正是他们预期外国公司会像一个负责任的公民那样行动。

(二)利益相关者理论的适用

公司社会责任其实就是公司对相关利益群体的特定责任。相关利益者理论通过契约观念解决了公司承担社会责任的对象。公司的利益相关者们,有些放弃对其投入进公司的要素的产权,作为对价,各要素投入者换回了对公司的控制权与索取权,并承担了相应的风险。有些即使未作出明显要素投入的主体,公司的

---

① 参见赵磊:《政府是企业社会责任的“守夜人”》,载《法制日报》(周末版)2010年11月11日,第A8版。

② 参见沈洪涛、沈艺峰:《公司社会责任思想起源与演变》,上海人民出版社2007年版,第226页。

决策和行为对他们的权益也有重大的影响。这样,公司在经营活动中不得不对其利益相关者的主张做出反应。

在外国公司中,利益相关者大多是内国的公民或是在内国活动的主体,他们与外国的关系问题同样可以用契约理论来解决。他们的利益保护不但是这些利益相关者自身的问题,而且关涉内国的社会问题。

第二节　外国公司在内国承担社会责任的法律基础

一、英美法系内国公司承担社会责任的立法简介

(一)美国内国公司社会责任的立法

美国公司社会责任立法主要体现在成文立法和司法判例两个方面。在成文法方面,有关公司社会责任的立法主要体现在税法和公司法两部法律之中。在公司所得税立法方面,主要体现在国会于1936年修改的《国内税收法典》,明确公司慈善、教育和科学等方面的捐赠可予扣减所得税,扣减数额最高可达公司应税收入的5%。[①] 在公司法上。主要表现为自20世纪80年代初到20世纪末,美国已有29个州(超过半数的州)修改了《公司法》。[②] 新的《公司法》要求公司经理为公司的"利益相关者"服务,而不仅仅为股东服务。

在判例法方面,最值得提及的是1953年新泽西州法院对

---

① 参见卢代富:《企业社会责任的经济学与法学分析》,法律出版社2002年版,第229页。

② 参见刘俊海:《公司社会责任》,法律出版社1999年版,第69页。

A. P. Smith Manufacturing Co. v. Barlow 案的判决,因为它一直被西方学者视为公司社会责任法运动史上一个具有里程碑意义的事件。在本案中,法院支持了一家新泽西公司向普林斯顿大学捐赠 1500 美元的行为,尽管公司组织章程的目的条款并未明确授予公司从事此类捐赠的权力。法院认为:现代社会要求公司作为其所在地社区的一员,在承认和履行私人责任的同时,亦承认和履行社会责任。[①] 这是"利益原则"(the Doctrine of Benefit)在司法实践中对越权原则的弱化。所谓越权无效规则(the Doctrine of Ultra Vires)是指在美国早期判例法中,法院在裁判公司的行为是否正当时,应当按照其组织章程中的目的条款为基准,而不得进行任何意义上的引申。这一原则是"股东本位"理念的体现,旨在将公司的活动严格限制在股东所授权的范围内,防止公司脱离股东控制。这一原则在 20 世纪 30 年代之后的美国社会责任法运动中被新兴的利益原则取代。按照利益原则,只要公司社会责任行动体现出了其作为增加企业收益的手段的作用和考虑,并且有理由相信由此而产生的利益于公司而言是"直接的",那么该行动就将被看作公司章程授予的营业行为之构成部分而得到认可。显然,由于许多公司社会责任行动都可证成对企业的"直接"利益,因此,司法态度的这一转变于公司社会责任的落实无疑是十分有利的。[②] 在以后的判例中,法院要求公司行为与公司目的实现之间应有合理的关联,如向"宠物慈善会"捐赠等与营业

---

① A. P. Smith Manufacturing Co. v. Barlow, 13N. J. 145, 98A. 2d 581, Appeal Dismissed 346 US. 86(1953).

② 参见卢代富:《企业社会责任的经济学与法学分析》,法律出版社 2002 年版,第 230 页。

毫无关系的行为应受到禁止。[①] 但是，随着企业导致的各类社会问题不断凸显，社会公众要求公司承担社会责任的呼声不断高涨，在"利益原则"相对"越权无效规则"已有突破的基础上，利益被赋予了新的含义，"直接利益"这一曾经较为严格的判断标准被一再放宽，大量鼓励公司慈善捐赠的判例也随之出现。尽管当时人们对公司社会责任有不同的态度，但随着利益原则的放宽适用，以及司法实践中公司社会责任获得支持的理由的增加，公司社会责任的法律根基较以往任何时候都更为牢固。

（二）英国内国公司社会责任的立法

早期，英国受到传统越权无效规则的限制，公司社会责任造法活动一度受到阻碍，因而英国关于公司社会责任的立法要远远晚于美国。英国公司的社会责任首先体现在其对股东的责任上，将公司对股东的责任与其社会责任进行了有机结合。在英国《公司法》审议时，指导小组曾提出两种立法模型：一是"开明股东价值"模型；二是"多元化"模型。前者认为，公司应当首先注重保护股东利益，同时兼顾其他方面的利益，如公司员工、社会环境；后者认为，公司必须做到平衡各方利益，而不得将股东利益置于优先位置。最终，指导小组因"多元化"模型中公司的自由裁量权过大而放弃选择该模型，并进一步表明，公司可以通过减少污染物排放、提高社会效益等方式提升自身商誉，从而实现股东的利益。[②] 英国2006年《公司法》作为公司社会责任规范的集大成

① See Philly I. Blumberg, *Corporate Responsibility in a Changing Society*, Boston University School of Law, 1972, p. 13.

② See Williams, Cynthia A. and Conley, John M., "An Emerging Third Way? The Erosion of the Anglo-American Shareholder Value Construct", 38 *Cornell International Law Journal*, 2005, p. 515.

者,在公司对股东的责任上采用“开明股东价值”模型,要求公司董事有义务促进公司的成功。同时,公司董事在经营管理过程中,还应考虑到公司运营对其他社会主体或社会环境产生的影响。可见,在英国,公司的责任已经超出了单纯对本公司股东负责的范围,还包含了对其他利益相关者的责任。

英国贸易与产业部于 1973 年发表了题为《公司法改革》的白皮书,强调公司对利害关系人的责任,并要求公司把社会责任视为公司决策过程中的一项重要内容。① 产业联合会也指出,公司作为社会的一部分,应当好自为之,有义务成为社区中的良好公民。但这一时期英国公司立法的重心仍执着于理清股东与董事之间的相互关系,对于公司其他利害关系人并不予以承认,公司社会责任并未得到立法的支持。

在立法方面,1985 年《英国公司法》第 35 条规定,公司享有实施附属于或者有助于其任何贸易或营业开展的所有行为的权力。第 309 条规定,董事会考虑的问题应包括公司全体职工的权益。《城市法典》总则中关于收购与兼并事项的第 9 条规定:“在董事向股东提供建议时,董事应考虑股东的整体利益和公司雇员及债权人的利益。”1986 年《英国破产法》第 214 条规定,如果公司董事或影子董事知道或应当知道该公司的破产清算不可避免,却继续操纵公司进行交易而不采取积极措施尽量减少债权人的潜在损失,则这时所进行的交易为不当交易(Wrongful Trading)。在这种情况下,法院有权要求股东认购公司未发行的股份。这些规定为公司承担社会责任,尤其是承担对雇员的责任提供了最基本的依据。1999 年英国法律规定,退休信托基金的管理机构在

① 参见刘俊海:《公司社会责任》,法律出版社 1999 年版,第 50 页。

进行投资时,必须告诉投资者,当他们的基金在进行投资时,对于社会责任的考量程度如何。该规定于2000年7月开始实行,到10月,已有约60%的退休信托基金把社会责任投资的原则放在他们整个投决策中的重要位置。社会责任投资(Social Responsibility Investment)运动随之在西方国家发起,它把公司的社会责任状况作为投资考察的对象,通过在金融市场上影响公司的融资环境来修正公司的行为。其主要形式是设立"社会责任投资基金",专门支持履行社会责任的公司的融资,对于激励公司承担社会责任产生了极大的推动作用。[①] 总之,这些规定当然成为保护员工、债权人以及其他利害关系人利益的法律基础,为公司承担社会责任提供了法律上的依据。

在判例法方面,英国法院在1921年著名的Evans v. Brunner Co.一案中,一家大型化学品生产企业向英国的大学和科研机构捐资10万英镑。法院认为,此项捐赠行为在事实上将吸引企业潜在的员工参加科学培训和从事科学研究,从而确认了这一捐赠的效力。这一司法判决有限度地支持了公司社会责任,为以后公司履行社会责任留下了一定余地。

近年来,英国政府越来越注重对消费者的保护,为此,英国制定了《消费者保护法》《货物销售法》等专门性法律。1987年《消费者保护法》特别规定了消费者因产品瑕疵受到损害时的救济手段,进一步促使公司提高对产品质量的重视程度,妥善履行其应尽的社会责任。

在环境保护方面,作为早期工业革命国家,英国的环境质量

---

① 参见陈永正、贾星客、李极光:《企业社会责任的本质、形成条件及表现形式》,载《云南师范大学学报》(哲学社会科学版)2005年第3期。

一度严重恶化。为解决工业革命的遗留问题,英国从制度上作出了一系列努力。例如,19 世纪末颁布的《制碱业管理办法》对工业制造企业产生的碱性废弃物的排放问题作出了规定。1990 年《环境保护法》进一步提出"环境整体控制"理论,确立了环境质量、污染物排放等标准,制定了排污费、气候变化税等制度,以提高公司对其环境保护责任的重视。另外,英国还制定了《包装要求规则》《包装废弃物生产者责任法》等,旨在减少包装废弃物造成的环境污染。

二、大陆法系内国公司承担社会责任的立法简介

(一)德国内国公司社会责任的立法

德国较早地在立法中贯彻了公司社会责任的思想。与英美法主要关注公司目的、慈善捐助行为与社区活动不同,德国法在公司社会责任上强调职工权益的保护与环境责任。德国公司社会责任立法旨在通过搭建起完善的公司内部治理机制来培育适合公司履行社会责任的良好社会秩序和氛围,用激励或惩罚的制度确保公司主动承担起其应负的社会责任,为公司员工待遇、社会环境保护等谋求福利。

在职工权益与对公司经营的参与问题上,早在 1919 年,德国《魏玛宪法》就规定,德国内国企业的出资者应当顾及公共利益,注意维护职员与工人的经济利益与参与企业重大决策的权利。这些立法规定直接反映了公司社会责任的理念。尽管《魏玛宪法》中有些法律规定由于种种原因未能付诸实施,但上述这些规定无疑在一定程度上为公司社会责任的实现提供了早期的法律上的支持。德国在 1937 年《股份公司法》中规定,董事必须追求股东的利益、公司雇员的利益和公共利益。1965 年的《公司法》虽然删去了这一规定,但在德国,尊重雇员的利益和公共福利仍

被视为是不言而喻的。[①] 1951 年制定的《关于煤炭和钢铁工业职工平等参与决定权的法律》规定:公司的监事会由 5 名资方代表、5 名劳方代表以及 1 名“中立的”代表组成;公司的董事会中必须有 1 名“工人委员”(“劳方董事”)。[②] 该法确认了职工参与制度,完善了公司在保护了职工的利益方面的社会责任。1976 年《德国劳工参与权法》出台,规定劳工享有公司的参与权。同时,公司应当建立检察机构参与公司的经营决策和运营监督,该检察机构中须有适当比例的劳工代表。[③]《德国劳工参与权法》秉承的立法宗旨主要有两项:一是德国政府认为,提高公司员工参与经济活动的主动性、积极性,是促进其权益保障的关键;二是在社会伦理学的影响之下,德国政府认为,如果要改善劳工阶层的社会地位,必须赋予劳工对其所属公司的参与权。

此外,“劳工参与制度”(Mitbestimmung)是德国法在公司职工权益保护的社会责任问题上的一项重要制度。该制度的具体表现形式可分为公司委员会共同决定方式和公司共同决定方式两种。[④] 就公司委员会共同决定的方式而言,其主要关注公司员工在劳动生产中可能产生的各种问题,如劳动时间、安全保护,而不涉及公司的管理决策等事项。而公司共同决定方式不同于前者的职工有限参与性质,其允许公司员工代表直接参与公司的日常管理,从而实现公司股东与一般员工之间的利益平衡。德国的

---

① 参见张开平:《英美公司董事法律制度研究》,法律出版社 1998 年版,第 165 页。

② 参见[德]罗伯特·霍恩等:《德国民商法导论》,楚建译,中国大百科全书出版社 1996 年版,第 347 页。

③ 参见刘萍、冯帅:《公司社会责任的国际造法运动研究》,法律出版社 2015 年版,第 142 页。

④ Ulrich Eisenhardt,“Gesellschaftsrecht”,2. Aufl. ,Mbuünchen 1982,S. 226.

劳工参与制度在诸多法律文本中均有体现,如 1951 年的《煤炭钢铁共同决定法》、1956 年的《共同决定补充法》、1972 年的《公司委员会法》、《联邦人士代表法》以及 2004 年的《监事会三分之一职工代表法》。

在德国非政府组织的不懈努力下,德国公司社会责任立法对环境问题尤为重视。德国的环境保护立法长期以来始终居于世界领先地位,对于公司的环境责任,德国法也设计了完善的法律规范体系。德国是世界上最早开展循环经济立法的国家,其国内各州与联邦立法加上欧盟有关环境的法律,形成了庞大的环境保护法律体系。1991 年颁布的《包装废弃物条例》是首部按照循环经济思路制定的法律。例如,该条例规定,公司使用的包装材料不仅应当回收,还必须采用适当的回收方式以提高资源的再利用率(对于塑料材料的回收,公司至少须完成 60% 的机械性回收,其余部分才可以采用能量回收方式,或者进行填埋处理)。为此,德国还成立了绿点公司(Dual System Deutschland)专门负责废弃物的回收工作。此外,联邦议院于 1996 年颁布的《循环经济废弃物法》作为德国环境保护法律的核心,为德国日后的环境法规范体系奠定了坚实的基础。该法首次正式使用了"循环经济"一词,对于废弃物的处理程序,在《包装废弃物条例》的基础上增加了"限期处置利用"的要求。该法还规定了公司对电子产品和电器产品的再利用责任,并进一步区分了产品生产公司和产品进口商的责任范围。

在德国,公司的环境责任还体现在环境责任保险制度方面。根据《德国环境责任法》,对特定设施享有所有权的公司必须采取适当措施,以确保因环境侵权而受到损害的人能够得到赔偿,并避免其受到二次伤害。设施所有公司应当与保险公司订立损害赔偿责任保险合同,并由有资格的金融公司为该责任保险提供担保。当公司违反上述义务时,法律要求其设施须部分或全部停运,而公司还将面临相应的刑事责任。由此可见,德国公司在环境责任领域受到了全面而严格的规制。

值得一提的是,德国公司社会责任的法律建设,离不开其所在的区域环境。例如,1995 年《欧洲商业反对社会排斥宣言》(European Business Declaration against Social Exclusion)规定了公司在招聘职员时,不得歧视长期失业人员;应当尽量避免裁员;应当为员工培训工作投入足够精力等。2001 年《有关促进欧洲公司社会责任的框架》(Related to Promote European Framework of Corporate Social Responsibility)规定了 4 种公司社会责任,即员工培训责任、劳动环境安全责任、公司裁员时的注意义务和公司的环境保护责任。[①] 这些法律文件的颁布,对德国公司社会责任立法实践产生了十分重要的指导意义。

(二)日本内国公司社会责任的立法

日本由于其独特的儒家社会文化传统,对于企业社会责任的认识很早就在经济界存在,与西方古典经济理论指导下的英美学界大异其趣,松下幸之助"企业是社会公器"的论断就是典型代表。1956 年日本经济同友会的全国大会决议,指出企业已经脱离单纯的私有领域,包含着来自全社会的信托,个别企业单纯追求自身利益已经不能与社会相调和。[②]

从立法上来讲,日本关于公司社会责任的规制起源于该国对

① 参见刘萍、冯帅:《公司社会责任的国际造法运动研究》,法律出版社 2015 年版,第 147 页。

② 参见[日]奥村宏:《股份制向何处去:法人资本主义的命运》,张承耀译,中国计划出版社 1996 年版,第 6 ~ 15 页。

环境问题的关注。在一段时期内,日本为了使本国经济迅速赶超英、美等发达国家,采用了粗犷型的经济发展模式,在大量生产的同时,也造成了大量的废弃和污染。随着环境污染和生态破坏问题的日益凸显,日本政府开始意识到问题的严重性,于20世纪60年代成立了专门负责环境保护的组织——公害对策特别委员会,并制定了1967年《环境污染控制基本法》。但是,当时日本的环境立法和政策还仅限于对现有废弃物的清理,未能从源头——污染的生产者出发治理污染。20世纪70年代以来,随着《京都议定书》的出台,日本政府颁布了《节能法》,明确对社会生产部门提出了保护环境、节能减排的要求。《节能法》将公司社会责任的国际标准内化为国内标准,通过"领跑者责任"明确产品节能相关标准,并建立销售评价制度鼓励生产企业主动推广节能产品。进入20世纪80年代,随着新的公害问题(如高技术污染、化学物质污染等问题)的产生,日本政府又颁布了《环境基本法》《再循环法》,旨在推动日本社会、经济和环境向可持续方向发展。[①] 为了贯彻《再循环法》,日本还颁布了《容器包装再循环法》《特殊家电再循环法》等一系列单行法规。随着日本环境保护立法体系的建立,公司对环境保护的法律责任得到明确,为公司履行其应尽的社会责任提供了法律和制度上的依据。

日本吸收我国儒家"以人为本"的思想理念,认为公司的核心因素是"人",公司的经营需要集中全体员工的智慧。因此,在日本,公司通常采用"终身雇用"和"年功序列"的方式来保证员工利益。在保护公司劳动者方面,日本先后制定了工会、劳动关

① 参见周颖昕:《日本环境保护的特点》,载《中国社会科学报》2005年6月1日,第3版。

系、失业、同工同酬等方面的立法，以提高工人的社会地位。其中，1949 年制定并经多次修改的《工会法》和 1946 年制定的《劳动关系调整法》起到了重要的作用。前者在劳资双方的谈判中有力地维护了职工的利益，后者与前者相结合，有利于劳动关系的公正调整。①

随着生产企业势力的不断增强，消费者的权益如何得到保护成为日本政府不得不重视的问题。为此，日本政府相继颁布了《消费者保护基本法》《药事法》《食品安全法》等法律，最终形成了以 1968 年制定的《消费者保护基本法》为中心，包括诸多中央和地方层级立法文件的庞大体系。② 这些法律法规明确了各级行政组织和公司对消费者承担的责任；要求公司倾听群众意见，建立了申诉处理制度；推行商品试验和检查制度；建立健全宣传教育设施等。这些法律措施有力地维护了消费者的合法权利。为了维护公司债权人的利益，日本公司法还规定了债权人会议制度，对债权人会议的召集和决定都作了详细的规定。另外，日本公司法还对公司捐赠作了明确规定。对于公司所进行的除政治捐款以外的捐赠行为，该法予以允许。③ 如今，日本消费者权益保护立法比较完善，现在已经形成了一个比较完备的法律体系。日本通过分散立法的模式将内国公司在不同领域中的社会责任予以明确规定，强化了公司的社会责任。

---

① 参见许思奇主编：《日本市场经济法制——日本经验与中国社会主义市场经济立法思路》，辽宁大学出版社 1995 年版，第 953 ~957 页。

② 参见晓文：《日本消费者权益保护政策和立法(上)》，载《中国工商管理研究》1999 年第 10 期。

③ 参见[日]末永敏和：《现代日本公司法》，金洪玉译，人民法院出版社 2000 年版，第 15 页。

在官方立法之外，日本经济界的企业和团体也在积极践行企业社会责任。2000 年日本引入 CSR 机制之后，日本经济团体联合会、经济同友会、日本标准协会等重要团体纷纷建立专门委员会指导和督促企业社会责任的执行。

(三)中国内国公司社会责任的立法

经过多年的努力，中国在公司社会责任立法方面取得了较为明显的成果。中国在公司社会责任立法的问题上，采用了分散立法的方式，即以《公司法》《产品质量法》《消费者权益保护法》等法律为主要支撑，同时辅以相关行政法规、地方性法规，共同搭建起中国公司社会责任的法律规制体系。

《公司法》第 5 条明确规定："公司从事经营活动，必须遵守法律、行政法规，遵守社会公德、商业道德，诚实守信，接受政府和社会公众的监督，承担社会责任。"虽然这只是一种原则性的宣示，但是却标志着企业社会责任成为我国法律所关注的焦点。此外，《合伙企业法》第 7 条也作出了与此相似的规定："合伙企业及其合伙人必须遵守法律、行政法规，遵守社会公德、商业道德，承担社会责任。"公司的社会责任首先体现在其对消费者的社会责任上，具体可以概括为：公司应当依照法律规定和行业规范诚信经营，充分尊重消费者的权利，为消费者提供优质、满意的产品或服务。在产品质量责任上，《产品质量法》《消费者权益保护法》都通过对企业相关的约束和义务规定，对企业履行其生产符合质量标准要求的产品，确保消费者的人身和财产安全的义务作出了规定。例如，《产品质量法》第 3 条就规定了生产者、销售者的质量管理责任。《消费者权益保护法》第三章通过对经营者义务的规定，明确了经营者的社会责任。此外，还有一系列法律、法规和司法解释均体现了中国立法对企业履行其产品质量责任的要求。在环境保护方面，中国《环境保护法》对企业的责任作出了相关的规定。例如，其第 40 条要求“新建工业企业和现有工业企业的技术改造，应该采用资源利用率高、污染物排放量少的设备和工艺，采用经济合理的废弃物综合利用技术和污染物处理技术”。《循环经济促进法》也对企业在减量化、再利用和资源化等方面提出了要求。在社会保障方面，《公司法》第 17 条规定：“公司必须保护职工的合法权益，依法与职工签订劳动合同，参加社会保险，加强劳动保护，实现安全生产。”《劳动法》以及《劳动合同法》对于劳动者的偏重保护都体现了国家对于企业承担相应的社会责任的要求。同时，中国《公益事业捐赠法》也赋予了企业捐赠财产的权利，为企业履行社会保障责任中的捐赠责任提供了法律依据。《合同法》第 186 条第 2 款规定，“具有救灾、扶贫等社会公益、道德义务性质的赠与合同或者经过公证的赠与合同，不使用前款规定”，也就是对用于公益赠与合同撤销的限制。

在税法方面，中国对于公司承担社会责任的规定既有制裁性的，也有鼓励性的。一方面，《税收征收管理法》规定企业应该在规定的时间内自觉向税务机关申报纳税。不得偷税、逃税等。还有在其他专业性的经营活动领域，法律通过对企业活动的约束，要求其承担相应的合法运营的责任。另一方面，《企业所得税法》通过税收减免和扣除等优惠措施来激励公司承担更多的社会责任。《企业所得税法》第 9 条规定：企业发生的公益性捐赠支出，在年度利润总额 12% 以内的部分，准予在计算应纳税所得额时扣除。第 27 条规定：企业的下列所得，可以免征、减征企业所得税：(1) 从事农、林、牧、渔业项目的所得；(2) 从事国家重点扶持的公共基础设施项目投资经营的所得；(3) 从事符合条件的环境保护、节能节水项目的所得；(4) 符合条件的技术转让所得；

(5)本法第3条第3款规定的所得。第34条规定:企业购置用于环境保护、节能节水、安全生产等专用设备的投资额,可以按一定比例实行税额抵免。

三、外国公司社会责任的法律根据

随着经济的全球化,公司的活动范围已经超出了其产生之初的边界,公司跨越国家边界在其产生的管辖区之外活动已经带来了许多不同的问题,处理这些公司问题的法院也必须确认哪一个法律是或者应该是规范公司事务的法律。公司可能有内部事务的失序和争议,或者可能面临外部关系的困境。在寻求解决这些问题时,大体可以分为两种做法,或者是由公司成立地的法律支配这些事项,或者是由公司管理中心所在地的法律作为该领域内的适当法,当然一些地方则采取了居中的立场。① 也就是说,外国公司在内国的法律适用问题是根据冲突规则而定的,最终适用的肯定是某个内国的相关法律。因此,外国公司承担社会责任的法律依据乃是依据冲突规则最终确立的某个内国的法律规定。但是,不同国家的法律在规范范围、适用标准方面都存在差异,一些国家对某领域的社会责任还存在空白规定,这就在某种意义上为外国公司弱化在内国的社会责任提供了法律漏洞。内国应当针对外国公司在内国的社会责任,就某些影响范围广、管制薄弱的领域制定专门的法律规定。

---

① 参见刑钢:《欧洲视角下对外国公司规制理论的协调》,载《比较法研究》2008年第6期。

第三节　外国公司在内国的社会责任领域

通过将外国公司在内国承担社会责任的法律化,使内国对外国公司承担社会责任的期望和要求具备了法律依据。但是,外国公司承担社会责任将不可避免地增加经营管理成本,这种成本的增加要在其有效的控制范围之内,如果因为承担社会责任引起的成本增加而导致外国公司竞争力的过度下降以致丧失,则表明外国公司承担的社会责任过重。所以,外国公司承担社会责任必须有一个合理限度,在承担社会责任的同时,必须尊重外国公司的盈利诉求,保证外国公司的生存与发展。而对外国公司承担社会责任的具体领域进行细分量化则是界定上述合理限度的依据,公司利益相关者理论为这种量化提供了可能,利益相关者理论为我们做出了指引。

一、环境领域

在欧美国家,公司应承担防止环境污染、促进生态平衡等环境责任的观念早已深入人心。多年以来,美国法学家和法官就公司的环境责任问题做了大量的论述。绝大多数美国的州都已经通过法案规定了公司在诸多方面的社会责任,而环境责任是极为重要的一项内容。与此同时,英国也受美国的影响制定了类似法案。近年来,面对全球环境问题的不断恶化和大量公司滥用其经济力量和法律地位破坏环境之事件的现状,欧洲大陆各国学者也都承认了发源于美国的公司环境责任理论。[①] 要求公司承担起保护环境的社会责任,并没有限制它的发展,也没有阻断它追求利益最大化的目标。相反,环境责任的承担对公司的发展起到了促进作用。当代社会,物质文明和精神文明的共同发展已经成为社会成员价值追求的双重目标,同时也成为外界对公司进行社会评价的重要考量因素。在追求公司利润最大化的同时,兼顾公共利益和环境利益,更有利于公司得到良好的社会认可和更多的支持,也有利于其长久发展。所以,承担起环境保护的责任有利于树立公司良好形象和获得良好的社会评价,有利于公司更好地实现其经济目的。

同理,外国公司在内国的贸易活动以及运作流程的良好运行都得益于内国良好的社会环境和自然环境。因此,外国公司应当对内国的环境保护承担应有的责任。要求外国公司在内国的环境领域承担责任,是由环境资源的本质以及外国公司贸易活动的有偿性所决定的。

环境资源已经不再是经济学家所称的"自由财产",也不再是取之不尽的自然资源。它的有限使用性和稀缺性已经向我们提出警示,它已经呼吁我们去保护它。公司作为对社会有影响力的主体,理应在运用环境资源追求经济利益的同时,承担起保护环境的责任。外国公司作为自然资源的使用者,承担环境保护责任的正当性不言自明。但事实上,在经济全球化的大潮之下,跨国公司利用其经济实力以及渠道技术上的优势,将生产中的外部性转嫁他国,给内国造成了沉重的环境负担。因此,外国公司在

---

① 刘阳:《从松花江跨境污染事件透视企业环境责任的重要性》,载《当代法学》2007 年第 1 期。

追求股东最大利益和谋求发展的过程中，必须注意兼顾环境保护的社会需要，使公司的行为最大可能地符合内国的环境道德和法律的要求，并自觉致力于环境保护事业，促进内国经济、社会和自然的可持续发展。

除了环境资源的有限性这一因素外，要求外国公司在内国承担环境保护责任的主要因素是自身的活动影响力。外国公司对环境保护责任的承担包括两个方面：一方面，外国公司应当积极维护其所在国家的环境，使本公司的发展与所在国的环境实现可持续发展；另一方面，外国公司对其在生产活动产生的环境垃圾应当负担责任。如果内国法律不对外国公司课以环境保护的责任，那么只追求利润最大化的外国公司就会肆无忌惮地以损耗内国的环境利益来满足自己的营利目的。

在水资源方面，外国公司经营水业的首要目标是获取利润，而不是考虑人人有水可用，更不考虑水这个宝贵资源的长期健康。实际上，“大公司一旦介入水的交易，他们往往成块地买断一个地区的水权，把该地区的水都用光之后，一走了之。在乌拉圭等拉丁美洲国家，外国瓶装水商买进大面积的土地，有时甚至买下整个水源系统作为将来的储备。在很多情况下，他们抽光的不仅是所买土地的水源，而且是整个地区的水源”。[①] 这样，外国公司在内国的活动，使当地的资源更为匮乏，受到严重损害的不是外国公司而是当地的原住民。在中国，这样的情况也一直在发生，许多来自日本、美国和欧洲的公司，违规生产，造成了当地严重的水污染。

---

① ［加］莫德·巴洛、托尼·克拉克：《蓝金：向窃取世界水资源的公司宣战》，张岳、卢莹译，当代中国出版社2004年版，第69页、第138页。

在有毒或危险废物的处理方面,同样产生了大量的污染。这些生产废物的处理工序复杂且成本很高,而且外国公司母国多是经济较发达的国家,其都在工业化进程中饱受工业污染和破坏性开发带来的社会成本困扰,因此大都构建了完善的环境保护法律制度,对有毒废物的处理有着严格的规定,并且其相对廉洁高效的政府确保了法律制度的严格执行,客观上提高了企业的经营成本。因此,跨国公司往往选择将这些废物转移到法规相对不严、处理费用相对低的国家。这一破坏性转移对有关国家的土地、空气都产生了巨大的污染。除了将废物转移之外,跨国公司利用当地法律规制的不健全,将具有高度环境危险性的工业生产迁入经济发展水平较低的社区,这种“工业的重新布局”实质上是污染企业从受控区域向不受控区域的逃逸。一些经济发展水平比较落后的国家和地区忽视环境保护,盲目引进具有经济效益的产业,不仅直接导致了当地环境的破坏,而且一旦出现意外,对于当地社区造成的损失也无法估量。1984 年震惊世界的“博帕尔惨案”,在造成了 2.5 万人死亡、20 余万人伤残,当地生态环境几乎不可恢复的破坏,美国联合碳化物公司仅仅支付了 4.7 亿美元的赔款,此后再无后续补偿。对于这种严重损害内国的环境利益和内国居民生命财产安全的行为,外国公司不但应承担相应的法律责任,还要承担起维护相关环境领域的社会责任。此事件之后,世界各国化工集团开始改变旧有的封闭姿态,积极与社区沟通,各国对于高度危险化学工业的立法规制一再加强,并要求该类企业建立完备的安全保障机制,并远离居民区。

二、消费者保护领域

在产品流通领域中,外国公司需要负责的对象主要是内国的消费者。公司拥有强大的经济、技术实力,它可以凭借相对完备的组织机构和专门人员,掌握和控制各类交易信息并操纵交易市场,而消费者则分散且势单力薄,无法对市场上的商品和服务的具体情况作出准确判断,从而使之在交易时处于弱势地位,只能完全受制于经营者。也正因如此,各国有关保护消费者的法律都在一定程度上倾向于赋予消费者更多的保护措施,以求平衡消费者的弱势地位。基于这种原因,公司社会责任的倡导者均将公司对消费者的责任视为公司社会责任的一项重要内容。此项责任的主旨,在于促使企业充分尊重消费者的权益和需求,真正承担起确保商品质量,尊重消费者习惯,维护消费者权益等方面的法律义务和道德义务。这种要求同样适用于外国公司。从内容上来讲,其包含产品质量保障,营销领域的社会责任等。外国公司通过全球统筹生产,其生产环节散落于世界各处,相较一般的内国公司监管难度更大、监管成本更高,从源头上控制其产品质量更加困难。因此,内国政府有必要构建严格的产品质量责任制度,并确保其执行,以保护内国消费者的权益。此外,外国公司与典型的经营者一样,可能利用消费者的信息不对称,通过不正当的营销活动损害消费者利益。外国公司在对消费者的社会责任上应当与内国公司践行相同的标准和价值,但由于外国公司的特殊性,内国政府应当采取措施加强对于外国公司的监督和控制,确保内国消费者的利益。

对外国公司经营活动监管的缺位和力度的薄弱,使消费者可能会因经营者的优势地位遭受重大损失。孟山都是全球最大的种子生物研发企业。过去,为了确保能够长期在种子行业占据领先地位、获得垄断价格,孟山都为本公司的种子转基因研发技术申请了专利。如此一来,使用孟山都公司的种子的农民们在每年粮食收获后,均不得自行留种,只能在下一个播种季前重新向孟山都购买种子,否则农民们将会为此付出高昂的专利侵权赔偿费用。[①] 如前所述,传统的民商法理念强调的权利保护等观念,在公司经济力量的膨胀之下已经失去了原有的意义,依靠传统的民商法理念约束公司行为已经力不从心。此时,需要以公司的社会责任理论重新审视孟山都公司和农民之间的矛盾。在农业领域,农民从当季收成中自行留下部分种子以用于下次种植的做法早已成为行业惯例。尽管孟山都公司的种子确实受到专利法的保护,但这种做法为农民增加了极大且不合理的经济负担,而孟山都公司则凭借其专利攫取了高额利润。可见,孟山都公司不仅没有承担起消费者保护的责任,还以其享有专利技术为借口侵犯了消费者的利益。

与此相反,沃尔玛作为世界知名百货连锁店,在担负起公司对消费者的社会责任上付出了巨大的努力。为应对美国人民日益严峻的亚健康问题,沃尔玛公司总裁 Bill Simon 专门与当时的美国第一夫人 Michelle Obama 进行了会晤,并发起一项健康行动。在这项行动中,沃尔玛公司公开表示将降低店内水果和蔬菜的销售价格,减少高脂肪、高糖、高盐类商品的销售。为实现对广大消费者的承诺,沃尔玛公司还特别制订了公司发展的 5 年规划,要求公司未来 5 年内销售商品中的含糖量下降 10%,含盐量下降 25%。沃尔玛公司的这一举措体现了其作为世界最大零售商之一的社会担当,为培养美国消费者的健康饮食习惯树立了良好的标杆,让美国人的健康水平迈上了一个更高的台阶。

---

① 参见[美]O. C. 费雷尔、约翰·弗雷德里克、琳达·费雷尔:《企业伦理学——诚信道德、职业操守与案例》,李文浩等译,中国人民大学出版社 2016 年版,第 331 ~ 332 页。

三、职工与债权人保护领域

在生产领域，外国公司主要是对其雇员承担责任。雇员并非是一个抽象的概念，在其以劳动者的身份出现之前，雇员首先是人，是理性的主体，有被当作道德主体被尊重的权利。公司的发展和壮大都离不开员工的劳动，员工为公司创造了大量的价值，公司理应给予员工相应的报酬和保障。为了保障公司雇员的利益，也为了促进公司自身的长远发展，公司对雇员的责任一直以来都是各国企业社会责任的一项重要内容。公司对雇员的责任是多方面的，既包括保证雇员实现其就业和择业权、劳动报酬索取权、休息权、劳动安全卫生保障权、社会保障取得权等法律义务，也包括企业按照高于法律规定的标准对雇员承担的其他基本责任。[①] 公司在追求利润的过程中，兼顾和维护员工的利益，将会更加激励员工的工作积极性，为公司创造更多的利润。因此，公司对其雇员的社会责任，其实是有助于公司的健康发展的。并且，雇员利益是公司社会责任中最直接和最主要的内容。

外国公司在内国的经营活动，需要投入大量的物力和人力资本，只有充分发挥好人力资源的优越性，才能使物力投入产出相应的价值。但是，人力资本的培养和完善需要投入大量的资本，外国公司往往为了追逐利润最大化而不断地缩减对人力资本的投入，最终结果导致雇员工资、待遇的不断压低。由于世界各国在劳动者权益的法律保护力度、具体制度设计和执行情况上存在较大差异，跨国公司在经济发展水平较低的地区常常利用当地劳动者保护法律规制的不健全，甚至是政府的腐败，侵害劳动者的

---

① 参见张锋：《论公司的社会责任》，载《探索》2008 年第 6 期。

权益。[①] 各种侵犯员工权益的现象在跨国企业中普遍存在,如不公正的低工资、不合理的工作时间以及高危险性的工作条件。外国公司应当不断改善其雇员的工作条件,加强雇员的生活保障。

外国公司勇于承担对其雇员的社会责任,有助于提升雇员对公司的忠实度和凝聚力,最终形成合力促进公司的发展。作为已经得到社会广泛认可的国际知名品牌,百事公司的成功不仅得益于睿智的经营策略,更得益于其专注于创造财富的同时不忘回馈社会的公司理念。百事公司将其员工的发展看作“目的性绩效”,在公司内部倡导“人才可持续性”理念,努力为员工积极参与公司管理、融入公司文化提供良好的氛围。基于这一文化理念,百事公司以多种方式致力于提高员工的满意度,为员工创造舒适的工作环境。例如,公司为鼓励员工为提升公司运营积极建言献策,每两年会开展一次全企业的状况调查,公司的每一位员工都有权向公司提出自己的建议。此外,百事公司还建立的独具特色的“百事大学”。在这里,百事公司的员工不仅可以学到业务知识,还可以学到各种管理技能和领导技巧。[②]

在交易领域,外国公司承担社会责任的对象应当是它的债权人。但是对这一对象的范围应当有所限定,即应当是在内国交易中产生的债权人。在公司的对外活动中,可以说债权人是与公司关系最为密切的利益群体之一。有限责任创造了将社会成本及风险活动的成本转移给债权人的激励机制,公司股东获取了风险

① 参见[美]理查德·T. 德·乔治:《企业伦理学》(原书第7版),王漫天、唐爱军译,机械工业出版社2012年版,第135页。

② 参见[美]O. C. 费雷尔、约翰·弗雷德里克、琳达·费雷尔:《企业伦理学——诚信道德、职业操守与案例》,李文浩等译,中国人民大学出版社2016年版,第432页。

活动的所有收益,却无须承担所有成本。[①] 有限责任将经营风险的部分内容转移给了债权人,债权人难以介入公司的经营,信息方面又存在严重的不对称,而且外国公司在内国活动时,侵犯债权人的情况时有发生,但债权人无法预料诉讼时适用的法律,司法救济对其的保护力度不够。这时,要求外国公司对债权人负担一定的社会责任就具有非常重要的现实意义,它将极大地维护交易安全和保障社会稳定。这种责任主要应包括:第一,诚实信用,不滥用法人人格;第二,及时准确披露企业相关信息;第三,不无故拖欠债务。

四、社区领域

外国公司与其所在或活动触及的社区有着密不可分的联系,外国公司在给社区经济带来繁荣的同时也给社区居民带来了许多危害。社区当局为外国公司提供了治安、基础设施等方面的必要保障,从而使经营活动能够得以正常开展,这些都意味着外国公司应对社区承担某些特殊责任。近年来,在西方国家立法中,这类责任无不列为公司社会责任的基本内容之一,它要求公司积极参与并资助社区公益事业和公共工程项目建设,协调好自身与社区内各方面的关系。外国公司在利用内国当地的社区资源,达到营利目的的同时,也应当为社区的发展尽应有的责任。

星巴克自 1985 年成立以来,始终秉持着负责任的商业运营态度,甚至为此特别成立了全球责任部门,以践行其社会责任使命。星巴克在针对社区的社会责任承担上就是一个良好的典范。例如,星巴克的营销业务总监霍华德·舒尔茨将其撰写《倾心》

① 参见[美]弗兰克·伊斯特布鲁克等:《公司法的经济结构》,北京大学出版社 2014 年版,第 49 页。

(Pour Your Heart Into It)一书的版税全部捐献,创建了星巴克基金,并与非营利教育组织 Jurnpstart 合作,共同资助、支持青年作者实现写作梦想。此外,星巴克还在解决美国就业问题上贡献出了自己的力量。星巴克与美国机会资金网(Opportunity Finance Network)合作创建了"就业创造"项目,并捐赠出 500 万美元用于项目的运作,为美国的各个社区中心提供经济支援。最后,在星巴克业务所在地的咖啡农业社区建立的 C. A. F. E. (Starbucks Coffee and Farmer Equiy Practice)一直致力于提高农民的利润,帮助其维持家庭,并通过其在哥斯达黎加、卢旺达、坦桑尼亚、南美等地的农民支持中心建立医院和学校,提供技术支持和培训,促进当地咖啡种植的技术提高,也同时保障了其咖啡来源的高质量。[①] 成为企业承担社会责任与社会达成双赢的典型案例。

但在外国公司跨国扩张的过程中,还有可能面对来自当地社区的文化冲突。中铝公司计划在秘鲁开采一处矿山时遭遇的问题就是这种文化冲突的写照。为确保当地社区居民的利益,中铝公司出资为矿区内的居民在别处兴建了新的居民点,配备了完善的基础设施。但少部分当地居民出于安土重迁的文化传统仍然不愿意搬迁。[②] 在经济全球化的大背景下,外国公司应当关注目标社区包括文化在内的各项社会状况,确保其作为新加入的公司公民能顺利融入当地社区,与社会其他成员建立良好的关系。

---

① 参见[美]O. C. 费雷尔、约翰·弗雷德里克、琳达·费雷尔:《企业伦理学——诚信道德、职业操守与案例》,李文浩等译,中国人民大学出版社 2016 年版,第 342 ~ 343 页。

② 案例来自全球金属网:www. ometal. com。

第四节　外国公司社会责任的实现机制

外国公司在不同领域中承担的社会责任是道德义务与法律义务的统一,是存在层次性的。针对不同性质的义务应当采取不同的实现方式。单一的法律规则并不是最佳选择,在法律尚未触及的领域运用道德手段加以调整,更能适应公司的发展,也容易让他们接受。但是并不是所有的道德义务都只能任由外国公司自己履行,在适当的时机,内国的法律应该将道德义务引入法律规制的领域。

一、外国公司的自愿实施与监督机制

外国公司自己制定没有法律约束力的守则,规范自己的行为。跨国公司的行为守则是自愿实施机制展开的重要载体。跨国公司的行为守则是跨国公司制定的具有一定自我约束力的内部行为规范,规定在生产经营过程中,本公司、所有子公司及本公司的供货商、承包商等都必须遵守一定的劳动标准和环境标准。由于行为守则只是跨国公司自己制订的内部规章制度的一种形式,不具备法律上的强制执行力,当子公司违反了它自身的行为守则时,母公司对其不会进行法律上的追究或予以制裁,除非母公司选择认可某种可靠的独立监督人或者从该子公司所在国撤出生产。其实,外国公司制订的行为守则对其在内国活动行为的规范也具有这样相同的效力。

外国公司自愿实现是其道德层面上的要求,一方面,是其自身管理公司的需要,其也确实认识到履行社会责任对其的积极意义;另一方面,这一决策也符合其远期的经济利益。事实上,虽然

世界各国法律在公司社会责任的制度设计和执行上仍有较大的差距,但是发展中国家的政府也在逐渐学习如何控制跨国公司,并使其意识到,其表现的对内国社会责任承担越积极,内国政府对其采取限制性措施的可能性就越小。因此,外国公司有充足的动机自愿实现对于内国各利益相关者的社会责任。

然而,仅仅依靠行为守则,还是难以实现这一非法律强制性的义务的,必须辅之完善严格的监督机制,主要包括以下几方面:

1. 外国公司制定相关的行为守则后,一般要求整个“商品链”的所有合作伙伴共同遵守。公司应将责任规范适用于或并入其商业伙伴的合同,保证其只与遵守类似标准的伙伴经商,[①]如外国的一家零售商在内国销售货物,那么他应该在决定订货或采购相关物品时,就把对方的生产环境等因素考虑进去,只与符合法律规定的生产条件的公司进行交易,这样才能在源头上对广大消费者负责。

2. 外国公司应当采取检查和监督措施,以此来促使行为守则的实施。[②] 规模大的外国公司,应当组建自己的审计公司,由审计公司的人员来担任监察人员。规模小的外国公司则由其内部的监察人员进行检查和监督。检查的范围包括员工档案、工作时间、工资报酬、童工、环境、健康与安全措施、化学品和危险品的管理使用情况、工人的食堂和宿舍、废物管理、工厂规章、工会、强迫劳动与歧视情况、对女工的性骚扰等。检查人员会根据一定的程序进行检查,对发现的问题以面谈、会议和书面报告的形式向有

---

① 参见余劲松:《跨国公司法律问题专论》,法律出版社2008年版,第459页。

② See Ryan P. Toftoy, “Now Playing: Corporate Codes of Conduct in the Global Theater Is Nike Just Doing It?”, 15 *Ariz. J. Int'l & Comp. L.* 905, 1998.

关负责人提出,并要求制订出改善措施和时间进程表。[①] 这种内部监督的方式,能够产生一定的紧迫感和责任感,有利于外国公司更好地履行其他相关领域的社会责任。需注意的是,因此种监督体制不符合独立监督的基本标准,因此应以完善公司内部相关部门的监督职能作为强化外国公司社会责任自愿实施机制力度的切入点,而非关注作为公司本身的形式化差异。

3. 外国公司应当保证职工的民主权利。首先,外国公司应当赋予职工个体参与管理的权力。一般职工的利益可以通过工会或职工代表大会来维护,因这种保护无法涵盖全体职工,所以应当逐步扩大民主管理机制的涵摄主体范围;在具体条件可行时,可采用职工单个参与管理的机制。

其次,应当完善公司职工董事和职工监事制度,扩大职工董事和职工监事的适用范围。为了让员工参与制度更加具有实效,外国公司可以以员工的人数即公司的规模来确定参与比例。凡员工达到一定人数的公司,包括有限责任公司和股份有限责任公司,都必须统一推行职工董事和职工监事制度。

最后,进一步完善职工参与制度。职工参与权具有多种表现形式,理论界也对其进行了逻辑上的归纳。法国学者尹夫·居荣认为,职工参与是一个发展的进程,经历了信息参与、利益参与、共同监督、共同管理四个发展阶段,在这四个发展阶段,职工参与公司的程度是依次递进的。[②] 欧洲共同体理事会 1975 年发布的一份对欧洲各国职工参与情况的调查报告,该报告依据参与的企

---

① 参见余劲松:《跨国公司法律问题专论》,法律出版社 2008 年版,第 460 页。

② 参见曹兴权:《公司法的现代化:方法与制度》,法律出版社 2008 年版,第 89 页。

业机关,将职工参与分为所有参与(通过股东大会的参与)、经营参与(通过董事会或者监事会的参与)、信息参与(通过劳资协议机关的参与)3种。[①] 综观发达国家职工参与方式,职工参与的方式主要有经营参与、监督参与、信息参与以及持股参与。经营参与和监督参与可以通过完善公司职工董事和职工监事制度来保障。信息参与应当通过公司相关账簿的公布来改变公司与职工之间信息不对称的劣势,保障职工的知情权。持股参与是股东借助股东身份实现的一个特定利益,这种利益保护机制最终需要建立在对股东权利的维护之上。[②]

二、内国法律层面的强制实施与激励制度

通过上文的分析,我们可以认识到,社会上有少数公司在追求自身利益最大化的同时全然不顾及社会大众的利益,完全漠视其应当承担的社会责任。在美国曾经就发生过这样一起案件,福特汽车在高速公路上意外抛锚,被在同一方向行驶的汽车撞上,汽车起火,驾驶员死亡,同车乘客严重残疾。经查,该车的供油系统和油箱在车速达到30公里后经障碍物碰撞有起火危险。对这一问题完全可以通过简单的改进设计加上一个只需11美元的廉价“加固器”来解决。福特公司内部文件显示:公司对福特汽车事故可能造成的死亡和伤害成本作了估算,180人死亡和180人伤害造成的成本低于每辆车增加11美元的改进从而避免伤害的费用。改造汽车供油系统需耗资1137亿美元,而可能就人身伤害支付的费用是4950万美元。简单的经济计算告诉福特公司,

① 参见周超:《职工参与制度法律问题研究》,西南政法大学2008年博士学位论文,第20~21页。

② 参见曹兴权:《公司法的现代化:方法与制度》,法律出版社2008年版,第90页。

无须耗用巨额资本弥补有限的损害。[①] 福特公司使用较少的资源来赔偿伤害的损失而不去改进供油系统是合算的，但这是以违背其原本应当承担的社会责任来成全其利润最大化的贪欲，而恰恰这种义务的违反并不会产生任何法律责任。因为这种变相侵害消费者人身财产权益的行为并没有受到当时法律的规制，因此必须通过相关的法律手段，对相关领域内的社会责任施加强制性并课以相关的责任。从另一个角度上来讲，纵然外国公司自愿实施社会责任的要求，其内部行为规范的控制力也因为缺乏强制性而显得羸弱。尤其是对于全球统筹生产销售的跨国企业而言，其子公司和合作伙伴对于公司行为准则的践行很难保证，沃尔玛因为2012年孟加拉Tazreen时装公司工厂大火而陷入的法律困境就是在全球分包的复杂供应链下企业控制能力弱化的体现。[②] 因此，内国从法律层面上对于外国公司社会责任的承担赋以强制性规范具有不可替代的作用。

内国的法律层面上的规制应当从多方面进行立法与监管，并且对自愿履行公司社会责任的外国公司，赋予一定的激励措施。主要包括但不限于以下几个方面：

首先，通过立法，将部分道德义务性社会责任引入法律领域。法律与道德具有同源性，甚至可以认为法律源于道德，将法律规范之外的、得到社会一般性认可的道德义务提升为法定义务，使

① 参见[美]罗宾·保罗·麦乐怡：《法与经济学》，孙潮译，浙江人民出版社1999年版，第133页。

② Tazreen时装公司是孟加拉国一家服装企业，与沃尔玛的上游供应商存在供货关系，其工厂在2012年的大火导致了112名工人的死亡，舆论指责沃尔玛对于供应商的生产安全状况漠不关心。但沃尔玛表示，事实上该供应商的分包是未经授权的行为，沃尔玛也早在事故发生之前就已经将该工厂移出了授权供应商名单。

之成为公司必须遵守的行为标准,进而将公司社会责任中的道德义务转为守法义务,将自律转为他律,提高公司的行为标准和社会责任的强制程度。这在历史上也是有先例可循的,比如,在1964年《民权法案》的基础上,美国联邦层面先后成立了平等就业机会委员会、环境保护局、消费者产品安全委员会等机构。受这些联邦政策的影响,许多过去曾是公司自发地对利益相关者的慈善行为日益成为法律和监管的强制性要求,而且监管被认为比出于好心更能够有效地促进公司从事善良行为。[①] 将道德规制法律化,使外国公司提高自己行为的注意义务变得更为严格。举例而言,沃尔玛公司长期以来对于在其内部建立工会持坚决的抵制态度,但在其进军中国的过程中,受迫于中国工会和政府的强硬立场,沃尔玛不得不允许工会的建立。这一转变与中国《工会法》的强制性规范是分不开的。

其次,加大司法救济力度,完善可诉性问题。内国应当紧扣公司的守法责任,以落实业已入法的社会责任对公司的最基本要求。当今社会,大多数国家为保护某种特殊群体利益(或者说落实某种特定类型的企业社会责任)而制定了专项立法。对于这些具有法律强制性的社会责任,应该加强事后的司法救济措施,对已经违反法律性义务的公司施以严格的法律责任,对于其他公司也可以起到警示作用。例如,在劳动和环保方面,明确市场准入的具体条件,同时对违法用工、损害职工权益、违反环保法规的企业,依法纠正、处罚或令其退出市场。

此外,内国应该完善公益诉讼。这一权利救济措施尤其可适

---

① 参见雷驰:《“一体两面”的企业社会责任与公司法的进化》,载《中外法学》2008年第1期。

用于消费、环保领域，作为公司对提供的有瑕疵信息承担担保责任的体现。同时，公益诉讼机制也与公司社会责任的理念更加契合。我国在2012年修订并实施的《民事诉讼法》第55条规定：对污染环境、侵害众多消费者合法权益等损害社会公共利益的行为，法律规定的机关和有关组织可以向人民法院提起诉讼。人民检察院在履行职责中发现破坏生态环境和资源保护、食品药品安全领域侵害众多消费者合法权益等损害社会公共利益的行为，在没有前款规定的机关和组织或者前款规定的机关和组织不提起诉讼的情况下，可以向人民法院提起诉讼。前款规定的机关或者组织提起诉讼的，人民检察院可以支持起诉。最高人民法院也与2016年4月发布了《关于审理消费民事公益诉讼案件适用法律若干问题的解释》，进一步规范有关公益诉讼案件的审理程序。因此，随着公益诉讼机制的逐渐展开，对外国公司社会责任承担的监督力度也会随之不断强化。

再次，引入一般注意义务，规范公司的组织责任。现在人类进入风险社会，法学家进一步将法律中的风险分成显示风险和潜在风险（Actual and Potential Risks）。潜在风险又被称为不确定性（Uncertainties），虽然现代科学技术的进步可以在很大程度上帮助人类发现更多的潜在风险，但更重要的是，科学技术的投入使用也导致更多的潜在风险，即不确定性。[①] 如二氧化碳排放对气候的影响，基因技术对物种发展的影响，电磁波对人体健康的影响，水质污染对水中动植物的影响。这至少产生了以下两方面的内涵：其一，现代侵权法要求作为主要致害行为来源的公司必

---

① See Herman A. Cousy, "Risks and Uncertainties in the law of Tort", Helmut Koziol, Barbara C. Steininger, eds. *European Tort Law* 2006, p. 4.

须像自然人一样谨慎从事,通过建立和完善组织管理制度和科学民主的决策机制,来确保公司组织的正常运转,避免对他人和社会造成损害;其二,在危险增多的情况下,法律越来越无法顾及全部危险领域,不能一概制定专门法规对所有的危险行为和结果作出规定。因此,需要一个具有一般义务内涵的公司社会责任存在,留待裁判环节通过法官的自由裁量权,根据行业习俗、国际惯例、社会政策结合公司自己的经济能力,在个案情形中界定具体义务的内容和标准,这种兜底性的义务也被称作公司的组织责任。① 但是,这种责任的认定对法官的法律思维和能力素养提出了严格的要求。为了减少法律的不确定性,约束和指导法官自由裁量行为,内国法律在引入这种责任规范外国公司在内国的活动时,需要以立法、司法解释等明确判断的标准或主要考量因素,也可以参考现行的案例指导制度,要求法官在判决中分析社会政策的考量和适用原则并由最高人民法院选择公布经典案例。

最后,内国应当通过税收等措施,激励外国公司主动或更完善地承担社会责任。营利性公司以追逐利润最大化为行动纲领是无可厚非的,这是公司创新的重要激励因素,也是经济和社会发展的根本驱动力。公司完善自己,是其承担社会责任的前提。因此,加强公司利益与公司社会责任的一致性,是促使公司履行社会责任的根本途径和方向。中国已经开始了这方面的积极尝试。例如,深圳通过政府推动"企业社会责任认证"来促使公司承担社会责任,帮助企业建立和谐劳动关系以提升国际竞争

---

① 参见甘培忠、郭秀华:《公司社会责任的法律价值与实施机制》,载《科学社会战线》2010 年第 1 期。

力;[1]商务部也推出了若干举措,如在6类资源型产品出口配额招标时引入了公司社会责任审查程序,如果一家公司没有为职工按时足额交纳养老、失业、医疗和工伤等各项社会保险,或没有达到国家的环保标准,或存在明显的违法违规行为,则该公司就不具备投标资格,这些措施对于业已通过中国认许程序的外国公司而言,同样是适用的。此外,通过税收优惠措施鼓励相关企业在环境保护方面,进行友好技术的开发与推广。对于承担了大量道德性义务的外国公司,内国政府应当在税收减免和抵扣方面给予一定的优惠政策。

① 参见徐恬:《深圳拟推企业社会责任"门票"》,载《深圳商报》2005年7月21日,第A7版。

第四章　刺破外国公司的面纱

第一节　“刺破公司面纱”制度概述

依照传统公司法理论，人格独立和股东有限责任原则是公司法人制度的两大基石。[①] 公司法人制度的产生，确立了股东有限责任原则。股东有限责任原则，是指股东以其出资额（或者股份）为限对公司的债务承担责任，该原则具有3个层面的意义：首先，股东有限责任原则能够分散或降低股份公司股东的投资风险，[②]有利于鼓励大众的投资热情，这是因为

---

① 正如本书在第一部分所讨论的，公司制度产生的最大价值就是确立了法人人格，人格独立的必然结果就是公司责任独立，股东无须为另外一个主体——公司的债务承担责任，是为有限责任。

② FH · Easterbrook and DR Fischel, *The Economic Structure of Corporate Law*, Hharvard University Press, 1991, p. 43.

对于股东而言,有限责任起到了一种隔离作用,[1]其将投资者的风险预先锁定在了投资者出资额度的范围之内,股东无须在其认购的固定数额的股份之外缴纳出资,使投资者免除了原先无限责任原则制度下,随时可能因投资决策的失误而导致倾家荡产的后顾之忧,极大地激发了社会公众的投资热情。其次,股东有限责任制度推动了工业化大生产的发展,是现代人类文明的基石,有限责任可以提高多元化投资的效率。在社会各界日益高涨的投资热情之下,股份有限公司将社会上方方面面的财富集合起来,使分散的资本走向集中,从而实现资金集合的规模经济效应,这对于以社会化大生产为标志的现代工业来说至关重要。这是因为大多数现代工业在诞生之初,无一不是高风险、资本密集型的行业,单个资本不愿意也没有能力承担如此大的风险,唯有多方面汇集的资本和有限的责任,才能激发投资者的投资热情。从这个角度来说,股东有限责任制度对于人类生产力的发展功不可没,奠定了现代工业文明的基础。最后,股东有限责任原则有利于推动公司治理结构的优化,使投资者与经营者职能进一步分离,也使社会资源得到最合理的分配和使用。有限责任促进了消极投资,即投资者不参与管理的投资。投资风险设有上限,因此鼓励投资者允许运用他们的金钱来运营公司,如果没有这一限额,谨慎的投资者可能会更紧密的监督经理们经营公司的行为,以至于增加额外的成本。[2] 为股份有限公司将社会上原本分散的、闲置的资本集中起来,将其交由具有专业知识和独到战略眼

---

① 参见[英]艾利斯·费伦:《公司金融法律原理》,罗培新译,北京大学出版社2012年版,第18页。

② S. B. Presser, " Thwarting the Killing of the Corporation: Limited Liabilty, DEmocracy and Ecomomics", *Nothwestern University Law Review*, 1992, pp. 148 - 150.

光的人决策和运营,不仅提高了资本的利用效率,而且降低了投资的盲目性,帮助出资人规避了风险,充分发挥了公司制度在整合、盘活社会经济资源方面的作用。曾有西方学者称股东享有有限责任的公司是"人类历史上比蒸汽机和电力更有意义的发明。"[①]

但公司法人制度在实践中却表现为一把"双刃剑":一方面,它将公司债务通过公司独立法人人格与股东隔离开来,大大降低了投资风险,成为鼓励投资、促进社会经济发展的强有力的催化剂;另一方面,它也成为一些不法投资者滥用公司形式、非法转移投资风险或规避法律义务和社会责任的工具。这是因为无论是坚持法人实在说还是法人拟制说的观点,公司虽然在外在形态上可以作为一个独立的民事主体存在,但其意志的形成以及对外具体地实施法律行为都离不开自然人的代理,而在这一过程中,公司的意志极有可能为公司的代理人所左右。在资本多数决机制下,沦为公司控股股东、实际控制人和公司高管谋取私利的工具,而股东有限责任原则在这种情况下就为股东逃避债务,损害股东和债权人利益提供了便利。有限责任是一种强式"所有者保护"形式,保护公司所有者的个人财产免受公司债权人的侵害,而将风险从股东转移给债权人。[②] 19 世纪中叶,英国的《法律时报》就曾将 1855 年有限责任法案称之为"无赖特许状",[③]生动地反映了人们对有限责任制度这一弊端的诟病。

股东有限责任的负面作用客观上存在背离制度设计初衷的

---

① Janet Dine, *Company Law*, Law Press, 2003, p. 1.

② 参见[美]莱纳·克拉克曼、亨利·汉斯曼等:《公司法剖析:比较与功能的视角》,法律出版社 2012 年版,第 10 页。

③ 甘培忠:《企业与公司法学》,北京大学出版社 2014 年版,第 371 页。

可能，理论与实务界始终在努力寻求一种折中的方式，在维持股东有限责任原则带来的经济效率、鼓励投资、降低融资成本等诸多优势的同时，平衡公司股东和公司债权人之间的利益。于是，作为对公司法人制度补充和完善的公司法人人格否认制度应运而生。公司法人人格否认制度最先起源于英美法系的判例法，在salomon v. salomon & Co. Ltd. 案件的判决理由中，英国上议院在确立公司法人格原则的同时留有余地，为公司法人格否认规则的发展提供了生存的土壤，如英国上议院详细讨论了salomon公司在设立过程中是否存在欺诈的问题，暗示欺诈是否认公司法人格的一个潜在事由。在英美国家，公司法人人格否认被称为“刺破公司面纱”(Piercing the Corporate Veil)或“揭开公司面纱”(Lifting the Corporate Veil)①，是指法院出于维护公司债权人利益或者社会公共利益的目的，在公司的控股股东或者实际控制人滥用公司人格时，在特定的案件中判令由滥用公司独立人格的控制股东或者实际控制人对公司债务承担无限连带责任的一项司法原则。② 在美国，公司法属于州法的范畴，因此该原则主要是由各州通过判例形式表现出来，并且随着判例的增多逐渐得到完善。“揭开公司面纱”原则在美国适用范围非常广泛，据美国学者Thompson教授实证研究发现，法院适用理由已达85个之多，涉及资本严重不足、人格混同、虚假陈述等。例如，73%的案件提到了公司资本不足(undercapitalization)、96%的案件提到了人格

① 美国的常用表述法为“Piercing the Corporate Veil”；英国的常用表述法为“Lifting the Corporate Veil”。

② 参见朱慈蕴：《公司法人格否认法理研究》，法律出版社1998年版，第80页。

混同(alter go)、94%的案件提到了虚假陈述(misrepresenzation)。[①] 具体来说,"刺破公司面纱"制度的适用需要满足3个要件:首先是有公司致他人损害的事实,其次是公司在设立上存在瑕疵,最后是公司已丧失偿债能力或者丧失经营自主权。在裁判时,法官通常以独立性测试和公平性测试作为作出判决的标准,前者主要在于判断公司是否具有独立人格,后者主要用于考察公司是否具有充足的资本。在英国,"揭开公司面纱"原则虽然同样源于判例法,但随着理论和实践的发展已经被以成文法的形式确定了下来,并且在其公司法中作出了多项比较具体的规定。例如,对于欺诈交易的情形,清算人、债权人或者其他利害关系人有权起诉,请求法院以适当的方式判定实施该欺诈交易行为的积极股东承担对公司资产进行资助的责任。[②] 如果董事知道或者应当知道公司将不可避免进入无力偿债的清算,那么董事在公司清算前的特定时间内转移公司资产的,董事应当承担责任。[③] 其他类似的情况还包括股东利用虚假的陈述或者报告使第三人相信公司有足够的能力履行合同或偿付债务。从而达到骗取第三人与公司进行交易的目的;公司资不抵债时,股东以分红或者其他分配利润的方式大量转移公司资产,使债权人的固定收益因此失去保障等情形。[④]

该原则的影响范围日渐扩大,最终使具有代表性的大陆法系国家也以不同形式确立该制度。德国在借鉴美国判例法的基础

---

① See R. B. Thompson, "Piercing the Corporate Veil: An Empirical Study", *Cornell Law Review*, 1991, p. 1036.

② 参见甘培忠:《企业与公司法学》,北京大学出版社2014年版,第373~375页。

③ Insolvency Act 1986, ss 213, 214.

④ 参见葛伟军:《英国公司法要义》,法律出版社2008年版,第70页。

上，在司法实践中建立了相关的“直索责任”制度，主要适用于公司的支配股东滥用法人人格以规避法律、违反契约或侵害第三人的情形，但该制度有严格的适用条件，只有当支配股东的背离行为还同时违反了公序良俗和诚实信用原则时，法院才可以在个案中否认公司的人格，直接追索公司背后控制股东的责任。[①] 即股东对有限责任公司的债务承担个人责任，需立足于客观上的法律形式滥用或者分离原则的主张违背诚信原则。[②] 受美国和德国的影响，20 世纪 50 年代，日本的学说和判例中引进了类似的制度，公司法理论上称其为“公司形骸化”或“法人人格否认”，其中大隅健一郎及松田二郎法官于 1969 年 2 月作出的一份判决具有里程碑意义，该判决直接指出：“在法人人格完全沦为空壳的场合或者在为回避法律适用而被滥用的场合，若肯定法人人格不合于法人人格成立的本来目的，则应当否认法人人格。”[③]与德国类似，日本公司法人人格否认的适用同样有严格的条件，需要以公司被实质上形骸化作为适用公司人格否认的要件，具体表现为公司机关运营有名无实，股东和公司的业务混同、财产相混淆以及公司资本不足等情形。[④] 可以看出，我国《公司法》使用的“公司法人人格否认”的表述，受日本的影响较大。

梳理我国法人人格否认制度的历史沿革，1986 年我国《民法通则》正式审议通过，其中以专门一章对法人制度进行了规定，标志着法人制度在我国正式确立，相应的法人独立责任与股东有限

---

① 参见范剑虹、李翀：《德国法研究导论》，中国法制出版社 2013 年版，第 130 页。

② ［德］格茨·怀克、克里斯蒂娜·温德比西勒：《德国公司法》，法律出版社 2010 年版，第 391 页。

③ 潘华山：《法人人格的滥用及其否认》，载《法学》1998 年第 3 期。

④ 参见赵树文：《公司资本规制制度研究》，人民出版社 2015 年版，第 121 页。

责任的观点也得到了立法的肯认，并逐渐为社会各界所接受，但作为股东有限责任原则之修正的法人人格否认制度却并没有随之确立。直到20世纪90年代，在最高人民法院先后出台的几部司法解释中，才开始逐步承认并适用法人人格否认的精神进行裁决。例如，1994年最高人民法院作出的《关于企业开办的其他企业被撤销或者歇业后民事责任承担问题的批复》中规定："企业开办的其他企业虽然已经领取了企业法人营业执照但实际没有投入自有资金，或者投入的自有资金达不到《中华人民共和国企业法人登记管理条例实施细则》第十五条第七项或其他有关法规规定的数额以及不具备企业法人其他条件的，应当认定其不具备法人资格其民事责任由开办该企业的企业法人承担。"2005年我国《公司法》迎来第二次大修，修改后的《公司法》并无明确的"法人人格否认"的表述，理论界普遍认为实际上是引入了这一制度。2005年《公司法》第20条规定："公司股东应当遵守法律、行政法规和公司章程，依法行使股东权利……不得滥用公司法人独立地位和股东有限责任损害公司债权人的利益……公司股东滥用公司法人独立地位和股东有限责任，逃避债务，严重损害公司债权人利益的，应当对公司债务承担连带责任。"第63条规定："一人有限责任公司的股东不能证明公司财产独立于股东自己财产的，应当对公司债务承担连带责任。"这些规定使公司法人人格否认制度在我国通过立法的形式确立下来，也使我国成为世界上第一个通过成文法形式确立法人人格否认制度的国家。① 在随后的几次《公司法》修改中，公司法人人格否认制度均得以延续。2017

① 对于我国公司法的这种"进步"，学术界的评价褒贬不一。因对本书主旨并无碍，本书对此不加评述。

年3月15日,《民法总则》正式审议通过,该法第83条明确规定营利法人的出资人不得滥用出资人权利损害法人或者其他出资人的利益,不得滥用法人独立地位和出资人有限责任损害法人的债权人利益。该规定使《公司法》中法人人格否认制度的适用对象范围得到进一步扩展,使其成为所有营利法人共同适用的制度,同时为司法机关审理相关案件提供了更为清晰的裁判依据,弥补了以往具体规则供给不足的缺陷,能够更好地保护营利法人和其他出资人的合法权益,保障营利法人的正常经营。

按照我国法律的规定,并结合国内外有关理论和实践,法人人格否认制度的适用应当同时满足下列要件:

1. 前提条件。公司具有合法、有效的法人资格是公司人格否认的前提。各国公司法都对公司设立的合法有效及公司享有独立的人格规定一系列的条件,如要有独立的财产、章程、组织机构和场所;能独立承担民事责任、依法成立等。如果公司欠缺以上条件,则其设立就被认为无效,公司不能成立,股东也不会享有有限责任制度的保护,公司人格否认也就毫无意义。另外,公司被依法撤销或解散后,其法人资格也随之终止,公司不复存在,亦不产生人格否认。

2. 主体条件。由于公司法人人格否认通常仅就某一特定的、具体的法律关系而否定公司的法律人格,具有相对性、部分性。[①]因此,其适用的主体条件必须包括双方当事人:一是公司人格的滥用者,指滥用公司人格的积极股东和支配股东,不包括消极股东及非支配股东;二是因公司法人人格滥用而受到损害,并有权提起诉讼的相对人,通常是公司债权人。

---

① 参见赵万一:《商法》,中国人民大学出版社2013年版第4版,第71页。

3. 行为条件。公司法人人格否认制度的适用，应当有股东滥用公司人格的事实和行为。“滥用”的本质，是股东对公司人格的利用已违背公司法人制度的根本目的，因缺乏正当利益的行为对利益平衡造成破坏，若不予以矫正则违背相关各方利益平衡和公平、正义的法律理念。股东的行为尽管采取了合法的形式，但只要是为了追求不正当利益或者有悖于股东权利存在的目的，并给他人造成损害时，即可推定为存在“滥用”的故意。之所以将行为的目的作为“滥用”的认定标尺，一方面是因为在纠纷发生之时，对股东行为时的主观心理状态进行精确的考证存在巨大困难；另一方面是因为“权利乃法律分配一部分社会利益于权利人行使权利之结果，故不免使他人发生损害，然专以损害他人为目的的，则属权利之滥用”；“权利的行使，不得以损害他人为目的”。[①]

理论界与实务界倾向认为，股东的滥权行为表现为对公司具有实际支配力的股东利用公司人格作为逃避债务、规避法律责任或从事非法活动的工具，如公司资本显著不足、利用公司逃避合同义务、利用公司规避法律义务和公司法人人格的形骸化。[②] 如果从类型化归纳的角度来看，上述滥用行为主要包括两类：一是股东利用公司法人格规避合同或者法律义务的行为；二是公司人格的形骸化。公司人格的形骸化的实质是公司与股东完全混同，使公司成为股东的“第二个自我”，或成为其代理机构和工具，以至于形成公司即股东，股东即公司的状况。此种逻辑分类方式值得进一步商榷。前者利用公司法人格规避合同或者法律义务实

---

① 参见《德国民法典》第226条。

② 朱慈蕴：《论公司法人格否认法理的适用要件》，载《中国法学》1998年第5期。

质是主观要件,后者才是行为要件。对于前者,可以借助其他救济方式予以解决,或者将其归入为公司人格形骸化。如利用设立公司来回避竞业禁止义务,可以采用赔偿方式解决。[①] 因此,资本显著不足与公司不独立才是公司法人格否认制度适用的客观要件。有限责任作为一种风险分配机制,就股东而言,在公司资本显著不足的情况下依旧从事高风险的行为应当认定为是不理性的行为,在此情形下应根据债权人的类型(资源债权人抑或是非自愿债权人)为其提供救济;股东与公司独立是股东享有有限责任特权的正当性基础,而财产独立与公司经营独立则是保障公司独立的关键要素。最高人民法院在2003年发布的《关于审理公司纠纷案件若干问题的规定(一)(征求意见稿)》第51条规定了公司独立的因素,其规定因下列情形导致公司与股东或者改公司与其他公司难以区分,控制股东对的债务承担连带责任:(1)公司的盈利与股东的收益不加区分,致使双方财务账目不清的;(2)公司与股东的资金混同,并持续的使用同一账户的。该司法解释虽未最终颁行,但依然对司法裁判产生了重要影响。

4.结果条件。即必须有损害事实的发生,且该损害的发生与股东滥用公司人格行为之间存在因果关系。如果股东滥用了公司法人人格,但是并未影响公司的责任能力,则不能也没有必要否定该公司法人人格,只有当利害关系人的利益无法从公司获得实现时才能追究操纵公司的股东。对于结果要件严重性的判断,不应局限于具体损失的数额,只要公司名义负债实质成为股东逃避债务的手段,就应当适用该制度追究股东责任。

"刺破公司面纱"的后果在于在认定公司作为法人存在的同

---

① 曹兴权:《公司法的现代化:方法与制度》,法律出版社2008年版,第304页。

时，针对特定案件，对其法人特性在特定法律关系中加以否认，使公司背后的控制、操纵者与公司承担连带责任。在公司法学界，有关公司法人人格否则规则的争论一直较为激烈。有学者质疑公司法人人格否认制度是对股东有限责任原则的根本否定，将会破坏现代公司制度的基础，其负面作用远大于其积极意义。[①] Frank Easterbrook 和 Daniel Fischel 教授将公司法人人格否则规则比喻为闪电，实际发生的概率不高，但后果极其严重，纯属随机事件，毫无原则性可言。[②] 笔者认为，公司法人人格否认绝非从根本上彻底、永久地取消公司的法人资格，公司的独立人格依然受到法律的承认。发生公司法人人格否认的真正原因，在于股东的过错行为使公司法人人格丧失独立性，并因此导致债权人利益或者社会公共利益遭受损害，过错股东必须为此承担本应由公司承担的责任。因此，公司法人人格否认不但不是否认了公司具有独立的法人人格，而且是从反面矫正了公司具有独立法人人格，维护法人制度的本质，完善有限责任，防止欺诈，保护债权人利益，以实现市场竞争有序与公平。具体来说，公司法人人格否认的法理基础如下：股东有限责任原则的实质是一种风险分配机制，它本身并没有消除投资风险，而是将本应由公司股东独立承担的投资风险部分转移到了公司的债权人身上：当公司陷于资不抵债的境地时，由于股东受到有限责任原则的保护，公司的债权人无法"刺破公司的面纱"要求公司股东对公司资产不足以偿还的债务承担责任。由此可见，股东有限责任原则在产生之初就是以牺牲

---

① 参见孟勤国、张素华：《公司法人人格否认理论与股东有限责任》，载《中国法学》2004 年第 3 期。

② 参见黄辉：《现代公司法比较研究》，清华大学出版社 2011 年版，第 123 页。

公司债权人的利益为代价的，故而不能无限制地适用，必须兼顾债权人的利益，防止利益的天平过分向公司股东倾斜，否则不仅有违基本的公平正义，最终必然会损害市场的正常交易秩序和交易安全。

有观点认为，公司的债权人应当比公司股东具有更强的风险防范能力，因为他们可以通过各种投资策略来分散某一公司可能带给他的风险，因此要求债权人分担部分风险并无不公平可言。这种观点值得商榷，对于自愿债权人来说，这种观点是成立的。所谓自愿债权人，是指基于私法自治原则与公司建立债权债务关系的债权人。在债权人自愿的情况下，如果公司作为独立的民事主体与债权人进行交易，并且双方的意思表示均不存在瑕疵，那么作为自愿与公司进行交易活动的债权人，应当具有承担交易风险的预期和能力。但是如果公司成为控股股东或公司法人谋取私利的工具，公司债权人是基于侵权等事实行为不得已与公司成立的债权债务关系，或者是在存在欺诈等意思表示不真实、不自由的情形时，则必须要构建相应的制度对这种情况进行修正，保护非自愿债权人的正当利益。即因为自愿债权人和非自愿债权人所面临的风险敞口与保护机制不同，对于前者应严格适用，而对于后者应宽泛适用。公司法人人格否认制度正是基于这一理念构建的。①

---

① 参见朱慈蕴：《公司法人格否认法理与公司的社会责任》，载《法学研究》1998年第5期。

第二节 刺破外国公司面纱的适用

“刺破公司面纱”制度是为了克服传统公司法人人格制度的缺陷而创设的,目的是在公司股东滥用股东有限责任损害债权人利益时追究积极股东的赔偿责任。这种情况不仅本国公司有可能发生,外国公司也同样可能发生股东操纵公司损害他人利益的情形。而且由于外国公司准据法的特殊性,其滥用法人人格的可能性更大,债权人面临的风险更高,具体来说,由于外国公司设立的法律依据是外国法,注册地是外国,公司的债权人很难了解到这些法规的内容,更遑论运用其维护自身合法权益。而且部分外国公司法,特别是很多离岸法域,其法律规制相当宽松,绝大多数都没有注册资本的要求,甚至也不要求公开股东的资格、公司的收益状况。这种宽松的法制环境,大大增加了公司债权人获取债务人公司信息的难度,甚至连地方当局都难以掌握公司的真实状况,这就使信息公开异常困难。而对于公司的债权人来说,他们作为公司的外部利益相关者,信息的披露本来就是他们防范公司滥用法人人格最为主要的途径,而这对于外国公司非常难以做到。这等于变相为外国公司股东提供了便利。对内国来说,外国公司的法人人格不是依据内国法取得的。因此,外国公司在内国并不当然被认为具有独立法人人格。而刺破一个外国公司面纱的前提是,该外国公司要有面纱存在,也就是说要具有独立的法人人格。因此,与刺破内国公司面纱不同的是,如果要刺破某个外国公司面纱,则首先要承认其具有独立法人人格。

一、刺破已被承认的外国公司面纱

如前文所述,内国对外国公司的承认的法律依据是该外国公司注册地法律,如果依外国公司本国法该公司具有独立的法人人格,那么经内国承认后,该外国公司在内国就取得了民事主体资格。同内国的本国公司一样,可以参加民商事法律关系,享有权利、承担义务,并且具备同等的诉讼能力。当该外国公司的股东滥用公司法人独立地位和股东有限责任,逃避债务,严重损害公司债权人利益时,法院可以刺破该外国公司面纱,直接判令该股东对外国公司的债权人承担连带责任。在此种情况下,对外国公司面纱的刺破与对待内国公司没有区别。原因在于,经过承认,外国公司具有了与内国公司同样的民事主体资格。

二、刺破未被承认的外国公司面纱

尚未经承认或者未被承认的外国公司不被内国认为具有民事主体资格,其法人人格也并不被承认,也就不存在被直接适用刺破公司面纱制度的前提。但是,这类公司可能会因偶发性的交易关系以及在内国被允许进行的其他民商事活动,而与内国自然人、法人等民商事主体产生民商事纠纷。即使对待外国公司权利能力规定最为严格的国家,也承认外国公司具备部分诉讼能力,即在内国成为被告的资格。①

在这种情况下,如果法院审查发现该外国公司可能有股东滥用股东权利和有限责任等行为,以致侵害或可能侵害债权人利益,则可以依照一定的程序刺破该外国公司面纱。法院应当首先审查该外国公司的主体资格,确认其是否具有法人人格。应当以该外国公司注册所依据的法律为准据法。如果经审查该外国公

① 详见本书第四章第四节内容。

司不具有法人人格，则可判令其投资人对该外国公司的债务承担连带清偿责任。如果具有法人人格，则可将其视同本国公司一样，符合法定条件的可以刺破其面纱。也就是说，对于没有被本国承认的外国公司，法院可以通过个案审查的方式承认其法人人格，适用刺破公司面纱制度。但是，这种承认仅对本案的诉讼有意义，并不具有内国对该外国公司承认的效力。

第三节　对“假外国公司”和“假外资公司”的规制

一、“假外国公司”与“假外资公司”

公司身份的确定是以公司为中心主体的法律关系展开的前提，它关系公司在一国的法律地位、可享受的政策优惠和一国的税收管辖利益等重大问题。公司身份的确定应当首先以其国籍为依据，继而根据国内法的规定确定该公司诞生、消灭的时间，以及公司的内部关系。这一规则与自然人身份的确定规则如出一辙，属于两者身份确定规则的共性。由此可知，公司身份的确定影响深远，既涉及国际私法的范畴，亦涉及纯粹的、属于公司法范畴的问题。

如前文所述，外国公司的认定标准有住所说、设立说加之最密切联系原则排除。此问题已在本书第一部分论及，此处不再赘述。我国《公司法》采用设立说，其第 2 条规定：“本法所称公司是指依照本法在中国境内设立的有限责任公司和股份有限公司。”第 191 条规定：“本法所称外国公司是指依照外国法律在中国境外设立的公司。”即凡是在中国境内依据中国公司法设立的公司，都是中国公司，属于中国法人；反之，任何不是在中国依据中国公司法成立的公司,即使其实际的管理机构或者经营地点在中国境内,按照目前的公司法,只能属于外国公司。我国公司法采用设立说,一方面符合私权自治的基本原则,另一方面有利于维护法律的稳定性,原因在于公司发起人决定在某一国家依据该国法律设置公司,必然是深思熟虑的结果,法律应当尊重发起人的个人意愿。只要发起人的设立行为不违反法律、行政法规的强制性规定,或者不损害社会公共利益、违反公序良俗,法律就应对公司的设立行为给予肯定性评价。另外,公司的身份一经确定,原则上就不会随着公司经营活动地点的变动而转移。因此,依据设立说将公司成立地所在国家的法律作为确定公司身份的准据法,更加能够凸显法律的稳定性。①

但是这种过于刚性的标准必然会引发一些问题。首先,若对公司身份的确定仅采设立说,则可能出现公司发起人故意规避法律的现象,并最终使公司身份的确定依据和成立地所在国家的法律脱离实际联系。其次,不同国家法律出于对本国国家利益和社会公共利益的维护,可能会导致不同国家在公司成立地的选择上进行恶意竞争,进而使法律的稳定性受到减损。实践中,上述问题集中表现为各种各样的规避行为,如逃避税收、获取政策优惠,在规避行为滥行之际,最突出的就是"假外国公司"的诞生。②

所谓"假外国公司",是指本国投资者为获取不正当利益,在境外投资设立的实际管理机构和主要业务均在本国的外国公司。"假外资公司"则是本国投资者假借其投资于境外的外国公司

---

① 参见梅珊:《公司法人之国籍问题研究——兼评〈中华人民共和国外国投资法〉(草案征求意见稿)第二章》,载《法学杂志》2015 年第 10 期。

② 参见吴越:《公司身份法的规则及实践》,载《现代法学》2004 年第 3 期。

(通常为全资子公司)的名义,在本国开办的子公司。“外国公司”在内国不是以本国独立法人存在的,因而不能是子公司,这一点是“外国公司”与“外资公司”的根本区别。如果外国公司在本国设立子公司,该子公司是不折不扣的本国公司(以外资公司的形式存在)。这样本国投资者经过一系列的资本运作,摇身一变成立“外国公司”或“外资公司”,借以享受本国规定只能由外国公司或外资公司享受的政策和税收优惠。由于“假外资公司”的设立不涉及公司的国籍问题,这里只讨论“假外国公司”产生的根源。

多数国家在确定公司国籍的问题上都采取准据法主义,尤其是英美法系国家。准据法主义指的是鉴于公司是根据一国的法律规定,基于一国的法定许可而成立的,所以公司的国籍应当依据其成立时所依据的法律而定。准据法主义的优点在于在确定公司国籍上简单明了,体现较强的稳定性,有利于投资者母国对本国投资者在海外的利益进行保护。但不可否认的是,准据法主义亦具有一定的缺点,即在确定公司国籍时偏于形式,容易出现所谓的“假外国公司”。因为准据法主义意味着公司的国籍一旦被确定,原则上就不能更改,如果单独采用准据法主义,则容易被用来规避法律或产生虚假登记,尤其是设立人选择与该公司完全无业务或资金联系的国家依其法律设立公司时,就更容易导致该确立模式与现实脱节,从而出现规避法律的问题或产生“假外国公司”。[①] 于是,“假外国公司”的现象多在采准据法主义的国家

① 陈杰:《关于确立“假外国公司”法律制度的思考》,载《广东社会科学》2007 年第 4 期。

相伴而生。[①]

假外国公司借“外国公司”之壳来享受内国对外国公司的优惠政策,导致外国公司税款的不正常流失,损害了内国的税收主权利益,而且还容易出现逃避债务和公司欺诈等违法行为,为多数国家立法所明确限制。我国公司法对公司国籍的确定采单一的设立说,因此成为世界上遭受“外国公司”损害较严重的国家之一。鉴于纯粹的理论定义无法解决“假外国公司”在实践中存在的认定障碍,因此,本书欲通过理论与实践的结合,为“假外国公司”认定标准的确定提出相关建议。本书认为,“假外国公司”需要同时满足以下几个方面的特征:其一,“假外国公司”是以营利为目的的法人,如果该公司并非以营利为目的,则一般不会通过主管机关的审核。其二,“假外国公司”是在其本国依法成立并登记的公司,如果该公司在其本国尚未得到承认,则内国亦没有必要赋予其合法的主体资格,允许其在内国从事生产经营活动。其三,“假外国公司”需要获得内国政府的认可,外国公司在其本国的合法主体资格并不能直接沿用于内国,若其希望在内国取得法人资格,则须获取内国的认可。其四,“假外国公司”应当在内国进行持续性的营业活动,若该公司没有意愿在内国从事营业活动,或者不实际从事营业活动,则无获得内国认可的必要,根据我国有关行政法规设置代表处并办理登记即可。其五,“假外国公司”的实际控制者或者实际控制机构在内国,该公司的内部运作实际上受制于内国,其主要业务在内国而非外国,这一点是“假外国公司”的虚假性所在,是其区别于一般意义上的外国公司的本质特征。

---

① 这里说的准据法主义实际就是设立说,本书在第一章对此有所论及。

除“假外国公司”大量存在之外,“假外资”的不当运作也是经济发展的重灾区。改革开放以来,我国政府为了吸引外资、活跃市场,针对外资企业制定了一系列优惠政策,极大地改善了投资环境,迎来了大批的外商来华投资,使外资利用一度成为我国重要的经济增长点。但是,繁荣的背后也暗藏危机,“假外资”成为近年来经济发展过程中的新问题,有愈演愈烈之势头,亟待法律的规制和调整。所谓“假外资”,是指将通过各种渠道流通到境外的各项境内资本再次以外国直接投资的名义流回于境内的一种投资行为。[①] “假外资”具有两个重要特征:一是资本的实际控制者为境内居民;二是返程投资的路径往往都是境内的资本通过在国际避税地设立特殊目的公司,然后以该特殊目的公司对境内开展直接投资活动。[②] 例如,在英属维尔京群岛、开曼群岛、我国香港特别行政区等地方设立的特殊目的公司。近年来,“假外资”现象在中国逐渐增多,对中国吸收外国直接投资的影响日益凸显,逐渐成为人们关注的焦点。有关统计资料显示:近十几年来,中国公民或公司绕道英属维尔京群岛、百慕大群岛等离岸金融中心,设立外国公司,然后再利用该外国公司回到国内设立“外资”公司、“合资”公司的资本回流问题非常突出。商务部官方数据显示,2006~2008 年,我国吸收外资直接投资的前 10 名国家和地区中,香港特别行政区连续 3 年都排名第一位,英属维尔京群岛(BVI)连续 3 年均排名第二位,开曼群岛(Cayman Islands)、

---

① 参见田孟清:《“假外资”:现状、危害、成因与对策》,载《武汉大学学报》(哲学社会科学版)2008 年第 1 期。

② 参见陈杰:《FDI 中的返程投资:现状、成因及规制》,载《西南金融》2007 年第 1 期。

萨摩亚(Samoa)、毛里求斯(Mauritius)等离岸法区都位列前10位。[①] 这其中,“假外国公司”的具体数量无法确定,但是从这些法区自身的经济实力来看,对中国投资的体量庞大,远非纯外资企业可以实现,其中应当有相当大比重为我国企业或公民的间接投资行为。联合国贸易和发展会议(United Nations Conference on Trade and Development,UNCTAD)的专家早在20世纪90年代中期就认为,在中国所吸收的外国直接投资中,约有20%的资本是“假外资”。[②]

“假外资”的大量存在,往往建立在国内资本大量外逃的基础上,若不对其加以控制,则非常容易形成“外资泡沫”,给经济发展造成重创。具体而言,“假外资”对社会经济造成的不利影响主要可以归纳为以下几个方面:一是为国内资本外逃提供“保护伞”,使非法资本合法化。国内资本被转移到境外后,既不被用于投资,亦不被投入其他增值业务,仅是为了获得外资身份,然后以“改头换面”的方式重新流入国内,规避法律强制性规定。二是严重减少国家财政收入,造成国有资产流失。“假外资”借助其外衣合理地享受国家优惠政策,大量的企业通过虚假投资的方式减免、偷逃所得税的现象屡见不鲜。三是增加违法经济活动的风险。企业的外资化通常需要转换数额巨大的资金,这一过程一

---

① 以2008年为例,全年1~12月,对华投资前10位国家/地区(以实际投入外资金额计)依次为:中国香港特别行政区(410.36亿美元)、英属维尔京群岛(159.54亿美元)、新加坡(44.35亿美元)、日本(36.52亿美元)、开曼群岛(31.45亿美元)、韩国(31.35亿美元)、美国(29.44亿美元)、萨摩亚(25.5亿美元)、中国台湾地区(18.99亿美元)和毛里求斯(14.94亿美元),前10位国家/地区实际投入外资金额占全国实际使用外资金额的86.85%。参见商务部官方网站:http://www.mofcom.gov.cn/aarticle/tongjiziliao/v/200902/20090206021530.html,最后访问日期:2010年11月20日。

② 参见曹建明:《国际公法学》,法律出版社1998年版,第115页。

般无法借助合法的转换途径在短期内实现，因此，地下钱庄的外汇兑换业务将日渐滋生。四是加大主管机关对经济进行监管的难度。在“假外资”的运作下，各公司之间的交易多为非市场化的隐秘交易，这种交易方式缺乏透明度和公正性，背离了市场经济的核心价值，极易造成资源配置效率低下和主管机关监管无效的局面。

二、“假外国公司”的规制

对“假外国公司”进行有效规制的前提就是确定“假外国公司”的身份。由于国际上对公司国籍的判断标准尚未统一，学术界存在资本控制说、住所地说、主营业地说以及最密切联系说等多样观点。因此，不同国家在实践操作中的判断也大相径庭。究其本质，不同国家都是立足于其自身的发展现状，或者特殊发展阶段，从保护其国内经济安全、促进经济发展、加强国际经济交往的角度出发来确定公司的国籍。这一立法考量必然导致不同国家确立标准的差异化，继而诱发公司国籍变动的障碍。我们必须意识到，在全球经济一体化进程急剧加快的背景下，公司的经营活动、组织形式、股东构成呈现出多元化和复杂化的特点，公司国籍的判断变得越发困难，如果仍然依照单一的标准来判断公司的国籍，势必会造成相当一部分公司不会被认定为本国公司，从而导致对内国不利的结果。此外，在单一的标准模式下产生的“假外国公司”，不仅会规避其本应适用的内国的强制性法律，不当享有其本来无法获取的各项政策利益，而且会破坏市场中正常的竞争秩序，诱发非法套利、资本外逃、跨境洗钱等行为，严重扰乱社会主义市场经济秩序。

因此，只有采用复合标准主义即兼采两项或多项标准来判定公司的国籍，才能防止公司的脱法行为，防止离岸公司的滥用，维护本国利益。[①] 所谓“复合主义”标准，即在公司国籍判断标准中兼采前述两种或两种以上的学说，如兼采准据法主义和住所地主义，或者兼采准据法主义和控制主义，或者兼采住所地主义和控制主义。通常而言，复合标准主义中的各项标准之间存在主辅关系，即以一种标准为主，兼采另一种标准。[②] 例如，在以准据法主义为标准的基础上，同时将公司的住所地纳入国籍判断因素中予以考量。而在复合标准主义中，以兼采准据法主义和住所地主义两大标准来确定公司身份的学说支持者最多，并成为各国立法发展的趋势。例如，法国 1966 年《商事公司法》第 3 条第 2 款中虽然原则上坚持了住所地标准，但也作了例外规定：“第三者可以依据章程上的住所，但如果其实际住所位于另一地点，则公司不得依据章程上的住所来对抗第三者。”公司国籍判断的复合标准真正融合了单一准据法主义和单一住所地主义的优点，使英美法系和大陆法系在公司国籍界定上的不同标准之间的差异逐渐缩小，从而为国际交往创造有利条件，极大地促进了国际经济的发展、国际贸易的开展和国际投资活动的繁荣。在复合标准之下，公司国籍的确定将更加具有针对性，更能契合客观现实的需要，有助于内国监督和管理公司的各项金融活动，维护正常的市场竞争秩序。

虽然采用复合标准主义来确定公司的国籍，能够在一定程度上增加公司发起人规避法律的难度，对保障国家经济安全、维护本国投资者利益而言具有重要意义。但是，复合标准主义亦具有

---

① 参见陈杰：《关于确立“假外国公司”法律制度的思考》，载《广东社会科学》2007 年第 4 期。

② 参见石慧荣：《公司法》，华中科技大学出版社 2014 年版，第 204 页。

一定的局限性。在经济全球化的影响下,即使复合标准主义也难以抵挡公司,尤其是跨国公司在全世界范围内的经济活动渗透,难以保证公司的国籍与其应适用的法律规范之间具有实质联系,所以外国公司法律规避行为难以完全杜绝。因此,在用复合主义认定公司国籍的基础上,还有一些国家和地区对"假外国公司"还采取了"刺破公司面纱制度"进行规制,具有代表性的就是日本、韩国和美国的加利福尼亚州。即对公司的国籍先采取复合主义进行判断,在形式上属于外国公司但实质上为本国公司,并利用公司法人人格逃脱(规避)法律义务的情形下,通过对外国公司法人人格的否认,揭露公司实际住所地和实际控制者,以探求公司实质上的利益获得者。例如,美国《加利福尼亚州公司法》第2115条(a)款规定,"假外国(州)公司"是指依据外国或外州法律设立,并以营利为目的,同时具备以下两个条件:其一,50%以上的无表决权股东为加州居民;其二,50%以上公司营业位于加州境内(根据《加利福尼亚州税法》第25129条、第25132条、第25134条规定的公司财产、公司雇员和公司销售额3个因素换算)。但是,下列公司除外:其一,该公司所有表决权股票为一个或数个不属于《加利福尼亚州公司法》第2115条(a)款规定的"假外国(州)公司"拥有;其二,该公司拥有在美国证券交易所或纽约证券交易所上市的无表决权股票;其三,该公司拥有获准即将在NASDAQ上市的无表决权股票。[①] 如果一个公司被认为是假外国(州)公司,则要受到法律对公司从内部管理到对外行为的广泛限制。从公司国籍判断标准的角度来看,本条的规定实际

① 参见陈杰:《关于确立"假外国公司"法律制度的思考》,载《广东社会科学》2007年第4期。

上是控制主义和住所地主义的共同适用，是通过“揭开公司面纱”探求控制公司的股东身份和公司的实际营业地，从而否认其外国(州)的法人人格而适用本州法的具体体现。

外国国家或地区的“假外国(州)公司”制度，对我国规制假外国公司的理论和实践无疑具有重大的借鉴意义。在我国目前的法律框架下，适用“刺破公司面纱”制度进而实现对“假外资公司”的制约较为可行。

第四节　“假外资公司”面纱的刺破

“假外资公司”，顾名思义即不真正的外资公司，或者说是披着外资公司的外衣，但是缺乏外资公司的真实内核的公司。外资公司若想获得独立法人资格，则应当符合国家相关法律规定。我国《外资企业法》明确规定，外资公司应依法在境内设立、全部资本皆源自外国投资者、不得为外国公司或者其他组织的分支机构。[①] “假外资公司”与真正的外资公司相较而言，其突出特点表现在以下几个方面：首先，该公司的相关资本或股权的实际控制人是境内投资者，而非境外投资者；其次，该公司的成立地即注册地多为国际避税地，如我国香港特别行政区、开曼群岛、萨摩亚等；再次，该公司与境内公司存在一层或者多层关联关系，在关联交易环节往往存在不规范的资本流出行为；最后，该公司的主营

① 我国《外资企业法》于2016年9月3日修正，自公布之日起施行。该法第2条规定：“本法所称的外资企业是指依照中国有关法律在中国境内设立的全部资本由外国投资者投资的企业，不包括外国的企业和其他经济组织在中国境内的分支机构。”

业务在境内,且不会随着公司性质的改变而改变。[①]

“假外资公司”基于公司属性,必然会受到相应的传统规则的约束。其中,“刺破公司面纱”理论的适用与否,直接影响投资者合法权益的维护途径和公司持续发展的行为规范。“假外资公司”的形式为独立的子公司,其股东仍为拥有内国国籍的个人或者法人,如果“假外资公司”的股东利用该外资公司的独立人格和股东的有限责任,逃避债务,严重损害公司债权人利益,或者一人有限公司形式的“假外资公司”的股东不能证明公司财产独立于股东自己财产,则其应当对公司债务承担连带责任。而且与一般的内国公司相比,“假外资公司”滥用法人人格发生的风险往往更大,也更难被识别。这是因为在“假外资公司”中,往往是由处于内国的实际控制人出资在外国设立外国公司,再由该外国公司在国内设立全资子公司,通过这一过程,不仅可以实现内资转换为外资,进而享受各种政策优惠的目的,还使实际控制人获得了更多的保障,即便内国法院对“假外资公司”适用法人人格否认制度,也是由实际控制人设立的外国公司作为独立的法人承担一切投资风险,此种隔离作用使真正的实际控制人免受责任的追及。因此,在对“假外资公司”适用法人人格否认制度时,要刺破“双重面纱”,方能追索到真正的责任人。然而现实情况的高度复杂性导致既有的规则不断面临诸多新的挑战,与“假外国公司”有关的案件往往还涉及冲突法的适用问题。随着经济全球化的发展,“假外资公司”在其生产经营活动过程中所面对的冲突或者争议将不仅涉及内部事项的管理,而且会涉及外部国家管制的困境。当国家对“假外资公司”进行法律管制,或者法院对“假

---

① 参见冯雁秋:《返程投资及其监管探析》,载《中国金融》2006 年第 6 期。

外资公司”涉诉案件进行裁判时,可能需要适用相应的国际私法的冲突规范。因此,学界和实务界对于个案中能否适用“刺破公司面纱”否认“假外资公司”的独立人格还存在较大争议。

下面,本书将以两个案件为例,分析对“假外资公司”面纱的刺破。案件一为“冀星与京域等十公司借款纠纷案”,该案主要案情如下:

1999 年 5 月 14 日,注册在英属维尔京群岛的京域公司(其在北京设有办事处)因合作开发高速公路,向河北省的冀星高速公路有限公司借款 1000 万元,一直未予偿还。目前,该公司已是一个空壳公司,在北京有办事处。京域公司曾在维尔京群岛以全资控股的形式注册过一个京展高速公路有限公司。为与河北冀星高速公路开发有限公司合作开发建设保津高速公路,京展高速公路有限公司又在该岛以全资控股的形式注册了一个津保高速公路(河北)投资控股有限公司;津保高速公路(河北)投资控股有限公司又在该岛以全资控股的形式注册了 9 个子公司,分别为康永技术有限公司、新耀服务有限公司等。前述各公司的董事长为同一个人。由于合作开发保津高速公路发生纠纷,康永、新耀等 9 家公司与河北高速公路开发有限公司进行了一场仲裁。结果是河北高速赔偿康永、新耀等 9 家公司约 800 万元。冀星公司认为京域公司与康永、新耀等 9 家公司实质上是同一家公司,发生了法人人格的严重混同。故京域公司无法偿还的欠款,应当由康永、新耀等 9 家公司偿还。因此,冀星公司决定根据公司法中规定的法人人格否定制度,以京域公司及康永公司等其他 9 家公司为被告向河北省石家庄市中级人民法院提起诉讼,要求 10 名被告对 1000 万元债务承担连带责任,并申请法院保全了被告对高速公路开发公司的 800 万元债权。

在该案的审理过程中,原告冀星公司举示了1000万元借款凭证、汇款凭证以及证明第一被告与其他9个被告之间存在人员、业务、财务、机构等方面关联关系的证据。而10名被告则答辩称,法院在审查被告法人人格认定问题及是否与其他公司混同问题时应适用英属维尔京群岛法律,我国《公司法》不适用于本案;康永、新耀等9家公司具有合法有效的独立法人资格,经营活动独立;且2000年7月24日第一被告京域公司已经将其持有的京展公司的股份全部对外出售,与其他9个被告之间不存在关联关系。

本案的争议焦点是,康永公司等9个被告是否应对京域公司所借的款项承担连带清偿责任。若肯定9个被告应承担连带责任,则主要理由应为9个被告与京域公司构成法人人格混同。现阶段,对于如何认定法人人格混同并没有法定标准,通常而言,法院会在个案中进行判断,其考量依据为公司与股东或公司与关联公司的财产、业务范围、组织机构之间的综合关系。首先,认定公司是否有独立的财产,是判断公司是否构成法人人格混同的首要标准。此判断标准正契合我国《公司法》第3条之规定。其次,公司注册地址、人员组织、利益分配等因素,也是判断是否构成人格混同的重要标准。对此不能进行直接推断,而应当根据案情综合分析。

首先,本案的10名被告全部为登记注册在英属维尔京群岛的外国法人,这就涉及处理本案准据法的选用问题。我国最高人民法院《关于贯彻执行〈中华人民共和国民法通则〉若干问题的意见(试行)》第184条规定:"外国法人以其注册登记地国家的法律为其本国法,法人的民事行为能力以其本国法确定。外国法人在我国领域内进行的民事活动,必须符合我国的法律规定。"第

185条又规定:“当事人有二个以上营业所的,应以与产生纠纷的民事关系有最密切联系的营业所为准;当事人没有营业所的,以其住所或者经常居住地为准。”我国新颁布的《涉外民事关系法律适用法》对外国法人纠纷案件适用的准据法也作出了与此基本一致的规定。[①] 根据以上规定,本案中10名被告均为形式上的外国法人,本应适用英属维尔京群岛的法律作为准据法,判断其是否具有独立的法人资格;然而依案情10名被告的主营业地仍在我国境内,实际上是“假外国公司”,理应适用我国法律。

其次,如果法院决定在本案中适用我国法律,那么接下来的问题就是可否适用我国《公司法》有关“刺破公司面纱”制度来否认第一被告京域公司的法人人格,进而让其他9名被告对原告所主张债务承担连带责任。本案中原告主张其他9名被告均是京域公司的全资子公司,但被告辩称2000年7月24日第一被告京域公司已经将其持有的京展公司的股份全部对外出售,作为京展公司全资子公司的另外9名被告已与京域公司没有任何母子公司关系,所以不能刺破京域公司的“面纱”让其他9名被告承担责任。本书认为,如果被告主张及其证据被法官确认,根据前面对“刺破公司面纱”适用条件的分析,显然原告适用法人人格否认的主张不能得到法院支持。退一步讲,即使被告的主张不能为法官心证所确认,即法官认为京域公司与其他9名被告间存在母子公司关系,然而根据法人人格否认的法理,也无法得出能够刺破其股东(京域公司)的面纱来让其子公司对股东所负债务承担

① 我国《涉外民事关系法律适用法》于2010年10月28日通过,自2011年4月1日起施行。该法第15条规定:“法人及其分支机构的民事权利能力、民事行为能力、组织机构、股东权利义务等事项,适用登记地法律。法人的主营业地与登记地不一致的,可以适用主营业地法律。法人的经常居所地,为其主营业地。”

连带责任,因为这种"逆向否定法人人格"还未被包括我国在内的多数国家所认可;京域公司也不是9家子公司的直接母公司,其中间还有京展公司的阻隔,这对"刺破公司面纱"制度的适用又是一层障碍。

总之,本书认为在本案中并无"刺破公司面纱"适用的余地。本书认为,对于冀星公司的债权,可以依据其与京域公司的借款合同向法院提起给付之诉,所谓京域公司为"空壳"公司的说法是不准确的,实际上京域公司对其他9个全资子公司的股权是其所有的财产,可以用以清偿对冀星公司的债务。当然,如果京域公司已经将对这些公司的股权转让,其现有的全部资产不足于清偿该笔债务的话,则应当调查在该笔债权转让中是否存在合同无效、可撤销的情形。[①] 关于该案件的最终处理结果,最高人民法院在2011年5月24日作出了驳回河北冀星高速公路有限公司的再审申请裁定,认为9个子公司与京域公司不构成法人人格混同。[②]

案件二为"桂林国际投资股份有限公司、桂林山水高尔夫度假酒店有限公司与湖南东江投资管理控股集团有限公司股权转让合同纠纷案",该案主要案情如下:

1997年7月18日翁某某夫妇在英属维尔京群岛注册成立一家国际业务公司,即桂林国际投资有限公司(以下简称国投公司,为反诉被告)法定资本为300万美元,其中翁某某占股93%。1997年9月7日,宋某某夫妇成为该公司新股东,该公司法定资

① 据悉,本案一审判决京展公司以及其他9个关联公司应当对京域公司的债务承担连带责任,二审程序尚在审理中。

② 参见(2011)民申字第289号判决书。

本增为2000万美元，宋某某夫妇占45%股份。该公司于1995年投资桂林尧山花木园艺场，即桂林山水高尔夫度假酒店有限公司的前身，注册资金2600万美元，国投公司占股权98%，法定代表人原为黄某某，后变更为翁某某。桂林山水高尔夫度假酒店有限公司（以下简称山水公司，为反诉被告）为中资企业，原名为桂林市尧山花木园艺场。该企业在经历了1992年与泰国泰台新世联集团合作成立桂林皎霞高尔夫球场乡村俱乐部娱乐中心、1994年更名为桂林山水高尔夫俱乐部有限公司之后，于2004年正式更名为桂林山水高尔夫度假酒店有限公司。至此阶段，公司原股东仅剩翁某某、黄某某、谢某。湖南东江投资管理有限公司（以下简称东江公司，为反诉原告）2009年注册变更时注册资金200万元，法定代表人袁甲，至2013年7月2日更名为湖南东江投资管理控股集团有限公司，注册资金7000万元，法定代表人袁乙。

2009年11月20日，原告国投公司（反诉被告）、原告山水公司（反诉被告）和东江公司（反诉原告）共同签订了一份《股权转让协议书》。该协议书约定了股权转让标的物，即由国投公司（反诉被告）将其在山水公司（反诉被告）98%的股权中78%股权转让给东江公司（反诉原告），转让价为人民币1.092亿元，国投公司应确保所转让的股权无任何抵押、质押及其他权利瑕疵。山水公司担保国投公司履行股权转让协议书及相关补充协议约定的全部义务，否则承担连带担保责任。协议书还约定了股权转让的支付方式、股权转让后的经营管理事项以及债权债务承担主体、违约条款和争议解决条款。协议书中约定，若发生争议，由山水公司所在地法院管辖，适用中华人民共和国法律。同日，即2009年11月20日，国投公司、东江公司、山水公司又签订了一份《补充协议》，该补充协议对股权转让的方式、期限、支付方式等事项作出了进一步约定。

国投公司、山水公司的诉讼请求比较复杂，主要包含：一是请求法院认定《股权转让协议书》及《补充协议》的约定无效。因为在约定中，国投公司仅保留20%的股权，并指定国投公司将在山水公司51%的股权过户到袁乙个人名下，违反我国《中外合资经营企业法》第4条第2款、《宪法》第18条、《中外合资经营企业法》第1条的规定，应为无效。二是山水公司为股权转让所提出的担保无效。因为根据我国《担保法》第5条规定："担保合同是主合同的从合同，主合同无效，担保合同无效……"最高人民法院《关于适用〈中华人民共和国担保法〉若干问题的解释》第4条规定：董事、经理违反《公司法》第6条的规定，以公司资产为本公司的股东或者其他个人债务提供担保的，担保合同无效。《股权转让协议书》及《补充协议》中担保内容、条款属于股权转让合同的从合同，主合同无效，担保合同当然无效。尤其是山水公司违反法律的强制性规定，未经国家主管部门批准、也未登记为其境外股东国投公司担保，其有关担保的内容、条款均应无效。

在该案的审理过程中，东江公司（反诉原告）于2014年4月3日提出反诉称，国投公司（反诉被告）实系翁某某、黄某某为开办山水公司（反诉被告）逃避我国法律监管在英属维尔京群岛设立的"空壳"公司，其除了经营山水公司业务外无任何其他业务，其与山水公司实为一体，法人人格混同，应否定其法人资格。在股权转让合同中，明确是由受让方以承接国投公司及山水公司债务的形式进行收购，转让的实际也是山水公司的资产，山水公司实际上也是享有合同权利义务的一方当事人，其提供了连带责任的担保，故山水公司也应作为本案的共同被告，与国投公司共同履行报批义务。

首先,本案中的国投公司是翁某某夫妇在英属维尔京群岛注册成立一国际业务公司,这就涉及处理本案准据法的选用问题。鉴于原告系在境外设立的企业法人,不同法域将直接影响企业法人的民事权利和义务。一方面,在管辖权的确定上,因原告国投公司投资的山水公司所在地为我国广西壮族自治区桂林市,原被告双方的合同签订地、履行地均在桂林市,涉诉合同标的物所在地以及双方在合同中约定争议诉讼管辖地亦在桂林市。所以,根据我国《民事诉讼法》第 23 条对管辖的规定:“因合同纠纷提起的诉讼,由被告所在地或者合同履行地人民法院管辖”,以及最高人民法院《关于指定广西壮族自治区桂林市中级人民法院管辖第一审涉外民商事案件的批复》、广西壮族自治区高级人民法院《关于指定南宁市、桂林市中级人民法院管辖第一审涉外、涉港澳台民商事案件区域和案件范围的通知》第 2 条之规定,桂林市中级人民法院对本案具有管辖权享有充分的法律依据。另一方面,在法律适用问题上,由于国投公司、山水公司和东江公司在签订的协议中,已经约定了对解决争议所适用的法律,遂法律应根据当事人意思自治原则,依照我国《民法通则》第 145 条第 1 款“涉外合同的当事人可以选择处理合同争议所适用的法律,法律另有规定除外”的规定,本案诉讼应当选择适用中华人民共和国的法律。此外,若将上述判断准据法的因素排除在外,本案与上一案例具有相同之处。因为本案中的国投公司本应适用英属维京群岛的法律作为准据法,判断其是否具有独立的法人资格;然而依案情,其控股股东实际上是我国境内的自然人翁某某,而非真正的外国投资者,所以该公司在实质上亦属于本书所述的“假外国公司”,理应适用我国法律。

其次,在桂林市中级人民法院决定适用我国法律审判案件的基础上,法院接下来需要解决的问题同样为可否适用我国《公司法》有关“刺破公司面纱”制度来否认国投公司的法人人格,进而让国投公司和山水公司成为本诉中的共同被告。对此问题,东江公司已经有所主张,其诉称国投公司实际上是翁某某、黄某某借助开办山水公司的手段来逃避我国法律监管,而在英属维尔京群岛设立的“空壳”公司,此公司除了经营山水公司业务外无任何其他业务,其与山水公司实为一体,在法人人格上出现混同,所以法院应否定此公司的法人资格。在股权转让合同中,明确约定由东江公司以承接国投公司及山水公司债务的形式进行收购,转让的实际上也是山水公司的资产,山水公司实际上也是享有合同权利义务的一方当事人,其提供了连带责任的担保,故山水公司也应作为本案的共同被告,与国投公司共同履行法定的合同报批义务。法院的判决实质上是支持了东江公司的这一诉讼请求,将国投公司与山水公司并列为本案的被告。

本书认为,在本案中,法院适用“刺破公司面纱”的做法应得到肯定。因为国投公司除了设立地点在境外之外,其不符合真正的外资公司的成立要件。国投公司的发起人、出资者全部为境内的自然人,如该公司的控股股东为翁某某。国投公司的主营业务全在国内,对于此点,东江公司能够提供相应的实质证据予以证明。若不适用“刺破公司面纱”理论,将国投公司纳入共同被告,则不仅可能使东江公司的合法权益受损,还可能使国投公司规避法律、逃避税收等不法目的得逞。

第五节　“刺破公司面纱”与总分公司

一、外国公司与其分支机构的关系

如前所述,外国公司的分支机构是非依所在国(内国)国家法律并非经所在国登记而成立的,但经所在国政府许可在所在国进行业务活动的机构。外国公司的分支机构均为外国总公司在他国设立的分公司,对于其总公司来说,称为国外分公司,而对分公司业务活动所在国来说,则称为外国公司。由于我国《公司法》没有对外国公司的分支机构进行明确的规定,因此,学界对于外国公司的分支机构的内涵和外延一直存在争议。一种观点认为,对于外国公司的分支机构应当采取广义的理解,以下 3 种形式均应当被纳入外国公司分支机构的范畴:(1)外国公司在我国境内设立从事生产经营活动的分公司、外国银行在我国境内设立的分行等;(2)外国公司在我国境内设立的从事勘探、承包经营、承包建筑安装、仓储、转运等作业场所或经营场所;(3)外国公司在我国境内设立的从事业务活动的代表机构、代理机构或联络机构等。① 另一种观点认为应当采狭义的理解,认为外国公司仅包括外国公司的分公司。②

上述分歧产生的根源,在于我国《公司法》第 195 条、第 196 条分别采取了“经营活动”和“业务活动”的不同表述。外国公司

---

① 参见王保树、崔勤之:《中国公司法原理》,社会科学文献出版社 2000 年第 3 版,第 316 页。

② 参见江平主编、方流芳副主编:《新编公司法教程》,法律出版社 1994 年版,第 231 页。

的分支机构的认定过程中，究竟是以从事经营活动还是以从事业务活动为判断标准？对这一问题的回答决定了外国公司的作业场所、代表机构是否应当被纳入外国公司经营机构的范畴。这是因为根据我国《外国企业常驻代表机构登记管理条例》第 3 条的规定，外国企业常驻代表机构应当是从事非直接经营活动的代表机构，也就是说，外国公司的代表机构不得从事经营活动。笔者认为，对外国公司分支机构应当采取狭义的理解，即仅包括外国公司设立的在我国从事经营活动的分支机构，不包括外国公司在我国设立的代表机构。原因在于，从我国实践的情况来看，外国公司的分支机构要想在我国设立并从事经营活动，必须取得我国行政主管机关的批准并领取营业执照，而外国公司的代表机构在登记后仅需领取登记证和代表证即可，而根据我国《公司法》第 192 条的规定，外国公司分支机构设立时是必须领取营业执照的，因此从这一点上来看，外国公司的代表机构应当不属于外国公司分支机构的范畴。

参考我国的法律规定和国外的立法例，外国公司的分支机构普遍具有以下法律特征：第一，外国公司的分支机构的国籍与设立它的外国公司相同，包括我国在内的绝大多数国家的公司法，均要求外国公司的分支机构在名称中注明其国籍。第二，外国公司的分支机构在内国的设立依据是内国法律。我国对于外国公司的分支机构采取审批制，外国公司必须向我国行政主管机关提出申请，并提交其公司章程、所属国的公司登记证书等有关文件，经批准后，向公司登记机关依法办理登记。第三，外国公司的分支机构应当在内国从事经营活动，并且这种经营活动必须是其所属的外国公司所具有的。如果外国公司的分支机构无意在内国开展经营活动，仅是派代表进行业务活动，那么就不能设置分支结构,只能设置代表机构。[①] 第四,外国公司的分支机构并非独立的法人,没有独立的民事主体资格,而只是设立它的外国公司的组成部分。具体表现在以下几个方面:首先,外国公司分支机构不具有独立的内部组织机构,而是由外国公司指定负责该分支机构的代表人或者代理人,受外国公司的监督和控制。其次,外国公司分支机构不具有独立的名称和章程,外国企业在我国从事经营活动所使用的名称应当与其合法开业证明载明的名称一致。最后,外国公司分支机构不具有独立的责任财产,虽然外国公司要向分支机构拨付与其所从事的经营活动相适应的资金,并且对外承担财产责任时,应当优先从分支机构的财产中拨付,但当分支机构的财产不足以偿还全部债务时,设立该分支机构的外国公司需要以其全部财产对该分支机构的经营活动承担民事责任。这是外国公司分支机构法律地位的典型特征,对于公司的分支机构,大多数国家均不承认其独立的法人地位,我国也不例外。笔者将在下文进行详细的论述。

(一)外国公司分支机构在我国实体法上的地位

我国《民法通则》第 37 条规定:法人应当具备下列条件:(1)依法成立;(2)有必要的财产或者经费;(3)有自己的名称、组织机构和场所;(4)能够独立承担民事责任。这是任何一个组织实体要获得法人法律人格必须满足的四个要件。

从形式上而言,外国公司分支机构能够满足前 3 个条件,这在我国《公司法》第十一章"外国公司的分支机构"第 192 条到第 195 条就作出了明确要求。但它缺乏第四个条件,即不"能够独

---

① 参见江平主编、方流芳副主编:《新编公司法教程》,法律出版社 1994 年版,第 232～233 页。

立承担民事责任”。对于外国公司分支机构而言,当它的财产或经营资金不能偿付其所承担的债务时,是由外国公司的财产来进行偿付。外国公司分支机构生产经营活动的结果归属于所属的外国公司,表现在法律上就是分支机构的法律责任最终由外国公司承担。

通说认为“能够独立承担民事责任”是我国法人人格制度的核心要件,缺乏这一要件的组织不具有法人资格。《公司法》第195条规定:“外国公司在中国境内设立的分支机构不具有中国法人资格。外国公司对其分支机构在中国境内进行经营活动承担民事责任。”此外,在实践中,外国公司分支机构不具有独立的公司章程、管理机构和财产等事实,也可以说明其不可能拥有独立的法人地位。

然而,外国公司分支机构不具有法人地位这一结论也并不能否认其在经营活动和诉讼中实际享有的相对独立的法律地位。外国公司分支机构作为外国公司参与国际民商事活动的一种方式,可以在法律规定的范围内作为一个经济实体参与经济活动。外国公司分支机构可以以分支机构的名义从事业务活动,参与民商事法律关系。如前文所述,外国公司在经过承认后就获得了内国民事主体的同等法律地位。如同我国的合伙企业,虽不是企业法人,但仍可以独资企业的名义进行生产经营,参与民事法律关系。外国公司分支机构的活动范围“原则上认可其同内国法人同样活动,它本身可以成为契约的当事人,可以开出信用证,有权从事进口贸易、为商品销售可以保有仓库、可以向银行贷款等等”。① 法律之所以作出这种规定,是满足外国公司有效开展自

① 姚梅镇主编:《海外投资法律实务》,法律出版社1993年版,第43页。

身业务、减少法律规避和促进我国经济发展的需要。但从客观上也是对分支机构本身拥有自己的名称、对财产的使用处分权、独立的工商登记等现实的承认。

(二)外国公司分支机构在我国诉讼法上的地位

我国《民事诉讼法》第5条第1款规定:“外国人、无国籍人、外国企业和组织在人民法院起诉、应诉,同中华人民共和国公民、法人和其他组织有同等的诉讼权利义务。”该法第48条规定:“公民、法人和其他组织可以作为民事诉讼的当事人。”最高人民法院《关于适用〈中华人民共和国民事诉讼法〉的解释》第52条对“其他组织”也作出了明确解释,将“法人依法设立并领取营业执照的分支机构”纳入了“其他组织”的范畴,赋予了其民事诉讼的当事人主体资格。我国《行政诉讼法》第99条第1款也有类似的规定。由此也在诉讼法上确立了对外国公司分支机构的国民待遇原则,赋予了其在诉讼法上独立的诉讼主体地位。

虽然外国公司分支机构可以以自己的名义参与诉讼,但是其承担责任的方式却与一般诉讼主体有所差别。其原因在于分支机构本身没有独立的承担民事责任的资格和能力,其应负担的法律责任应当由外国法人承担。而外国法人也非直接的责任承担者,而是要终局地承担判决课以的责任,在实际履行中一般先由分支机构以自己管理控制的财产拨付,不足的部分由外国法人承担。

综上所述,外国公司分支机构不具有完全的法律人格,但可以说它具有一种“次法律人格”。[①] 因为对于外国公司分支机构

---

① 王新峰:《外国公司分支机构法律地位的法理分析》,南京师范大学2005年硕士学位论文。

来说,它经我国政府审核、批准后,其权利义务和我国《公司法》上的典型公司存在一定的相似性。这一点是与国内公司的分支机构所不同的。经批准后,我国承认外国公司的外国法人身份,原则上在我国亦为法人,成为民事权利主体。也就是说,外国公司分支机构在我国不是法定的民事主体,但它可以参与具体民事活动,作为一类具有独立法律地位的经济实体,但最终法律后果的承担者仍落归于外国公司。

二、"刺破公司面纱"之适用于"假外国公司"的可行性

虽然外国公司分支机构有相对独立的法律地位,但是仍然不具有法人资格,于是"刺破公司面纱"制度在适用上有着难以逾越的障碍。然而,观察分支机构背后的"假外国公司"本身,却不难发现,分支机构在内国的一切经营活动,都可以视为该外国公司本身的活动,因此,在假外国公司分支机构在内国利用"假外国公司"的身份从事的不法行为,都应该以该"假外国公司"本身为责任承担者,这也与前述分支机构与公司法人本身的关系相符合。于是,对"假外国公司"分支机构的制裁,便可以通过对该"假外国公司"适用"刺破公司面纱"制度来实现,因为"假外国公司"背后的积极股东和控制股东正是拥有内国国籍的、企图钻法律空子的投机商。因此,只要"假外国公司"在我国境内有利用其分支机构逃避合同义务或法律义务,外国公司与其控股股东之间有财产混同、业务混同和组织机构混同等行为,即可适用法人人格否认制度刺破其外国公司的面纱,追究其背后本国不法投机商的责任。

在明确了"假外国公司"及其分支机构适用法人格否认的整体思路后,一个不能回避的问题就是如何处理"假外国公司"及其分支机构表现出来的特殊性,以实现法人人格否认制度的准确

适用，而不背离其制度价值。总的来说，对“假外国公司”及其分支机构适用我国《公司法》规定的法人人格否认制度仍然需要满足本章第一节所叙述的基本要件，即在前提条件上，“假外国公司”必须具有独立的人格，并且经过我国行政主管机关的承认，或者在个案中经由法院审查认定其具有独立的民事主体资格；在诉讼主体上，“假外国公司”以及其控制股东或者实际控制人作为公司人格的滥用者，应当作为诉讼的被告，因公司法人人格滥用而受到损害的主体通常是公司债权人，应当作为诉讼的原告；在具体行为上，“假外国公司”股东应当有滥用公司法人独立地位和股东有限责任，逃避债务的行为；在结果上，必须有损害事实的发生，并且该损害的发生与股东滥用公司人格行为之间存在因果关系。

但由于“假外国公司”国籍的特殊性，在司法实践过程中可能会遇到以下几个方面的问题，笔者将在下文逐一进行分析。

首先，从主体上来看，法人人格否认的适用对象是依据外国法设立的“假外国公司”，需要承担连带责任的主体是该“假外国公司”的实际投资者。在实践中遇到的一个不可避免的问题是，当“假外国公司”国内的债权人在我国法院起诉，要求否认该“假外国公司”的法人人格并要求其背后的股东承担连带责任时，我国法院能否以我国法律作为裁判依据？这实际上涉及国际私法上准据法的选用问题。因为根据我国《涉外民事关系法律适用法》第 14 条的规定，对于法人及其分支机构的股东权利义务等事项，适用登记地法律。法人主营业地与登记地不一致的，可以适用主营业地法律。这样一来就无法适用我国法律。笔者认为，化解这一难题的关键在于对股东滥用法人人格的行为进行正确定性，进而经由相应的冲突规范的指引适用相应的准据法。“假外国公司"股东滥用公司法人人格行为的实质是对公司债权人利益的侵犯,从民法的视角来看,这实质上是一种侵权行为。根据《涉外民事关系法律适用法》第44条的规定,对于侵权行为原则上适用侵权行为地或者双方当事人共同居所地的法律。据此,法院可以以我国是侵权行为地为依据,选择适用我国的法律进行裁判。

其次,一旦原告方胜诉,"假外国公司"的法人人格被否认,那么最终责任的承担者就是"假外国公司"的股东,虽然目前许多在我国从事经营活动的"假外国公司"的股东或者实际控制人都是我国的公民或者法人,在这种情况下,判决的承认和执行都会简单很多。但对于"假外国公司"的投资者或实际控制人为外国自然人或法人的情形,就不得不涉及国际私法合作的问题,这是因为从法院审理过程中的送达、取证和期间,到最终裁判的承认和执行,都不是靠裁判法院所在国一己之力就可以完成的。虽然目前推动国际私法合作进程的脚步日益加快,但对于"假外国公司"股东的债权人来说,其权益的最终实现仍面临较大的风险,并且要花费较高的时间、经济成本。

最后,我国的法人人格否认制度虽早在2005年就被以成文法的形式确定下来,其目的在于解决有限责任制度下的公司成本外部化的道德风险问题,通过该制度可以让这些成本内部化,防止公司以其他人的损失为代价追求自我利益,从而实现社会整体的利益最大化。① 但时至今日,具体的程序规范仍尚付阙如。在理论界,有关法人人格否认的讨论如火如荼,但在司法实务界这一制度被实际运用的比例似乎并不像学术探讨这般热烈,这其中

---

① 参见黄辉:《现代公司法比较研究——国际经验及对中国的启示》,清华大学出版社2011年版,第124页。

很重要的一个原因就是程序规范以及具体认定标准的缺失。如果将法人人格否认制度适用于“假外国公司”，则还必将涉及涉外民事诉讼的有关问题。解决上述因具体实施程序缺失导致的适用困境，我国应采取循序渐进、逐步推广的策略。首先，以我国《民法总则》《公司法》的规定为基础，结合国际条约和我国相关程序性法律，以司法解释的形式制定出法人人格否认的具体规则，早日使这一制度落地。其次，在短期无法通过立法技术予以解决的情形下，应寻求次优解决方案，即可以给出示范清单的形式，总结和归纳适用该规则的主要考量因素，通过概括和列举的形式为法官裁判提供必要的指导，在合理保障法官享有一定自由裁量权的同时减少裁判的随意性和不确定性，以实现立法目的。可喜的是，最高人民法院在2013年发布的第15号指导案例，即徐工集团工程机械股份有限公司诉成都川交工贸有限责任公司等买卖合同纠纷案，已经对法院适用该规则的具体考量因素予以具体阐释，可以为下级法院审理类似案件提供参照。

综上所述，在全球化的背景下，外国公司已成为内国市场上不可或缺的一部分，在享受生产与信息全球化带来的高收益和高效率的同时，也不能忽视随之而来的法律问题，对“假外国公司”及其分支机构适用法人人格否认制度就是一个有益的尝试，但该制度的顺利实施早已超出了一国的能力范围，唯有国家之间的通力合作才能使这项制度早日落到实处，发挥出其应有的价值。

第五章　外国公司的监管

第一节　对外国公司分支机构代表人的监管

传统上商主体自治原则作为商法基本原则的重要组成部分，贯穿了整个商法规范体系。从历史上来讲，现代商法体系的形成过程伴随着近代商人阶层反对封建专制的斗争，其本身就含有抵制国家干涉、保护商主体的自治空间不受公权力不当干预的内涵。而对经济人的利益最大化的经济学假设与哲学上对于主体理性的尊重意味着商法倾向于认可商事主体的自由决策，使其依照商主体的意志发生主体所期待的法律后果，俾其以自身的理性判断追求个体的最大利益。从价值上来说，在民商事法律制度的设计中，立法者们始终面临着维护交易安全与促进交易效率之间的价值权衡，但在商法领域，效率无疑是第一取向，而公平与安全要在效率的基础上兼顾之。[①] 促进交易效率是商法的首要原则，也是商法营利性的明显表现。[②] 从古典主义到新古典主义和新自由主义，西方主流经济学理论坚信追求社会整体效率的最好方法就是放任社会个体自行选择其道路，最终"看不见的手"将会以一种规律性的力量引导社会整体达到效率最佳的状态。而事实也证明，在意思自治的大纛下，资本主义经济在近代创造了人类前所未见的生产力发展成果。

但随着社会生产力的发展，商人阶层作为一个团体边界逐渐模糊，社会中的一般成员越来越多地参与到商事活动中来，全民皆商的现象愈加普遍。商法具有较强的技术性，其是将市场经济的基本内容、基本规则及基本运作方式翻译成法律语言而构成的法律规则，难以凭社会主体的简单常识和伦理判断予以识别。由于一般的民事主体在知识、经验和风险承受能力上较典型商主体相对羸弱，故法律为了确保社会一般的民事主体在商事活动中的交易公平与安全，大量的强制性规范开始进入商法领域，"商法的公法化"过程悄然进行。"商法的公法化"并不代表"商法已经完全公法化"，而只是表明商法体系仍然是一个渗透着公法因素的私法领域，其仍然属于私法范畴，是私法基本和内在精神的支配。时至今日，商法体系已经成为强制性规范与任意性规范相结合的体系。而强制性规范就意味着国家通过法律强制涉入商事法律

---

① 参见赵万一:《论民商法价值取向的异同及其对我国民商立法的影响》，载《法学论坛》2003 年第 6 期。

② 参见赵万一:《商法》，中国人民大学出版社 2013 年版，第 6 页。

关系,监管商事主体的行为。

外国公司的监管,可以被划分为事前监管、事中监管和事后监管3大阶段。

在事前监管方面,外国公司意图在内国从事经营性、持续性业务时,必须获得内国政府的许可,对此,本书第二部分已经对外国公司的内国准入从美国、英国、日本等国家或地区立法例以及我国当前外国公司许可立法现状分别进行了评析和立法建议,故此处只对前述未涉及的对外国公司的监管细节内容进行一定阐述。

对外国公司在内国设立分支机构的事前监管上,内国通过对外国公司在境内设立分支机构的程序和条件进行管控,从而实现事前监管目的。根据《公司法》的相关规定,外国公司要在我国设立分支机构,具体而言,必须满足如下条件:外国公司必须具备足够的人员和资金配备,《公司法》第193条第1款规定,外国公司在中国设立分支机构必须向该分支机构拨付与其所从事的经营活动相适应的资金;外国公司在公司名称上和章程配备上必须配合我国的监管要求,《公司法》第194条规定,外国公司分支机构的名称在标明该公司责任形式以外,还应指出该公司的国籍,在章程管理上,外国公司分支机构须得置备该公司章程。在特别领域,如对外国银行以及外国保险公司,其事前监管更为严格,主要由其主管部门进行登记前的审核。《外资银行管理条例》第9条规定,拟设立分行的外国银行应当满足,具有持续盈利能力,信誉良好,无重大违法违规记录;该银行具有从事国际金融活动的经验;设立了有效的反洗钱制度;该银行受到其母国金融监管当局的有效监管,同时其设立申请已经得到该国金融监管当局同意;其他的审慎性条件。对外国银行的设立监管不仅需要审核其本身的各项能力，出于对金融管理的特殊需要，同时要求外国银行母国的金融监督管理制度完备，且该国金融监管当局业已与我国银行业监督管理机构建立了监督管理合作机制。此外，外国银行设立分支机构还需满足一定资金条件，《外资银行管理条例》第 12 条规定，外国银行在申请设立分行前 1 年年末，总资产不少于 200 亿美元；其资本充足率应当同时满足其母国和我国的银行业监管相关规定要求。

对于外国公司在内国设立常驻代表机构的事前监管则与对分支的监管机构差异较大。在经营范围上，代表机构同外国公司分支机构不同，不能从事营利性活动，而仅能从事与该外国公司生产、销售等日常活动相关的市场调查、宣传以及联络活动。因此，我国《外国企业常驻代表机构登记管理条例》采取了常驻代表机构设立的登记制，即外国公司常驻代表机构的设立需要在公司登记机关进行登记。在法律行政法规有特别规定的情况下，则需要经过有关行政主管部门核准后方可进行登记。外国公司若要在我国设立代表机构，应当提供公司住所以及代表机构场所使用证明、存续 2 年以上的合法营业证明、代表任命文件、金融机构资信证明等文件，以证明该外国公司具备设立代表机构的能力。对于欲设立代表处的外国银行，同样应当满足《外资银行管理条例》第 9 条的相关设立条件，经批准方得申请登记，外国保险公司的代表机构设立也如第二章所述，应受到事前的额外监管，在满足了《外资保险公司管理条例》等法规规定的条件获得批准之后方能够申请登记。

对于直接在内国从事生产经营活动的外国公司进行的事前监管上，依照《外国（地区）企业在中国境内从事生产经营活动登记管理办法》的规定，外国公司倘若意图直接进入我国市场从事生产经营活动，应当先经过主管部门的批准方能进入登记环节。在登记事项中，外国公司的经营项目名称要严格按照其国籍、外国公司中文名称、项目地行政区划、经营项目依次排列。同时，外国公司的经营类型、代表其生产经营业务范围的经营范围、经营期限以及经营合同数额均应当得到主管机关的批准认可，方可作为登记必要事项。

除接受内国政府的事前监管外，外国公司还须接受内国政府的事中监管和事后监管。在我国，外国公司无论是在进行分支机构或代表机构登记、日常生产经营甚至撤出时都需要遵守我国《公司法》以及《外国企业常驻代表机构登记管理条例》《外国（地区）企业在中国境内从事生产经营活动登记管理办法》等单行法律法规的规定，接受公司登记机关及特殊业务主管部门的监管。一旦其违反相关法律法规的规定，将受到行政乃至刑事的处罚。对外国公司违反我国登记管理相关规定的，应结合相关法律法规的规定，并参照我国《企业法人登记管理条例》进行行政处罚。例如，外国公司隐瞒真实情况，提供虚假材料或者采取其他欺诈手段，取得分支机构设立或者经营项目登记的；外国公司没有办理相关登记、备案手续即私自经营的，或擅自设立代表机构或者从事代表机构业务活动的；外国公司分支机构或者经营项目登记事项发生变更未进行变更登记的，将受到罚款、撤销登记甚至吊销登记证的行政处罚。在生产经营中，如外国公司的分支机构设立后，长期且无理由不从事生产经营活动，或者停止生产经营活动达一定期限的，以及外国企业分支机构不按照规定接受年度检验的，将承担行政责任。撤出时，外国公司未按照《公司法》有关规定进行清算的，也应当受到行政处罚。上述外国公司在登记、经营以及退出中的违法行为一旦构成犯罪的，应当承担刑事责任。[①]

我国对外国公司的监管规定尚未能深入外国公司的内部治理与外部社会责任等层面。结合前文所述各国立法例,可以看出,内国对外国公司的所谓“监管”只停留在制度与政策层面。事实上,对于一个国家或地区而言,外国公司与本国公司最大的不同在于其主体资格并非依据内国法在内国登记所取得,而外国公司注册地法可能与内国法律规定出入很大。因此,内国无法自公司设立之初就对其成员、资本、组织结构等方面予以控制。这也就意味着内国丧失了对于外国公司的团体人格予以“拟制”的权力。但是在全球经济一体化的背景下,内国一般不会因此而拒绝承认外国公司的法人地位,只能转而通过在上文所述承认和许可程序中,设定较为完备的登记制度以对外国公司进行监管。另外,正如上一部分所讨论的那样,对外国公司的资金方面的监管是防范“假外资公司”的重要措施,同样也是保障外国公司在内国进行合法经营、保障外国公司内国债权人的重要措施。以下,本书将就这些监管方面的问题进行详尽展开。

各国公司法普遍规定外国公司在申请内国承认时或者依据内国法律设立分支机构时,应委派代表人或代理人作为机构负责人,并以外国公司名义代表公司在内国境内从事生产经营活动。例如,《日本公司法》第 817 条规定:“外国公司,要在日本持续进行交易时,须指定驻日本的代表人。”

内国对外国公司监管的首要问题就是对外国公司分支机构代表人的监管。有些国家认为,外国公司进入内国应当进行注册,该注册并不是设立外国公司的子公司,倘由外国法人出资在

① 参见刘俊海:《现代公司法》(第 3 版),法律出版社 2015 年版,第 1174 页。

内国注册具有独立法人人格地位的子公司,则该公司应当被认定为内国公司,而非外国公司。因此,这种注册只是外国公司准入的一种特别程序而已,而在外国公司注册中,代表人起着非常重要的作用,不但承担了外国公司进入时的申请工作,而且承担着外国公司日常运行时代表外国公司接受监管的角色。①

一、外国公司分支机构代表人的制度意义

外国公司分支机构代表人制度的本源是公司法定代表人制度,因此,欲明晰外国公司分支机构代表人的制度意义,须得先对公司法定代表人制度进行较为深入的探讨。在我国现行的公司法制度中,法定代表人无疑具有重要的理论及现实意义。

公司法定代表人是民商法上代表人制度在公司法上的投影。代表制度与民法上代理制度关系匪浅,代理理论无疑能够帮助我们更好地对代表人制度加以理解。比较代表和代理制度,其相似性与异质性同样明显。一方面,有学者认为,代表制度在现实中面临的问题主要包括代表人代表权的滥用、代表人的越权等问题,这些问题类似于代理制度所要解决的问题,代理理论在处理这些矛盾时需要借助民法代理理论中的代理权滥用、无权代理、表见代理等理论认识。② 另一方面,通说认为,代表人制度虽然与民法代理制度同源,但代表人制度与代理人制度在联系之外又有明显区别,代表人在法人治理中具有很强的独特制度意义。在法律效果上,无论是代表人的行为还是民事代理人的行为,其民事行为的效果都会直接归属于法人本身。可以说,在法律效果问

---

① 这种模式为英美国家的做法,《英国公司法》(Companies Acts 2006)与美国的MBCA等都有明确规定。

② 参见殷秋实:《法定代表人的内涵界定与制度定位》,载《法学》2017年第2期。

题上代表人制度与代理人制度殊途同归。但两者也存在明显区别之处,代表人是法人自身的一个法人机关,不是法人之外的一个独立主体,而民事代理人是一个独立的民事主体,并不是法人的一个组成机关;法人和其代表人之间的权利义务关系是法人主体内部之间的法律关系,而民事代理人作为一个独立的民事主体,法人与代理人之间的关系就自然为两个平等民事主体之间的关系;代表人所为行为即为法人其本身的行为,法人承受该行为的法律效果是理所当然的,而民事代理人的法律行为并不是法人本身的行为,其行为的法律效果之所以归属于法人,乃是因为代理理论,即代理人行为的法律效果归属于被代理人。因此,虽然法律效果归属的结果一致,但是在效果归属的法律逻辑路径上,代表人和代理人制度大相径庭,有明显区别。①

在对代表人理论的辨析之中,值得注意的是,公司法定代表人是公司的一个内部机关。换言之,代表人代表公司对外执行业务,其不具有独立于公司的法律地位,而是公司的一个常设机关。具体而言,公司的具体经营事务应由董事会以会议的形式进行集体决策。但是,董事会作为一个会议形式的公司机关,其本身缺乏直接执行其决策事项的能力,董事会的决策需要一个能够胜任的自然人来执行。故而,应设立公司法定代表人作为一个公司机关来承担此项任务,这同时是公司法定代表人设立的现实缘由。作为公司法定代表人的自然人常为公司董事,在我国公司法中,代表人可以依照章程的规定,从董事长、执行董事或经理之中选任。故而有学者认为,我国公司法中的公司法定代表人实际上有法定和章定之双重含义。公司法定代表人的具体职权可分为对

① 参见梁慧星:《民法总论》(第2版),法律出版社2001年版,第211页。

外的公司代表权和对内的业务执行权。公司法定代表人对内的业务执行权指执行股东会和董事会决议之权及负责公司日常事务处理之权。需要注意的是,公司法定代表人在公司的一般业务上没有业务决定权,公司一般业务决定权归属于董事会,应由其集体进行商议决定。公司法定代表人的公司对外代表权则表现为,公司法定代表人对外可代表公司进行经营和裁判上的一切行为,不仅包括法律行为,还包括事实行为等。这些对外代表行为主要涵盖代表公司签订各种类型的合同,代表公司参与诉讼、仲裁活动。①

外国公司代表人在制度原理上类似于典型的公司法定代表人制度。企业追逐利润,在全球化大背景下,跨国公司可以在世界范围内统筹生产经营活动,资本跨国流动空前频繁,而外国公司到内国进行民商事活动的目的是开拓国际市场,提高公司的国际影响力,增大公司规模以获取最大化的营业利润。但外国资本在内国的法律地位因其进入内国的形式不同而有所区别,本书所讨论的外国公司指的是注册地在内国境外而通过分支机构在内国开展经营活动的公司,若外国自然人或法人在内国投资设立公司,则该公司从性质上来讲就成为内国公司。因此,在探讨外国公司代表人制度时,应当明确其所称的外国公司代表人并不是指外国公司的法定代表人,而是外国公司在内国的分支机构代表人。

从法律地位上来讲,外国公司的分支机构在内国本身并不具有独立的法人资格;又因其代表处或者分支机构的内部组织结构和经营管理方式相对于公司整体来说大大简化,其经营管理权限更多由外国公司委托授权而集中在该分支机构的代表人手中。

---

① 参见施天涛:《公司法论》(第2版),法律出版社2006年版,第357页。

因此,外国公司代表人实际上相较典型的公司法定代表人更缺少制度上的制约。在外国公司代表人的权限方面,比照典型公司法定代表人制度,外国公司分支机构的代表人在内国同样具有对公司分支机构内部的业务执行权和对外的公司代表权。代表人对内执行外国公司股东会或董事会作出的经营决议;对外掌握着在内国签订生产、经营、销售等种种对外合同签订权,同时,若外国公司在内国的分支机构或代表处陷入纠纷,外国公司在内国分支机构的代表人应代表外国公司参加仲裁、诉讼活动。可以说,外国公司在内国分支机构的代表人不仅对于外国公司是否能够成功开拓海外市场以及获取利润起着重要作用,而且对于外国公司在内国是否合法开展经营活动具有决定性影响。因此,大多数国家和地区的法律都规定,外国公司在内国进行经营活动或者持续性交易必须设置代表人。

但是,外国公司分支机构代表人制度面临着典型公司法定代表人制度同样的困境,即外国公司分支机构代表人的越权代表、代表权滥用、代表人侵权等问题。外国公司分支机构代表人可能违背内国法律规定;或者违反其公司章程、股东会或董事会的决议对其代表权所作出的限制,超越法定及章定权限行为。我国对此种情形的处理,可参照典型的公司法定代表人制度对越权代表的处理方式:对于直接违背我国法律强制性规定的代表行为,应直接认定为无效;对法定代表人越权行为的规定,应当参照《合同法》第50条的规定,即为保护交易安全,认定只要与该外国公司分支机构代表人签订合同的为善意第三人,则该越权代表行为有效,外国公司承担法律责任之后应当向其在内国的分支机构代理人或业务代理人追偿。这一制度类似民法上的表见代理制度,核心目的是保护交易相对人的信赖利益,确保交易安全。因此,对于外国公司分支机构代表人为谋求私利，在内国滥用其代表权的行为，参照典型的公司法定代表人制度原理，该外国公司也应对善意相对人承担责任，追责行为也相应被限制在内部。对于外国公司分支机构代表人在内国执行业务致第三人损害的情形，在法理上，公司法定代表人作为该外国公司的一个机关，其侵权行为即该公司的侵权行为，侵权责任当然应由公司承担。

由于外国公司在内国的分支机构或代表处结构的简化，外国公司分支机构代表人的代表权限较为集中，且因内国的分支机构远离公司本部，分支机构代表人的行为受到制度上的约束更少。鉴于外国公司分支机构代表人在其内国业务活动中的重要性，对外国公司分支机构代表人的监管理应作为内国对外国公司监管的重要组成部分。具体而言，对外国公司分支机构代表人的监管不仅应当通过在制度层面设定条件和资格，还应当明确其职权范围，厘清法律责任，确保内国交易相对人的利益与外国公司本身的正当利益。

二、外国公司分支机构代表人的条件

（一）住所方面

一些国家和地区的法律规定，外国公司在其境内的代表人必须是在该国有住所的人。一方面，居住地位于内国的人对内国基本国情、当地风俗文化有充分了解，而且更为重要的是，清楚外国公司所属行业领域在当地的市场前景。进而便于外国公司的分支机构有目的性地高效率开展经营活动。另一方面，也便于内国对外国公司进行监管，使外国公司逃避内国法律制裁的风险减小。

1. 大陆法系国家规定。法国、瑞典、瑞士等国法律规定，在其境内设立分支机构的外国公司只能授权居住在该国的人作为分支机构代表人。《意大利民法典》第 2508 条第 1 款规定，在国外设立的公司，在成员国内有固定代表的分支机构的，均受意大利法律有关公司文件公示的规定的调整。这些公司还应按照规定公布在成员国境内长期代表公司的人员的姓名、出生、时间和地点及其权限。

2. 英美法系国家规定。MBCA 第 15.07 条规定，每一个被授权在本州经营业务活动的外州（国）公司必须持续在本州具有并始终保持一个注册办事处和一个注册代理人（Registered Agent），该代理人是个人的还应当是居住在本州的人。[①]《英国公司法》（Companies Act 2006）规定，在其境内从事商业性交易活动的外国公司还必须特别指定一个居住在英国的有权代表该公司接受法院诉讼文书和其他通知书的人并注明其姓名和地址。[②]

（二）任职资格

一般而言，外国公司的代表人可以是自然人，也可以是法人。从各国的立法规定来看，如果是自然人，该自然人应当是具有完全民事行为能力的人，而且不应当有违反内国关于公司高级管理人员任职资格禁止性条件的情形。而关于法人组织是否可以担任外国公司分支机构代表人，绝大多数国家法律并无明文规定。美国 MBCA 第 15.07 条规定，注册代理人（Registered Agent）可以是个人（Individual），也可以是本州公司（Domestic Corporation），[③]

① § 15.07 Registered Office and Registered Agent of Foreign Corporation of MBCA.

② § 1056 Requirement to identify persons authorized to accept service of documents of Companies Act 2006.

③ § 15.07 Registered Office and Registered Agent of Foreign Corporation of MBCA.

还可以是经过授权在本州有住所的外州(国)公司(Foreign Corporation)。很多州的公司法受到了MBCA的影响。例如,《加利福尼亚州公司法典》(California Corporation Code)第2110条规定,外国公司的代理人(Agent)可以是自然人(Natural Person),也可以是公司法人(Corporate Agent)。

三、我国对外国公司分支机构代表人的监管

我国《公司法》对外国公司派驻在华代表人有明文规定。《公司法》第193条规定:"外国公司在中国境内设立分支机构,必须在中国境内指定负责该分支机构的代表人或者代理人。"但是,关于外国公司分支机构代表人或代理人的条件和资格,《公司法》并无明确规定,留下了一定立法空白。根据公司法的法理以及借鉴其他国家(地区)的相关规定,应该在下列几个方面对外国公司在我国的代表人或代理人进行监管。

(一)代表人(代理人)的条件

在设立代表人的条件上,应当明确代表人(代理人)既可以由自然人担任,也可以由我国法人、其他合法成立的组织担任。在自然人和法人的条件上,担任代表人(代理人)的自然人应当是具有完全民事行为能力、具有我国国籍或者在我国有住所的人。法人以及其他组织必须依据我国法律、法规在我国设立登记,外国公司以及分支机构不得担任。外国公司进入我国从事持续性交易或者营业活动,必须首先选定代表人或者代理人。外国公司在向商务部门申请承认和许可以及向工商行政管理部门申请登记时,应当列明代表人(代理人)的姓名(名称)、住址(住所地)等详细信息。如果代表人(代理人)的自身情况发生变动,则应当及时向商务部门申请备案以及向工商行政管理部门进行登记变更。

（二）代表人（代理人）的消极资格

代表人（代理人）作为外国公司或其分支机构在我国的主要负责人，管理水平的高低以及是否忠实于外国公司，对于外国公司的利益影响重大，也关系到外国公司是否可以在我国进行合法经营、正当经营等事宜。应当借鉴《公司法》有关公司董事、监事及高管人员任职资格的限制性规定，为担任代表人（代理人）设定消极资格。可以在相关法条中作如下规定："关于外国公司及其分支机构的代表人（代理人）的任职资格，参照适用《公司法》（或本法）第一百四十六条。"[①]即规定如下特定人员禁止担任公司董监高：非完全民事行为能力人；因贪污贿赂等相关犯罪被处以刑罚不满一定日期；曾任破产清算企业董事、经理且个人对破产有责任的；担任因违法被关停的企业法定代表人并有个人责任的；个人大额债务到期未清偿。需要注意的是，即便在任职时不存在这些情形，但一旦其在担任董事、监事、高级管理人员期间出现了上述情况，则其职务也应当被解除。此种规定是为了确保公司的经营管理层在行为能力、职业素养、职业道德方面一直保持应有水平。为了保证外国公司及其在我国建立的分支、代表机构的持续良好经营状况，外国公司分支机构代表人（代理人）也应

---

① 我国《公司法》第146条规定："有下列情形之一的，不得担任公司的董事、监事、高级管理人员：（一）无民事行为能力或者限制民事行为能力；（二）因贪污、贿赂、侵占财产、挪用财产或者破坏社会主义市场经济秩序，被判处刑罚，执行期满未逾五年，或者因犯罪被剥夺政治权利，执行期满未逾五年；（三）担任破产清算的公司、企业的董事或者厂长、经理，对该公司、企业的破产负有个人责任的，自该公司、企业破产清算完结之日起未逾三年；（四）担任因违法被吊销营业执照、责令关闭的公司、企业的法定代表人，并负有个人责任的，自该公司、企业被吊销营业执照之日起未逾三年；（五）个人所负数额较大的债务到期未清偿。公司违反前款规定选举、委派董事、监事或者聘任高级管理人员的，该选举、委派或者聘任无效。"

参照适用此种任职条件。

(三)规定外国公司分支机构代表人(代理人)的义务与法律责任

从维护外国公司的利益角度,应当明确规定外国公司分支机构代表人(代理人)的义务,可以比照《公司法》有关公司董事、监事及高管人员的义务予以规定。比如,规定外国公司分支机构代表人需履行信义义务,规定其禁止实施的行为。[①]

信义义务,或称受信义务,是指公司董事、监事、高级管理人员对公司以及全体公司股东应有的诚信管理义务。在公司法理论上,大致有两种解释信义义务的理论路径。

一是委托代理理论,这种理论认为,董事、监事、高级管理人员为公司诚信、勤勉服务的义务来源是其与公司之间存在的委托代理合同关系,其是公司的代理人。英国在1872年的判例就明确指出:"董事不过是公司的受托人或代理人而已——在公司财物管理方面是受托人,而在公司对外进行交易方面则是代理人。"[②]这种解释路径的缺陷在于,其无法解释为何董事的权利行

---

① 我国《公司法》第148条第1款规定:"董事、高级管理人员不得有下列行为:(一)挪用公司资金;(二)将公司资金以其个人名义或者以其他个人名义开立账户存储;(三)违反公司章程的规定,未经股东会、股东大会或者董事会同意,将公司资金借贷给他人或者以公司财产为他人提供担保;(四)违反公司章程的规定或者未经股东会、股东大会同意,与本公司订立合同或者进行交易;(五)未经股东会或者股东大会同意,利用职务便利为自己或者他人谋取属于公司的商业机会,自营或者为他人经营与所任职公司同类的业务;(六)接受他人与公司交易的佣金归为己有;(七)擅自披露公司秘密;(八)违反对公司忠实义务的其他行为。"第149条规定:"董事、监事、高级管理人员执行公司职务时违反法律、行政法规或者公司章程的规定,给公司造成损失的,应当承担赔偿责任。"

② Great Eastern Railway Co. V. Turner(1872) LR 8CH App 149 at 152 per Lord Selborne.

使范围远远超过传统代理法上代理人的权力且董事行使权力的独立性远大于前者。

二是信托理论,即以信托法上的信义义务为基础构建公司的董事、高级管理人员与公司之间的信托关系,董事、高级管理人员作为信托的受托人,承担着忠实勤勉的信托义务。此种解释路径仍然存在不足。例如,董事、监事等高级管理人员对公司的财产可能并不拥有所有权,且前者对公司财产的经营管理和决策在审慎度和风险性等方面都与信托法律关系中的受托人存在重大不同;信托法律关系中的受托人的角色在于保守地管理财产而董事、监事等高级管理人员的职责在于积极地使财产增值。当今,无论何种解释路径都存在缺陷,没有一种理想的理论可以完全解决上述人员的权利义务问题。英国1925年的判例认为:“将董事义务定性为信义义务是对的,但是,几乎不可能通过或借助类比的方法将董事义务归类为传统的信义义务的类型。”①因此,董事、监事等高级管理人员的义务是以信托义务和代理义务为主要模型。参考其他信义义务的特征,再结合董事义务的特殊环境而逐渐形成的。我国公司法借鉴了英美法中的董事义务理论,明确规定了公司董事、监事、高级管理人员对公司负有的忠实和勤勉义务。

公司董事、监事、高级管理人员所应当承担的忠实义务是指董事、监事、高级管理人员应当以公司的利益最大化为其管理行为目标,不得为自己或者第三人的利益而不顾公司价值的实现。忠实义务是公司董事、监事及高级管理人员首要的义务,其要求公司管理者必须忠诚地为公司利益最大化履行职务且不得使个

---

① Re City Equitable Fire Insurance Co. Ltd. ,1925,CH 407 at 426.

人利益与公司利益相冲突,这也是信义义务传统核心理念。公司管理者只有从内心至外在行为上均对公司和股东忠诚、负责,公司治理才能够持续稳定进行。公司法对公司董事、高级管理人员忠诚义务的要求是通过列举失信行为与兜底条款的设置实现的。当然,在《公司法》第 148 条以外,对忠诚义务的规制散见于第 21 条、第 115 条等条文的规定之中。失信行为主要包括以下几种类型:在未经股东会或股东大会同意的情况下,公司董事、高级管理人员与公司所进行的自我交易行为;未经股东会同意,利用职务之便夺取公司交易机会;未经股东会或股东大会同意,与公司进行同业竞争;挪用公司资金;另立个人账户存储公司资金;私自使用公司资金借贷或担保;私吞他人与公司交易佣金;私自泄露公司秘密等。这些行为均为公司董事及高级管理人员被禁止的行为。

信义义务的另一内涵是董事、监事、高级管理人员的勤勉义务。其要求董事等高级管理人员必须谨慎、经历履行职务,尽善良管理人的注意义务,依照法律、法规和公司章程履行职责,维护公司利益。在英美法上,这种义务被表述为一种审慎义务,即公司董事不得对所管理的事项疏忽大意地行事。[①] 勤勉义务是对董事履行职务的更高的要求,质言之,董事等在履行职务没有尽到合理的谨慎,就需要承担对公司的赔偿责任。公司法中对董事、监事、高级管理人员的勤勉义务有原则性的规定,但并无具体的细节要件。学理上,董事、监事、高级管理人员勤勉义务的一般标准需要满足以下要件:一为善意,即董事、高级管理人员的主观心

---

① 参见[英]丹尼斯·吉南:《公司法》,朱羿锟等译,法律出版社 2005 年版,第 300 页。

理状态必须是善意为公司利益考量；二为董事或高级管理人员应当满足如同一般理性人在处理个人事务时的谨慎，如果该管理人员是具有专业知识的人员，则该情况下一般谨慎人应为在该行业内的一般人；三为在主观上应对自己行为符合公司利益的目的有合理认识。[①] 董事等勤勉义务的判断标准经历了由古典标准到现代标准的转变。罗默（Romer）法官在 1925 年审理 Re City Equitable Fire Insurance Co. 一案中阐述了被认为是勤勉义务古典标准的 3 个观点：第一，不可能对勤勉义务标准进行概括的界定，其取决于多种因素综合判断；第二，董事无须参加所有的董事会，当然，他们应当尽量参加；第三，董事可以将所有公司事务委托给公司其他人处理，而且只要没有可疑之处就可以合理地信赖他们。[②] 勤勉义务古典标准的较为宽松，法院对其认定较为容忍，其建立的依据在于股东应当最终为自己所选择董事结果负责。与古典标准相比，勤勉义务的现代标准更为严格，即期应当以一个理性人在类似的情况下会尽到的注意和勤勉义务。故此，现代标准是一个以理性人为参照的标准，与董事的个人背景无关。[③]

与信义义务规定相适应的是强调违反信义义务的外国公司分支机构代表人（代理人）所应当承担的法律责任。根据信义义务的理论，公司董事、监事、高级管理人员的信义义务是一种法定义务，失信或背信责任相应的是一种特殊的侵权责任，不过，在违法要件上，违背信义义务所需承担的责任具有一定特殊性：其违法行为主要体现为对忠诚义务和勤勉义务的违反；

① 参见施天涛：《公司法论》（第 3 版），法律出版社 2014 年版，第 413 ~ 415 页。

② Re City Equitable Fire Insurance Co. Ltd. ,1925,CH 407 at 431.

③ 参见黄辉：《现代公司法比较研究——国际经验及对中国的启示》，清华大学出版社 2011 年版，第 194 ~ 196 页。

违背信义义务所造成的损失以公司财产利益损失为主；在因果关系和主观过错的判断上，公司董事、监事、高级管理人员的违信责任也有其特殊之处。[①] 因此，在对外国公司分支机构代表人（代理人）违背信义义务，损害外国公司利益进行责任设置时，可参照我国《公司法》第149条对董事、监事、高级管理人员在职务进行时违反法律、行政法规或章程规定损害公司利益时的赔偿责任，规定外国公司分支机构代表人（代理人）执行公司职务时违反法律、行政法规或者公司章程的规定，给公司造成损失的，应当承担赔偿责任。

另外，还应当规定对于外国公司损害我国公民、法人及其他组织合法权益，外国公司的代表人（代理人）对此有主观故意或重大过失的，应当与外国公司承担连带责任。

此外，外国公司分支机构代表人的权限对于内国交易相对人选择交易对象确定交易内容具有重要意义，应当通过外国公司信息披露制度对于该信息进行公示，以保障交易安全。这一制度将在相关章节具体论述。

我国关于外国公司分支机构代表人（代理人）更为详细的规定是区分不同行业领域，分散于各种行政法规、部门规章中的。例如，《外资银行管理条例》在外资银行代表人（代理人）任职的积极资格、消极资格以及禁止行为等方面作了较为详细的规定，《外资银行管理条例实施细则》进一步对此作了细化。这种做法在制度设计上有利于贴合特定行业的特征，确保了特定行业领域具体规范的详尽和可操作性。

---

① 参见施天涛：《公司法论》（第3版），法律出版社2014年版，第408～409页。

第二节　外国公司的信息披露

商事主体信息披露作为商品经济发展的阶段性产物，在商法理论和实践中都具有重要地位。商事主体的信息披露早在古罗马时期便已有之，其时，商店必须悬挂招牌，公开其开业的状态，这可以被视为商事主体信息披露的原始形态。1861 年德国《普通德意志商法典》规定了商事登记制度，同时期英美国家虽未制定商法典，但其商事注册制度也趋向复杂化和系统化。①

资本市场是公司融资的保障，如果要利用这一资源，公司必须承担大量的义务尤其是旨在支撑市场发挥有效分配资源和维护投资者信心的机制的信息披露义务。公司的信息披露制度是商法公示主义的集中体现，所谓公示主义是指商法要求交易当事人对于涉及利害关系人利益的客观事实必须向公众公开，以便利害关系人了解。从功能上来说，一经登记的公示使公司之上一些由股东根据契约自治原则设定的关系获得公信力，从而达到便利和保护与公司交易第三人的利益、维护交易安全、降低商事交易中主体的交易成本、促进交易效率之目的。如同前述，在商事主体自治原则之下，商事交易中的主体应当自行寻找交易对象，并自行承担风险。为确保交易安全，商事主体通常会在选定交易对象时详尽调查其各项信息，审查其资信等情况，因此造成了较高的交易成本。为确保交易安全，同时促进交易效率的提升，法律强制商事主体将自己的各项与交易有关的信息公开，以减轻当事

---

① 参见崔明霞主编：《商法学》，中国财政经济出版社 2001 年版，第 150～151 页。

人在调查交易相对人时的注意义务。

作为最为重要的商事主体，所有的公司都有依照法律要求披露相关信息的义务。这一方面是公法上国家对公司进行监管的需要，另一方面也是在公司经营过程中保护交易相对人以及不特定的第三人利益的必然要求，同时客观上也具有促进交易效率提升的功能。

公司在商事活动中进行的信息披露，是指公司按照法律规定的程序，就设立、变更、终止等事项中的应登记事项登记并披露相关信息的过程。公司接受登记并披露相关信息，是国家对公司成立的某种特殊管制或政策导向，公司信息披露同时也是交易安全维护的重要手段。其意义主要体现在如下方面：其一，对于信息披露主体即公司而言，公司在对自身的资产、股东、住所、代表人等信息进行披露的过程中，向公众展示了其自身的市场主体身份和经营状况与能力，也展示了其进行经营的诚意与信誉。其二，对于相对人以及不特定的公众而言，公司相关信息的披露是公众获取公司的名称、住所、法定代表人、资本等真实情况以及经营实时状况的前提条件。只有对社会公众公开公司信息，交易相对人和社会公众的信息劣势才能改善，无数潜在的交易者才能够对自身将要采取的交易行为拥有更为合理的估计，从而作出更为理性的选择。质言之，公司信息披露能够维护交易相对人和公众利益，从而捍卫交易之安全。其三，公司信息披露对于国家对公司及其市场交易行为的监管而言意义匪浅。公司经营信息的提供与更新能够使登记管理机关实时掌握公司的经营状态，便利国家在宏观层面，结合产业发展的整体目标和市场交易的具体情况，完成对公司经营的引导和法律、政策的调整。换言之，公司通过进行登记以及登记变更等行为完成的经营相关信息披露，是国家对交易市场及公司实行监管的基础。

公司信息披露具有以下几个显著特征：

首先，依法进行披露的公司信息是与公司经营相关的信息。诚如前述，为了维护交易安全，保障市场秩序，公司应当进行信息披露，这些信息是指公司经营所涉重要事项，这些事项涉及公司的主体身份认定、社会公众的保护以及市场监管的需要。公司信息通过商事登记进行公开，披露的信息主要包括以下内容：公司名称、公司住所、出资人、公司注册资金、公司法定代表人、公司章程、经营范围、公司的类型及其性质。在一些国家，公司法人印章、公司银行账户、公司开始营业日期等都属于应当登记并披露的事项。①

其次，公司的设立、变更、终止等过程相关信息的披露具有强制性。这一披露过程是通过登记进行的，公司设立变更与中止的强制披露体现了国家对于公司的监督管理，具有一定的公法性特征。同时信息披露也具有民商法意义的信息公示的法律效果，经登记的各项信息为社会公众所知，依法律规定需强制登记的事项，不经登记不发生法律效力。公司作为重要的商事主体，其各项信息对于交易相对人的决策至关重要，因此，其营业状态的变动也理所当然地应当被纳入披露的范围。我国《企业法人登记管理条例》与《企业法人登记管理条例实施细则》规定了企业法人开业登记、变更登记与注销登记的相关内容。② 与《公司法》规定的设立、变更、注销登记相呼应。对于开业登记，公司的名称、法

---

① 参见王建文、范健：《商法学》(第2版)，法律出版社2009年版，第65页。

② 参见我国《企业法人登记管理条例》第五章“开业登记”，第六章“变更登记”，第七章“注销登记”及《企业法人登记管理条例实施细则》第29条～第49条规定。

律性质(有限公司或股份公司)、经营范围、注册资本、股东姓名和出资数额与方式、公司住址、法定代表人的姓名等事项应当加以披露。而在公司经营过程中,以上事项发生变更的,也应当按照法定程序进行变更登记,以使社会公众得知。而在公司经营终了,注销法人资格时也应当将相关情况公之于众,明确该法人退出市场,防止有人冒用公司名义给交易相对人造成损害。

最后,披露的公司信息之范围以及登记披露的方式应当符合法律、法规的规定。商事登记具有要式性的特征,依照法定程序,将法律规定登记披露的内容向法定登记机关登记并公告,否则不能发生法律效力。公司法通过强制规定公司章程必要记载事项的方式规定了公司在设立登记过程中所必须进行披露的信息与内容。有限责任公司在设立时应当披露公司的名称、公司类型(有限责任公司或股份有限公司)、经营范围、注册资本、股东姓名和出资数额与方式、公司住址、法定代表人的姓名,甚至包括公司内部机构和产生方式等事项,①而股份有限公司设立时,相对有限责任公司而言,应当披露的事项还包括股份总数、每股金额、董事会和监事会的职权范围和产生办法,利润分配办法,解散与清算的办法等。而以上在设立时已经披露而为社会公知的信息在公司经营过程中发生变动的,公司应当按照法定程序进行变更登记。如公司在经营过程中需要增资减资的,应当在股东会作出决议之后经法定程序变更其注册资本额,实现信息披露的同步性。

---

① 我国《公司法》第25条规定:“有限责任公司章程应当载明下列事项:(一)公司名称和住所;(二)公司经营范围;(三)公司注册资本;(四)股东的姓名或者名称;(五)股东的出资方式、出资额和出资时间;(六)公司的机构及其产生办法、职权、议事规则;(七)公司法定代表人;(八)股东会会议认为需要规定的其他事项。股东应当在公司章程上签名、盖章。”

外国公司的设立过程系在外国法律环境下完成,意味着内国法律无法对其设立进行有效的事前监管,但外国公司又切实地参与内国的社会经济活动。因此,外国公司进入内国从事经营本身存在准入监管方面的先天不足。为此,除了强化承认与许可程序外,还应当建立起更为严格的信息披露制度,课以外国公司一些特殊的信息披露义务。

一、准入阶段的信息披露

外国公司向内国申请进行持续性交易或者开展长期经营业务时,应当严格按照内国的法律法规要求,披露相关信息。绝大多数国家公司法都要求,外国公司向内国申请注册时,应当将外国公司名称、外国公司在内国的住所、公司经营范围、外国公司在内国的代表人或代理人的基本情况等重要信息提交注册机关。大陆法系国家或地区的公司法一般都有详细规定。美国 MBCA、《特拉华州普通公司法》(General Corporation Law)等各州公司法以及《英国公司法》(Companies Act 2006)等都有所规定。

我国《公司法》第 192 条第 1 款规定:“外国公司在中国境内设立分支机构,必须向中国主管机关提出申请,并提交其公司章程、所属国的公司登记证书等有关文件,经批准后,向公司登记机关依法办理登记,领取营业执照。”由于外国公司在设立登记时,其注册地在内国国境之外,内国政府与社会公众对于该公司的各项基本信息获取的难度较大,在该外国公司进入内国从事经营活动时,应当按照内国公司法的规定进行信息披露。具体而言,外国公司进入内国通常是采取设立分支机构的方式,在内国设立分支机构应当符合内国公司法对于公司设立的要求,虽然各国在公司设立登记过程中都要求公司披露其公司章程,但不同国家的公司法对于公司章程应当记载的具体事项的规定可能存在出入。

外国公司章程记载事项符合其注册地公司法规定，未必意味着其符合内国公司法要求记载的全部必要事项。因此，外国公司在提交申请设立分支机构的材料时应当确保其材料中包含内国公司法所要求披露的全部信息。

除关于外国公司本身的信息之外，外国公司在内国设立的分公司的经营范围、住所、代表人信息及其职权范围等信息也应当作为申请材料的一部分进行披露，以使其周知于社会公众。而我国的《公司法》对此规定得过于粗略，应当制定更详细、更具可操作性的规则，完善我国准入阶段信息披露监管制度。

二、存续期间的定期披露

国家通过登记机关对公司在设立时是否符合法定条件进行审查，但是，在公司运行过程中，其资本、财产、股东、住所等重要信息经常会发生变动。虽然这类变动一定要办理登记变更，但是定期对公司此类问题以及公司经营状况形成规范的、格式化的报告，有利于登记机关核实公司的适法问题，①也有利于不特定的第三人了解公司信息，保障交易安全和稳定交易信息。从某种意义上来说，这也是商法公法化，政府借助强制性规范涉入公司内部经营活动的体现。强制公司在一定的周期内向行政主管机关披露公司现实的经营状况，再由行政主管机关向社会公示，以实现确保公司信息披露真实有效的目的。

各国(地区)公司法普遍规定，公司应当定期向其登记机关提交经营报告并接受登记机关的检验。例如，美国 MBCA 规定，

① 我国《公司登记管理条例》第58条规定："公司应当于每年1月1日至6月30日，通过企业信用信息公示系统向公司登记机关报送上一年度年度报告，并向社会公示。年度报告公示的内容以及监督检查办法由国务院制定。"

每个本州(国)公司和经授权在本州经营业务的外州(国)公司,应当向州务卿提交年度报告。年度报告需列明下列信息:(1)公司名称和注册地(州或者国家)名称;(2)注册办公室地址和在该办公地的注册代理人姓名(名称);(3)其主要办事机构住址;(4)其董事和主要高级职员的姓名和商用地址;(5)对其业务性质的概述;(6)被授权发行的股票总数,并按股票类别详细载明,如每一种类还分系列也应当详细载明,年度报告应当是最新信息在法定期间内提交并备案。①

在简政放权的改革思潮影响下,2016 年的我国《公司登记管理条例》对公司登记的相关程序与要求进行了重大修正。

首先,取消公司年度检验的强制性要求,改由公司向登记机关提交年度报告的形式进行。《公司登记管理条例》第 57 条规定:“公司应当于每年 1 月 1 日至 6 月 30 日,通过企业信用信息公示系统向公司登记机关报送上一年度年度报告,并向社会公示。”2005 年的《公司登记管理条例》第 59 条规定:“每年 3 月 1 日至 6 月 30 日,公司登记机关对公司进行年度检验。”从上述对比可以发现,公司登记机关对公司的监管思路已发生由对具体行为的监管到抽象标准设定的转变。此种转变更为契合商主体的营业自由要求,降低商主体的营业成本。

其次,取消了对分公司进行年检的要求。2005 年《公司登记管理条例》第 60 条第 2 款规定:“设立分公司的公司在其提交的年度检验材料中,应当明确反映分公司的有关情况,并提交《营业执照》的复印件。”修订之后的《公司登记管理条例》则取消了这

① § 16.21. Annual Report for Secretary of State of Chapter 16 Records and Reports of MBCA.

一内容,但仍在第七章规定了分公司的登记程序。外国公司的注册地在我国国境之外,如果是有外国自然人或法人投资在中国境内注册的公司自然是中国公司,因此,绝大多数外国公司在我国境内的经营活动实际上是以其在华“分支机构”从事的,在《公司登记管理条例》中使用的“分公司”概念是指公司在其住所以外设立的从事经营活动的机构。[①] 可见分公司与分支机构的概念内涵基本上是重合的,但其间毕竟存在表述上的差异,应当将二者统一起来,确保法律规范的统一与完善。

然而,关于年度检验报告书应当列明哪些内容,法律法规并没有明确予以规定,从立法论的角度上来讲,法律应当明确规定年度报告所应当包含的内容,以督促公司向社会披露信息,以实现公司登记制度所具有的信息公示与主场准入控制的功能要求。从内容上来说,公司年度报告至少应当包括公司当前的资产状况、财务状况等与公司债务清偿能力有关的信息以及公司各职能部门重要人事等与其经营活动紧密相关的信息。

三、交易中的披露

不同于一般的民事法律关系,在商事交易中,法律默认商主体相对一般的民事主体具有更强的专业知识和风险承担能力,因此更加充分地尊重当事人的意思自治。但与此同时,也要求商事主体自担风险,这事实上是对商事主体课以更加严格的注意义务。因此,商事自治原则作为贯穿商法规范体系的核心原则,在交易过程中表现为要求商事主体应当为其自身的利益负责,自主地选择交易对象,确定交易内容,承担交易的风险和利益。

---

① 参见我国《公司登记管理条例》第45条规定:“分公司是指公司在其住所以外设立的从事经营活动的机构。分公司不具有企业法人资格。”

但随着公司经济力量的膨胀和影响力的不断扩张，其经营活动已经渗入了社会的各个方面。在交易过程中，公司面对的不再单纯是经验丰富、实力雄厚的商事主体，也包括大量一般的民事主体，其在信息对称性、专业知识和风险承担能力上都处于明显的弱势。此时若仍继续坚持商事主体之间的交易规制方式，则实质上将一般的民事主体置于其不能抵御的风险中，有悖于法律的公平价值。由于外国公司相较一般的公司其法律适用复杂、财产执行困难，且由于其注册地在外国，公司的各项信息也难以为当事人所知晓，故应当在交易过程中承担特别的信息披露义务。

外国公司在一国从事民商事活动，与内国公民、企业等主体进行交易时，应当将公司名称、公司性质等基本信息向相对人披露，由相对人据此做出自己的判断。《英国公司法》(Companies Act 2006)规定，行政当局可以根据规章设定条件要求海外公司(Overseas Companies)：(1)在指定的地点披露限定信息；(2)在文件和通信的特定描述中陈述限定信息；(3)在商业活动中，应交易相对方的要求提供特定信息。①

我国《公司法》第194条第1款规定，外国公司的分支机构应当在其名称中标明该外国公司的国籍及责任形式。外国公司以分支机构的方式在我国从事民商事活动时，交易相对方可以通过其名称清楚地了解外国公司的身份。而与此同时，我国《公司法》规定的公司年度报告公示制度同样也有利于交易过程中相对人调查公司相关资信和经营状况，并作出合理决策。

---

① 1051 Trading Disclosures of Part 34 Overseas Companies of Companies Act 2006.

第三节 外国公司的资金监管

公司作为独立承担责任的法人,其财产是其进行经营活动的物质基础,也是其对外的信誉象征。公司资产是指公司拥有的全部财产的总和,是公司对外承担责任的实际担保。相较于以股东出资确定的公司资本,资产的规模和结构代表着公司现阶段现实的偿付能力和经营状况。因此,现代各国在公司法的具体资本制度上逐渐放弃了对于资本这一抽象指标的管制,从实缴制改为认缴制、法定资本制度的取消以及从法定资本制向授权资本制过渡等诸多革新,实质上都体现出是交易相对人对公司资产的重视程度不断强化,资本信用向资产信用转变表现是因应这种需求的较优选择。

但公司资产不同于在公司设立时即确定(即便在授权资本制之下也有部分确定)的公司资本,由于公司的生产经营始终处于不断变动的状态中,公司资产无法简单地通过公司章程等公开文件表现,而能够体现公司资产状况的资产负债表与财务会计报告常涉及公司的商业秘密,只能对公司内部人公开。因此,法律从公司外部对于公司资产的监管缺少有效的制度支撑。

对于外国公司而言,这一问题更加凸显。外国公司注册地位于内国境外,其对外承担责任的主要财产往往也分布在境外。发生债务纠纷时解决纠纷本身的法律适用也需要通过冲突法规范加以确定,遑论对于分布在内国境外的财产的执行。对于财产所在国法院来说,执行外国法院判决或仲裁裁决一定程度上是对司法主权的让渡,各国对此多基于国际私法上的互惠原则设置了比较严格的条件，因此，跨国执行外国公司的财产仍然比较困难。虽然我国截至目前已经与众多国家签订了涉及民事与商事领域的司法互助条约，但从我国的法院判决域外承认和执行状况来看，美国第一例承认中国法院判决的判例出现在2009年，德国的第一例承认中国法院判决的判例出现在2006年，新加坡则是在2014年。概言之，目前我国司法判决的域外执行状况仍然是以零星个案出现，跨国执行外国公司财产仍然相当困难。因此，如果外国公司或其分支机构在内国本身并不拥有一定的营运资金，将会危及债权人的利益，甚至可能会破坏内国国内的经济秩序。

因为外国公司在境外设立，其设立过程并不是依据内国法律完成的，内国关于公司资本制度的要求并不及于外国公司。与此同时，各国关于公司资本制度的要求差别较大，资本制度的监管力度以及对债权人利益保护的影响也不尽相同。因此，内国无法用自己的资本制度约束外国公司。但是如前所述，外国公司在内国从事经营活动，本身就具有特殊的法律风险，法律关系的复杂与财产执行的困难现实情况决定了有必要对外国公司，特别是一些特殊行业的公司采取一定的监管措施，这些措施将会有利于和外国公司发生交易关系的内国债权人的保护与内国经济秩序的稳定。

一、普通外国公司的资金监管

有学者认为，法律应当规定外国公司向分支机构拨付一定的营运资金，其意义在于：一方面是为了保证该外国公司分支机构的生产经营活动得以正常进行；另一方面是为了防止外国公司在我国境内无本经营或从事诈骗活动，以保护债权人及其他社会公众的利益。① 不过，绝大多数国家公司法并没有对外国公司资金

① 参见赵旭东主编：《公司法学》（第2版），高等教育出版社2006年版，第524页。

进行特别监管的规定,这不仅与它们较为宽松的公司资本制度有关,而且从事实角度来说,强行设置外国公司在内国设立分支机构的资金门槛并不能实现确保该分支机构债务清偿能力的目的。对于相对人而言,该外国公司在内国财产的数额一般很难在正常的交易中查清,在没有对外国公司财产采取担保措施的情况下,也无法保证外国公司财产用来偿付其债权。因此,在与外国公司进行交易时,相对人只能基于自己的判断以及通过其他担保方式保障其权益,与外国公司财产的多少并无实际关联。从另一个角度来讲,要求普通外国公司在进入内国市场时确保分支机构的资产状况无异于变相恢复法定最低资本额制度,其会带来与法定最低资本额制度相类似的弊端。在准入环节设置资本门槛可以在最初确保外国公司的偿付能力,但随着外国公司在内国经营活动的展开,资产状况会随着公司的盈亏而增减,与公司章程载明的资本数额发生偏离,仍不能保证外国公司分支机构的债务偿付能力。此外,还为外国公司的进入设置了不必要的门槛,阻碍了资本的跨国流动,不利于外国公司在内国经营活动的开展。普通的外国公司在内国进行经营活动,需要多少资金应当由自己根据实际需要决定,强行要求具有一定数额的资金也会导致资本的闲置和使用效率的低下。

因此,虽然我国《公司法》第 193 条也规定:“外国公司在中国境内设立分支机构,须向该分支机构拨付与其从事的经营活动相适应的资金。对外国公司分支机构的经营资金需要规定最低限额的,由国务院另行规定。”但这一规定并没有对一般外国公司设立分支机构的具体资金条件作出规定,仍将拨付资金的决定权交由外国公司自行掌握,因此对普通公司并无实际意义;相反,该法律条文明确了只有对于那些涉足特殊行业的外国公司的资金才应当通过特别法予以规定。

但值得注意的是,现实中存在某些企业或个人通过离岸金融中心集聚了巨额资金后,以离岸公司为掩护以外资身份再回国进行投资,以享受“外资企业”税收优惠待遇的现象。据统计,这类外资约占我国每年引资额的1/3。[①] 针对此种情况,本书认为可以通过加强对外国公司与其分支机构间汇出汇入资产的监管,并在外国公司于本国申请分支机构登记时采用复合主义标准认定其国籍,以达到遏制本国企业非法避税的目的。如果采用“刺破公司面纱”追究投资者的责任是损失已经发生之后的“亡羊补牢”,那么通过复合标准合理确定目标公司国籍,减少通过“假外国公司”规避法律的现象就是未雨绸缪之策。所谓复合标准认定是指结合股东、实际控制人国籍及其办事机构或主要业务所在地等多重标准判断公司法人国籍的法律制度。这些由中国国民在国外设立而管理机构和经营活动都在国内的所谓的“外国公司”不仅会造成国内税收流失,而且随着人民币资本兑换的日益开放,还会导致货币不正常的流入流出,造成国内资本市场秩序混乱并引发其他连锁反应。[②] 因此,采取复合标准合理认定外国公司国籍对于外国公司资金监管同样具有积极意义。

二、金融类外国公司的资金监管

虽然对于普通外国公司在内国的分支结构设置特别的资金监管并不适当,但对于某些特定领域的外国公司而言,其涉及内国经济的某些重要行业,出于国家经济安全和秩序的考虑,内国

① 参见陈盛光:《信托避税——跨国公司国际避税又一出》,载《国际商务财会》2007年第8期。

② 吴越:《公司身份法的规则及实践——兼谈“假外国公司”的法律防范》,载《现代法学》2004年第3期。

往往会在这些领域设置特别的资金监管规范。以金融领域为例,由于金融行业对于一国经济的结构性作用,世界各国都对外国公司进入本国金融行业从事相关业务持谨慎态度,并设置了各种类型的限制,而对于资金的监管是其中最为基础的手段。外国公司从事金融行业应当确保其资金充实,财务运作合规,符合内国对于从事相关业务的企业的规定。

在现阶段我国金融行业各领域中,证券业对外国公司进入的态度相对保守,根据我国《证券法》规定,设立证券公司应当取得国务院证券监督管理机构的批准,并按照业务范围申领许可,[①]而查阅证监会颁发的证券公司各项业务许可,没有任何一家外国证券类机构取得相关许可。[②] 2015 年国务院印发自由贸易试验区外商投资准入的负面清单,明确规定对于自由贸易区外资证券公司属于限制类,外资比例不得超过 49%。[③] 此外,按照《证券投资基金管理公司管理办法》的规定,中外合资的证券投资基金公司外资比例也不得超过证券业对外开放所做的承诺。[④] 从目前来

---

① 我国《证券法》第 122 规定:“设立证券公司,必须经国务院证券监督管理机构审查批准。未经国务院证券监督管理机构批准,任何单位和个人不得经营证券业务。”第 128 条规定:“国务院证券监督管理机构应当自受理证券公司设立申请之日起六个月内,依照法定条件和法定程序并根据审慎监管原则进行审查,作出批准或者不予批准的决定,并通知申请人;不予批准的,应当说明理由。证券公司设立申请获得批准的,申请人应当在规定的期限内向公司登记机关申请设立登记,领取营业执照。证券公司应当自领取营业执照之日起十五日内,向国务院证券监督管理机构申请经营证券业务许可证。未取得经营证券业务许可证,证券公司不得经营证券业务。”

② 参见证监会网站:http://www.csrc.gov.cn/pub/zjhpublic/。

③ 参见我国国务院办公厅《关于印发自由贸易试验区外商投资准入特别管理措施(负面清单)的通知》(国办发〔2015〕23 号)。

④ 我国《证券投资基金管理公司管理办法》第 10 条规定:“基金管理公司股东的持股比例应当符合中国证监会的规定。中外合资基金管理公司外资持股比例或者拥有权益的比例,累计(包括直接持有和间接持有)不得超过我国证券业对外开放所做的承诺。”

看,外国公司只能通过 QFII(Qualified Foreign Institutional Investors)制度参与国内的证券业务,而且需要经过国务院证券监督管理机构的批准。① 可见我国金融行业中证券业在对外开放上仍然保持着比较谨慎的态度。

因此,本书主要聚焦于金融行业开放程度较高的银行业与保险业,随着《外资银行管理条例》和《外资保险工资管理条例》的颁布,规范外国公司在我国从事银行业和保险业的规范体系已经逐渐构建起来。本书尝试以我国外资银行和外资保险公司为例,简要讨论我国对金融类外国公司的资金监管。

(一)最低营运资金限额

我国《外资银行管理条例》和《外资保险公司管理条例》均规定外国银行分行和保险公司分公司应当由其总行或总公司无偿拨给不少于2亿元人民币等值的自由兑换货币的营运资金。中国保监会根据外资保险公司业务范围、经营规模,可以提高前两款规定的外资保险公司注册资本或者营运资金的最低限额。另外,根据我国《外资保险公司管理条例实施细则》的规定,外国保险公司分公司成立后,外国保险公司不得以任何形式抽回营运资金。国务院银行业监督管理机构根据外资银行性机构的业务范围和审慎监管的需要,可以提高注册资本或者营运资金的最低限额,并规定其中的人民币份额。

(二)财务会计监管

根据我国《外资银行管理条例》规定,外资银行分行经银行

① 我国《证券投资基金法》第152条规定:"在中华人民共和国境内募集投资境外证券的基金,以及合格境外投资者在境内进行证券投资,应当经国务院证券监督管理机构批准,具体办法由国务院证券监督管理机构会同国务院有关部门规定,报国务院批准。"

监管部门批准可以从事发放短期、中期和长期贷款的经营活动。贷款的发放必然存在不能及时收回本金及利息的风险，而利息是银行业等金融机构的主营业务收入的一部分。如果贷款方因为资金周转困难等因素不能及时还款或者该笔贷款根本就无法收回时，就形成呆账，利息收入就不能得到确认。按照我国《企业会计准则》的规定，此时银行就不能将该笔利息收入进行会计确认，而应计提坏账准备，确认坏账损失。否则，就会出现银行收入虚增导致利润虚高，误导财务信息使用者。我国《外资银行管理条例》第 47 条也规定，外国银行分行境内本外币资产余额不得低于境内本外币负债余额。

（三）监督管理体制

我国《外资银行管理条例》第 48 条规定，在中华人民共和国境内设立 2 家及 2 家以上分行的外国银行，应当授权其中 1 家分行对其他分行实施统一管理。国务院银行业监督管理机构对外国银行在中华人民共和国境内设立的分行实行合并监管。

外资银行应当聘请在中华人民共和国境内依法设立的会计师事务所对其财务会计报告进行审计，并将聘请的会计师事务所向其所在地的银行业监督管理机构报告，解聘时应说明理由。按照规定出具的财务会计报告、报表和有关资料应向银行业监督管理机构报送。外资银行应当接受银行业监督管理机构依法进行的监督检查，不得拒绝、阻碍。外资银行营业性机构应当按照国务院银行业监督管理机构的有关规定，向其所在地的银行业监督管理机构报告跨境大额资金流动和资产转移情况。

第六章　外国公司的撤离

第一节　外国公司撤离概述

一、外国公司撤离原因及概念

外国公司进入我国进行生产经营，不仅为我国的经济发展带来了充足的资本，还将设备、技术、管理技能和先进企业制度引进了我国，为我国经济的可持续发展带来了一系列的积极影响。

首先，外国公司能够直接拉动国家宏观经济的发展。通过实施全球化发展战略并最终进入我国进行生产经营的外国公司，多是经济实力雄厚的优秀外资公司。跟随其进入我国的必定是大笔的投资资金，从而能够有效形成资本的聚集效应，对国民经济的增长意义重大。同时，基于很多外国公司拥有较高的科研技术水平，尤其是一些涉及高科技领域的外国公司进入我国，先进技术的溢出效应能够有力推动我国的技术进步。此外，随着外国公司在我国数量的增多以及经营规模的扩大，最直接的体现即为我国以外国公司为征税主体的税收收入的增加，现已逐渐成为我国政府财政收入的一个重要来源和新的增长点。

其次，外国公司能够有效创造大量高质量就业机会。外国公司进入我国开展生产经营活动，不仅其自身日常经营活动的有序进行需要大量的员工提供人力支持。同时，其自身经营活动的开展离不开上下游企业的参与支持，由此还可产生大量的间接就业机会。同时，基于外国公司大多为国际知名公司，其公司内部员工的报酬普遍高于行业内的平均薪资水平。薪资上的差异会促使求职者为进入此类公司不断丰富自己的专业知识，提高自身的专业技能；而外国公司内部员工为了保持自己的薪金优势，也必须不断提升自身素质。此外，由于外国公司拥有较好的员工发展机制，通过对员工进行技能培训，以及设立研发中心为科技研发提供支持，无形之中亦能促进我国整体劳动力水平的提升。

再次，外国公司能够有效推进我国社会主义市场经济体制的建设。以历史的眼光剖析外国公司进入我国市场的整个过程，不难发现外国公司的发展实际上与我国经济体制的改革具有同步性。甚至可以说，外国公司的进入对于我国从计划经济体制走向市场经济体制起到了举足轻重的推动作用。一方面，外国公司在经济生活中占据着愈加重要的地位，为实现对外国公司生产经营活动的有效规制，迫使我国尽快制定与修改相关的法律法规，并进行相适应的制度建设，从而与世界经济有效接轨。另一方面，外国公司的内部管理与我国具有不同程度上的差异，而该种差异体亦同样体现在外国公司在我国的日常生产经营活动之中，由此使我国市场经济体制的包容性不断提升,而这正是我国构建社会主义市场经济体制所要实现的重要目标。

最后,外国公司能够引导我国企业制度的改革。纵观我国经济体制的改革,在从计划经济转型为市场经济的过程中走过了许多弯路,也经历了不少坎坷。作为市场重要主体的企业无疑在我国经济转型过程中发挥了重要的作用。外国公司对于我国本土企业建立现代企业制度发挥了重要作用。一方面,外国公司基于其自身具有较长的发展历史,亦拥有更为先进的经营管理经验,全面涵盖公司激励机制、生产组织形式、会计制度以及风险管理等多个方面。我国本土企业在与外国公司进行合作与交流的过程中,能够通过不断的学习与探索,借鉴外国公司发展的经验与教训,充分结合我国的现实国情,对我国企业制度的改革进行不断纠偏,实现企业制度优势的最大化。

但在有效分析外国公司能够为我国带来的积极影响之时,亦不能忽视外国公司的迅速发展可能会给本国经济带来的负面影响。例如,外国公司基于其雄厚的资金优势,可能会抑制我国尚处于发展期的本土企业的发展。同时,外国公司的技术溢出效应确实能够使其高新技术为我们所用,但我们自身也可能因此对外国公司的科技支持产生过度依赖。此外,虽有大量外国公司进入我国,但基于对地区经济、交通条件以及资源配置等多方面的考量,其大多会选择东部沿海城市作为其生产经营的场所,由此还可能导致我国经济发展不平衡进一步加剧。可见,外国公司进入我国实质上优势与弊端并存,但我们不能因此拒绝外国公司进入我国市场,而应该通过对相关制度的完善,使外国公司的积极效用最大化,并能为我国所用。

由此可见,若外国公司发展势头良好,则其在内国的生产经营不仅能够带来上述积极影响,而且对于外国公司自身的发展也具有重大意义。但公司的生产经营是一个长期的过程,且外国公司之前实质上并未在内国进行过生产经营活动,对内国的政治、经济等各方面的情况了解得并不全面,因此,对于其自身进入内国开展生产经营活动的前景以及风险很难实现准确的预测,最终可能选择撤离内国。而外国公司最终选择撤离内国的主要原因有政治风险、法律风险及经营风险。

政治风险是指由于一国的政治体制、国家政策,或是某些特定的组织的存在或某些行为,从而为外国公司在内国的生产经营带来波动的风险,而这种风险主要是由于内国政局动荡、民族或宗教派别冲突、战争及各项经济政策的变化等因素导致,使外国公司投资价值具有遭受损害的不确定性。政治风险的研究最早滥觞于西方国家,而除了政权更迭、民族种族及教派冲突以外,国家经济政策变动风险、政府腐败风险、内国投资保护主义风险、对外国投资者征收的风险、汇兑限制风险、政府违约风险、延迟支付风险等,均属于政治风险范畴。由于上述政治风险的发生,外国公司要想继续在内国开展生产经营活动已经不具有现实可能性,即使存在继续经营的可能性,最后的结果也只可能是遭受大量亏损,外国公司作为以营利为目的的企业法人,基于理性考虑多会选择撤离内国以最大限度地降低自身可能遭受的损失,难以想象此时的外国公司会做出继续在内国开展经营活动的非理性选择。

法律风险主要是指由于缺乏对内国法律法规的了解而可能带来的风险。法律风险产生的原因主要有以下几点:首先,外国公司对在内国进行生产经营的风险缺乏充分认识,即外国公司在开展生产经营活动中没有培养足够的风险意识,往往基于以往的经验做出相应的决策,而缺乏对内国的法律、国家政策和投资环境进行全面而细致的可行性研究。其次,自身战略规划和交易结构不明确,在外国公司做出涉及公司发展道路的选择及经营战略等重大决策时,仅从商人思维对该问题进行思考,并未全面考虑到内国的法制健全情况、准入制度、税务制度以及市场监管等更多可能对其造成限制的因素。最后,外国公司内部风险控制体系不完善。大多外国公司在母国往往将公司内部风险控制置于十分重要的地位,但是其在进入内国之后,基于降低公司经营成本的原因,或者缘于该外国公司对内国市场未给予足够重视,往往会放松对生产经营中可能存在的法律风险的预防与管控。而自身法律意识的淡薄可能会导致其在生产经营活动中无意间触犯了内国的相关法律及行政法规的规定,以至于外国公司在内国的经营资格被取消,基于自身在内国已没有经营资格,外国公司只能被迫选择撤离。

公司经营风险,即外国公司在内国进行生产经营活动的过程中,可能遭遇的会对公司自身发展产生严重阻碍的情形,此种风险与政治风险及法律风险相比较,具有更高的可控性及可预见性。虽然外国公司进入内国进行生产经营活动能够为内国带来资金、技术以及先进的管理经验。但这些客观效果的实现实质上并不是外国公司进入内国的根本目的,作为营利性法人,外国公司最根本的目的仍然在于实现利润的最大化。因此,经营成本仍然是外国公司做出相关经济决策时最主要的考虑因素。我国近几年经济发展势头强劲,随着国民经济水平的不断提升,外国公司在内国的经营成本也不可避免地实现跳跃式增长。其中,不仅包含增幅最为显著的劳动力成本,生产原料成本、场地租赁成本及广告推销成本的不断提升也给外国公司欲实现自身利润率的提升带来了较大压力。基于经济全球化的不断发展,外国公司可以有更多的选择。因此,外国公司此时大多会选择撤出内国,而重新选择经营成本较低的国家或地区重新开展经营活动。同时,内国的区域与行业配套设施不足,经营过程中存在文化差异与冲突等原因,对外国公司而言,均可能产生或引起相应的经营风险,而最终导致外国公司选择离开内国。

而所谓外国公司的撤离,即外国公司进入内国经营业务或进行持续性交易,达到其投资目的或结束交易活动后,自内国抽回投资或者撤销其在内国的分支机构履行的必要法律程序。外国公司在进入内国时,经过了复杂的承认与许可程序,同样在离开内国时,也要经过特定的法律程序。外国公司撤离的直接法律效果是该外国公司丧失了在内国的承认与许可资格,如果其在内国开展新的经营和持续性交易,则必须重新向内国申请以获取内国的承认与许可。我国外国公司撤离的案例很多,美国著名的牛仔裤制造商列维公司(Levi Strauss & Co.)就曾于1993年以中国人权状况"严重"为由撤离中国市场;[①]2010年谷歌选择退出中国内地市场,其提出自身退出的一大重要原因就是不愿接受相关部门对搜索内容的审查;[②]著名运动品牌阿迪达斯于2012年出于对中国劳动力成本增加的考量,关闭了其在华的唯一直属工厂;[③]化妆品巨头露华浓同样由于销售业绩下滑和成本上升等原因,于

---

① 参见《美国李维斯牛仔裤曾撤出中国,退出后立即后悔》,载环球网:http://world.huanqiu.com/roll/2010-01/690157.html,最后访问日期:2017年5月11日。

② 参见孙韶华:《谷歌"退出中国"真相引发各方猜测》,载《经济参考报》2010年1月14日,第1页。

③ 参见《关闭在华唯一直属工厂阿迪达斯生产线撤离中国》,载网易财经:http://money.163.com/12/0718/09/86MF8U1Q002529T0.html,最后访问日期:2017年5月11日。

2013年宣布将退出中国市场。[①] 而外国公司撤离必须严格依照法律规定进行解散清算，在履行完在内国全部的债务后才可将其财产转移回国。

二、外国公司撤离的特征

外国公司撤离主要有以下几个法律特征：

首先，外国公司撤离不是外国公司法人的消灭。公司的终止意味着公司法人人格的消灭，伴随着其法人人格的消灭，公司的权利义务也随之宣告终结。[②] 由于外国公司不具有内国法人主体资格，其进入内国时经过特别程序获得民事主体资格的认可。外国公司自内国撤离是取消内国的这种认可，并不影响该外国公司在其本国的民事主体资格。外国公司的撤离与外资企业的撤离不同。根据我国《外资企业法》[③]的规定，外资企业的设立必须符合中国法律规定的设立条件，并依法申请审批，外资企业通常在内国注册登记从而取得主体资格，大多数外资企业的法律性质为内国法人。[④] 它必须遵守中国法律法规，不得损害中国的社会公共利益，外国投资者在中国境内的投资、获得的利润和其他合法权益，受中国法律保护。外资企业撤离内国的，必须依照内国法履行企业清算、注销等法定程序。在法人主体资格消灭意义来说上，外资企业的撤离与内国公司消灭无异。

---

① 参见《37年露华浓退出中国：输在"高不成低不就"》，载搜狐财经：http://business.sohu.com/20140106/n393023476.shtml，最后访问日期：2017年5月11日。

② 参见陈连军等主编：《公司法学》，吉林大学出版社2014年版，第184页。

③ 我国《外资企业法》第8条规定：外资企业符合中国法律关于法人条件的规定的，依法取得中国法人资格。

④ 如我国的"三资企业"，根据《中外合资经营企业法》规定，合营企业的形式为有限责任公司；《中外合作经营企业法》《外资企业法》分别规定合作企业和外资企业符合法人条件的，可以取得中国法人资格。

其次,外国公司撤离的原因主要有两个方面,从主观上来说可能由于外国公司自身的原因导致;从客观上来说可能由于内国因素导致。外国公司自身原因导致撤离的原因多种多样,公司自身经营理念发生变化;公司经营战略与决策的内在要求;内国经营成本过高,盈利空间不断减小;为实现对环境更好地保护,甚至于不认同内国的经济政策或是发展理念,均可能促使外国公司撤离。而内国因素导致外国公司撤离的情形多见于外国公司因违反内国法律被取消营业执照而被迫撤离。同时,内国的经济政策未给予外国公司经营空间以及政治环境不稳定等,均可能直接导致外国公司撤离。

最后,外国公司的撤离必须履行法定程序。如同外国公司不能任意进入内国进行经营一样,外国公司也不得任意撤离。通常,哪个机关赋予外国公司进入的权利,就由哪个机关负责准许外国公司的撤离。例如,美国 MBCA 规定,在本州经营业务的外州(国)公司必须在取得州务卿的撤离证书后,才可以撤离本州。[①] 另外,外国公司的撤离必须依照公司清算程序进行清算。外国公司虽然不具有内国法人资格,不是严格意义上的内国公司。但是各国公司法普遍规定其撤离时必须严格地按照内国法律、法规规定的程序进行清算,并妥善处理与本公司有关的债权债务关系。若外国公司不进行清算程序或未偿还到期债务,则其不得将自身财产转移出境外。

三、外国公司的撤离种类

外国公司的撤离,我国法律、法规虽未将其进行明确分类,但依照外国法律规定以及国际惯例一般将其分为两类,即外国公司

① See § 15.20. Withdrawal of Foreign Corporation of MBCA.

被迫撤离与外国公司自愿撤离。

这两种外国公司的分类标准是撤离是否具有强制性。此种分类的意义在于,被迫撤离与自愿撤离的原因不同。外国公司被迫撤离是指因客观情况导致的外国公司不得已地撤出内国。外国公司被迫撤离的原因有两个方面:一是来自于内国的原因。外国公司被要求强制撤离一般是由于外国公司在内国严重违反法律法规,从而导致在内国的营业资格被取消,由内国主管机关强令其撤离。在特殊情况下,内国调整外资政策及行业限制政策,也可能导致外国公司的被迫撤离。以美国为例,在外国公司未能在法律规定的期限内提交年度报告或未交付法令规定的到期应支付的任何费用、特种税或罚款;外国公司没有根据法律规定的要求在本州任命且保持一位注册代理人;外国公司更换注册办事处或注册代理人之后,却没有按照法律规定向州务卿办公室递交更换声明书;外国公司没有在法律规定的期限内将章程的修改条款或合并条款递交州务卿办公室,以及外国公司在法律规定应提交的任何文件中作出了虚假的陈述等情况都可能导致外国公司的被迫撤离。[①] 二是来自于本国的原因。如果外国公司在本国被破产清算、取消主体资格,也将会导致外国公司被迫撤离。此外,外国公司在内国开展商业活动还同样面临着政治风险,涵盖国内政治风险与国际政治风险。国内政治风险主要是内国发生政府变动、革命动乱使国内政治环境极度不稳定,导致外国公司被迫撤离;国际政治风险则是指地区冲突的恶化,如伊拉克战争、利比

① 参见沈四宝、王军主编:《国际商法》,对外经济贸易大学出版社2010年版,第147页。

亚战争,导致大量外国公司被迫撤离。①

外国公司自愿撤离是指外国公司自行申请撤销内国经营资格,结束在内国经营活动后撤离。外国公司有权根据自己在内国的经营情况及公司整体投资战略部署的调整,主动撤离内国。在现实生活中,外国公司由于自身经验不足,收集信息能力欠缺,从而导致在经营过程中做出错误经营决定,公司陷入经营困境;或是基于内国原料成本或劳动力成本大幅提升导致经营成本大幅提升,挤压公司盈利空间等原因,均可能促使外国公司选择自愿撤离。公司撤离决定的做出完全是外国公司的自主决定,而无外在的强制力作用,这也是自愿撤离与被迫撤离所存在的本质区别。自愿撤离的外国公司一般应依法向其当初取得认可的主管机关提出撤离申请,并依法提交有关的材料文件。在得到该主管机关的批准后,该外国公司应及时办理清算手续,并妥善处理其在内国的债权债务关系,并在清算结束后的法定期限内向原公司登记机关办理注销登记手续,此前发给该外国公司的营业执照也应同时上缴。②

四、外国公司撤离与“三资企业”的撤离

外国法人、自然人、其他经济组织在我国投资经营除设立分支机构之外,在我国主要表现为设立“三资企业”——中外合资企业、中外合作企业及外商独资企业。“三资企业”具有外商直接投资举办;投资资金来源于以公司、企业和其他经济组织或个人名义进行的私人投资,与政府的对外援助具有本质差异;依照

---

① 参见贾琳:《跨国公司法律与实务》,知识产权出版社2012年版,第365页。

② 参见马树杰、李玉香主编:《国际商法》(第2版),清华大学出版社2010年版,第49页。

我国的法律和行政法规,经由我国政府批准,在我国境内设立等基本特征。[①] 所谓中外合资经营企业,也称股权式合营企业,在此种企业形式下,投资者的风险、责任和利润分配均由中外投资者的出资比例来确定,中外投资者的权利义务由此得到有效明确。在商事实践中,该种企业形式较多运用于投资需求大、技术性较强、同时时间较长的项目。[②] 而中外合同企业亦称为契约式合营企业,其为外国公司、企业和其他经济组织或个人与本国的公司、企业或企业经济组织,设立主体依据我国的现行法律与行政法规,依照共同签订的合作经营合同规定各方的权利义务,经中国政府批准,而在中国境内设立的合作经济组织。[③] 中外合作企业中各方的权利义务以及责任承担均按照各方签订的合作经营合同确定,且组织形式较为灵活,可以自由选择法人和非法人两种形式。[④] 最后,外商独资企业是指外国的公司、企业、其他经济组织或个人,按照中国的有关法律在中国境内设立的全部资本由外国投资者投资的企业,不包括外国的企业和其他经济组织在中国境内的分支机构。[⑤] 同时,外商独资企业是中国法人,其设立还必须满足利于中国国民经济发展的基本要求。

外商投资的撤离与外国公司分支机构的撤离相同之处首先

---

① 参见洪宇主编:《经济法》,立信会计出版社2016年版,第48页。

② 参见吴大峰、郭振华主编:《经济法》,清华大学出版社2013年版,第86页。

③ 参见凌丹、黄蕙萍主编:《国际经济技术合同》(第2版),武汉理工大学出版社2013年版,第147页。

④ 参见蒋大兴:《中外合作企业合作条件法律性质之探讨——依循规范、实证和理论分析的逻辑》,载《南京大学法律评论》2014年第2期。

⑤ 我国《外资企业法》第2条规定:本法所称的外资企业是指依照中国有关法律在中国境内设立的全部资本由外国投资者投资的企业,不包括外国的企业和其他经济组织在中国境内的分支机构。

在于,外国公司分支机构与外商投资设立的“三资企业”的资本构成中均存在外国资本,无论是哪一种类型企业资本的撤离,都会涉及企业相关财产转移出境外的过程。其次,外国公司分支机构的撤离与“三资企业”的解散都需要经过公司清算程序。最后,完成解散清算程序之后,外国公司的分支机构与“三资企业的”投资人或清算组织或清算人应向企业登记机关申请,将其消灭的事实登记在案,并取消其自身营业资格。至此,分支机构与“三资企业”的经营资格都将被注销,组织停止存在,丧失继续经营活动的能力。

外国公司分支机构的撤离与外资撤离亦存在众多差别。第一,撤离主体国籍不同。外国公司分支机构,是指依照我国法律及行政法规的现行规定,由外国公司在我国境内设立的从事生产经营活动的组织或办事机构。由于外国公司分支机构作为外国公司的组成部分而从属于外国公司,其本身并不具有独立性,亦不具有独立的法人资格,因此,其国籍根据总公司的国籍确定。而“三资企业”资本构成中虽有外国资本的存在,但是,如前文所述,大多数“三资企业”的设立需要依据我国的现行法律以及行政法规的规定,经由政府相关部门批准在我国境内设立。因此,“三资企业”是根据中国法律在我国注册的具有中国国籍的企业法人。第二,外国公司分支机构因为不具有独立的法人资格,因此不能独立承担民事责任。所以外国分支机构在中国境内所进行的全部经营行为都由外国公司承担民事责任。而具有法人资格的“三资企业”,其基于自身独立的法律地位,能够以自身名义对外开展经营活动,而其所进行的一切经营行为所产生的民事责任自然应由“三资企业”自己承担。同时,基于法人财产的独立性,法人以财产拥有者的身份来行使对于法人财产的权利,同时也以法人所有的财产承担民事责任，外国投资者作为出资人，仅以其出资为限对所投资企业承担有限责任。

随着中国经济的不断发展和市场经济体制的逐步完善，我国产业结构的调整已是势在必行。经济的迅速发展也推动了劳动力成本的增长，再加上法律体系的日趋完善、对劳动者保护的增强以及对外商各项优惠政策的削弱或消除，近几年，外国公司自我国撤离的情况越来越多，而由其所引发的法律问题也日渐突出。我们必须明确外国分公司的撤离与外商投资撤离的联系与区别，完善我国的外国公司撤离制度，以便创造良好的投资环境，更好地维护我国公民、企业的合法权益以及国家利益。

第二节　外国公司的被迫撤离

一、内国强制外国公司撤离

内国强制外国公司撤离是外国公司被迫撤离的最主要原因。各国（地区）公司法都规定了外国公司被迫撤离的情形，但是具体条件不尽相同。内国强制外国公司撤离可以归纳为以下几个方面的原因。

（一）外国公司在内国违法经营或交易

外国公司在内国的一切活动都应当遵守该国的法律法规，如果外国公司从事违反内国法律、法规的经营活动，则极有可能会导致被撤销经营资格、被责令自内国撤离。《日本公司法》规定，如果外国公司以非法目的进行事业，则法院可以依法务大臣或股东、债权人及其他利害关系人的申请，禁止外国公司在日本持续进行交易或关闭其在日本设置的营业所。[①] 我国《公司法》第196条规定,经批准设立的外国公司分支机构,在中国境内从事业务活动,必须遵守中国的法律,不得损害中国的社会公共利益。同时,我国在对“三资企业”进行规范之时,在《外资企业法》第4条、《中外合作经营企业法》第3条以及《中外合资经营企业法》第2条中亦明确提出,企业必须遵守中国的法律、法规,不得损害中国的社会公共利益。由此可见,企业应在不违反我国法律法规规定的前提下进行经营,这是我国对市场中的商事主体开展经营活动的最基本要求。因此,若作为外国公司的分支机构违反我国法律法规进行经营,也可能导致被责令撤销,关于具体措施的规定散见于各种法律法规中。例如,《公司法》规定:违反本法规定,虚报注册资本、提交虚假材料或者采取其他欺诈手段隐瞒重要事实取得公司登记情节严重的,撤销公司登记或者吊销营业执照。利用公司名义从事危害国家安全、社会公共利益的严重违法行为的,吊销营业执照;[②]该规定同样适用于外国公司。另外,外国分支机构违反税务、金融、外汇、海关、资源、环保等法律法规,情节严重的,有关主管部门有权依法责令其停业或吊销其营业执

---

① 参见《日本公司法》第827条。

② 我国《公司法》第198条规定:违反本法规定,虚报注册资本、提交虚假材料或者采取其他欺诈手段隐瞒重要事实取得公司登记的,由公司登记机关责令改正,对虚报注册资本的公司,处以虚报注册资本金额5%以上15%以下的罚款;对提交虚假材料或者采取其他欺诈手段隐瞒重要事实的公司,处以5万元以上50万元以下的罚款;情节严重的,撤销公司登记或者吊销营业执照。《公司法》第213条规定:利用公司名义从事危害国家安全、社会公共利益的严重违法行为的,吊销营业执照。

照;例如,我国《外资企业法》[①]规定,外资企业拒绝在中国境内设置会计账簿的,工商行政管理机关可以责令停止营业或者吊销营业执照等。

（二）外国公司未营业或无故歇业

公司成立后,应当在合理期间开业,否则将会导致行政处罚。目的在于防止公司长期占用公共资源,敦促公司积极开展经营活动。外国公司在内国取得经营资格之后,无故歇业达到法定期限,其合法经营资格也将被撤销而因此被迫撤离。《公司法》[②]规定,公司成立后无正当理由超过6个月未开业的,或者开业后自行停业连续6个月以上的,可以由公司登记机关吊销营业执照。由于外国分支机构在我国从事经营活动必须遵守我国法律法规,因此,外国公司分支机构成立后无正当理由超过6个月未开业,或者开业后无正当理由连续停业6个月以上的,由公司登记机关依法吊销该分支机构的营业执照,该分支机构的经营资格被撤销,由此将导致分支机构被迫撤离。同时,《外资企业法》[③]规定,外资企业应当在审查批准机关核准的期限内在中国境内投资,逾期不投资的,工商行政管理机关有权吊销营业执照。此条规定与公司法对公司未营业或无故歇业进行规范的初衷是一致的,均是

① 我国《外资企业法》第14条规定:外资企业必须在中国境内设置会计账簿,进行独立核算,按照规定报送会计报表,并接受财政税务机关的监督。外资企业拒绝在中国境内设置会计账簿的,财政税务机关可以处以罚款,工商行政管理机关可以责令停止营业或者吊销营业执照。

② 我国《公司法》第211条规定:公司成立后无正当理由超过6个月未开业的,或者开业后自行停业连续6个月以上的,可以由公司登记机关吊销营业执照。公司登记事项发生变更时,未依照本法规定办理有关变更登记的,由公司登记机关责令限期登记;逾期不登记的,处以1万元以上10万元以下的罚款。

③ 我国《外资企业法》第9条规定:外资企业分立、合并或者其他重要事项变更,应当报审查批准机关批准,并向工商行政管理机关办理变更登记手续。

为了促进公司正常管理与经营的实现,避免市场资源的浪费。

(三)外国公司未经合法程序而经营的

外国公司进入内国必须经过合法程序承认和许可,否则,其在内国设置的机构将被撤销。美国 MBCA 规定,公司在本州没有注册代理人或者注册办公地,且此情况持续 60 日或者 60 日以上的,州务卿可依法定程序行政解散公司。① 外国公司未向内国申请,非法擅自设立公司分支机构的,则内国主管部门可以依职权要求其关闭。例如,我国《公司法》②规定,外国公司违反本法规定,擅自在中国境内设立分支机构的,由公司登记机关责令改正或者关闭,可以并处 5 万元以上 20 万元以下的罚款。而无论是对于一般公司、"三资企业",以及外国公司分支机构的设立,我国法律均明确规定了相应的设立程序。外国公司在中国境内设立分支机构,必须向中国主管机关提出申请,并提交其公司章程、所属国的公司登记证书等有关文件,经批准后,向公司登记机关依法办理登记,领取营业执照。同时,还应在中国境内指定负责该分支机构的代表人或者代理人,并向该分支机构拨付与其所从事的经营活动相适应的资金。③《日本公司法》则规定,外国公

---

① See § 14.20. Grounds for Administrative Dissolution of Chapter 14 Dissolution of MBCA.

② 我国《公司法》第 212 条规定:外国公司违反本法规定,擅自在中国境内设立分支机构的,由公司登记机关责令改正或者关闭,可以并处 5 万元以上 20 万元以下的罚款。

③ 我国《公司法》第 192 条规定:外国公司在中国境内设立分支机构,必须向中国主管机关提出申请,并提交其公司章程、所属国的公司登记证书等有关文件,经批准后,向公司登记机关依法办理登记,领取营业执照。外国公司分支机构的审批办法由国务院另行规定。

《公司法》第 193 条规定:外国公司在中国境内设立分支机构,必须在中国境内指定负责该分支机构的代表人或者代理人,并向该分支机构拨付与其所从事的经营活动相适应的资金。对外国公司分支机构的经营资金需要规定最低限额的,由国务院另行规定。

司的代表人及营业所其他执行业务的人,有超越法令所定的公司权限或滥用职权的行为,虽经法务大臣书面警告仍不改正或继续违反刑法或重新犯罪的,法院根据法务大臣、股东、债权人和其他利害关系人的请求,可以关闭外国公司的营业所。①

二、外国公司自身原因产生的撤离

外国公司在内国并无法人资格,其在内国民事主体资格的享有根源于内国对其主体资格的承认。如果外国公司在其本国主体资格消灭,必然会导致自内国撤离的法律后果。这种情况的发生主要有以下原因:

其一,外国公司解散。根据我国《公司法》②的相关规定,公司解散主要存在于公司章程规定的营业期限届满或者章程规定的其他解散事由出现;股东会或者股东对决议解散;因公司合并或者分立需要解散;依法被吊销营业执照、责令关闭或者被撤销;以及公司经营管理发生严重困难,继续存续会使股东利益受到重大损失,通过其他途径不能解决的,由持有公司全部股东表决权10%以上的股东,请求人民法院解散公司等主要情形中。而根据启动公司解散程序的主体不同,又可以将公司解散分为自行解散、行政解散与司法解散。自行解散又称自愿解散,即公司基于自身的意思从而解散公司。我国《公司法》第180条前三项所规定的即公司自行解散的情形。自行解散的主要特征在于对公司

---

① 参见韩长印、李金主编:《公司法通论》,中国法制出版社1996年版,第304页。

② 我国《公司法》第180条规定:"公司因下列原因解散:(一)公司章程规定的营业期限届满或者公司章程规定的其他解散事由出现;(二)股东会或者股东大会决议解散;(三)因公司合并或者分立需要解散;(四)依法被吊销营业执照、责令关闭或者被撤销;(五)人民法院依照本法第一百八十二条的规定予以解散。"《公司法》第182条规定:公司经营管理发生严重困难,继续存续会使股东利益受到重大损失,通过其他途径不能解决的,持有公司全部股东表决权10%以上的股东,可以请求人民法院解散公司。

自由意志的尊重，系公司的自愿行为。[①] 行政解散是指因公司违法且该种违法行为导致公司不再具备依法存在的条件，由此被行政机关责令关闭及吊销营业执照，不再享有法人存续的资格，这也是我国强制解散公司的主要原因之一。[②] 司法解散，即指当公司的目的和行为违反法律、公共秩序和善良风俗时，可以通过法院判决其解散；或者当公司经营出现显著困难、重大损害或董事、股东之间出现僵局导致公司无法继续经营时，依据股东申请裁判解散公司。

其二，外国公司破产。公司破产，是指公司不能清偿到期债务，并且资产不足以清偿全部债务或者明显缺乏清偿能力时，公司或者债权人可以通过申请，从而实现破产的法定程序。[③] 而作为申请破产的原因，应为实际存在的事实状态，而不能仅是债权人或债务人的主观臆断，同时必须是法律规定的事实状态，而不能超越法律的规定，以事实进行判断。[④] 至于破产申请的提起人，则包括公司自身申请破产与债权人申请破产。公司申请破产即债务人申请破产，我国破产法之所以规定债务人有权提起破产申请的原因在于：首先，基于债务人的免责制度，债务人具有申请破产的动力；其次，债务人最了解自身的财务状况和清偿能力，其

---

① 参见张士元、王瑞、李丹宁编著：《公司与企业法》，立信会计出版社 2015 年版，第 246 页。

② 参见林承铎：《有限责任公司股东退出机制研究》，中国政法大学出版社 2009 年版，第 264 页。

③ 参见杨春宝、程强：《公司全程法律风险防控实务操作与案例评析》，中国法制出版社 2015 年版，第 579 页。

④ 参见汪世虎、陈英骅：《论英国破产法对我国债权人申请破产之启示——兼论我国〈破产法〉第 7 条第 2 款之完善》，载《河北法学》2014 年第 5 期。

自身具有申请破产的有利条件。[①] 而债权人选择提起破产申请的内在原因,在于债权人可以借助法院在破产清算中的调查权力,可能从而获得更多的清偿机会。同时,破产程序不仅具有加速债权到期的效力,债权人还可以通过破产程序中的撤销权恢复其受损的利益,破产制度的优势明显。[②]

其三,外国公司被取消经营资格。根据我国《公司法》的现有规定,外国公司在内国从事生产经营活动应达到以下几点基本要求:首先,外国公司在申请公司登记之时,其应保证自身所提交资料的真实性,全面、无隐瞒地告知本公司的全部信息。其次,外国公司的生产经营活动必须遵守法律、行政法规的规定,同时还应保有诚实守信的基本态度,有效遵守社会公德、商业道德,并接受政府和社会公众的监督,承担相应的社会责任。再次,外国公司应在公司章程规定的经营范围内从事生产经营活动。此外,外国公司的公积金使用应符合我国现行法律的规定,而用于弥补公司亏损、扩大公司生产经营或转为增加公司资本。最后,外国公司在中国境内设立分支机构时,必须在中国境内指定负责该分支机构的代表人或者代理人,并拨付相应资金以满足该分支机构生产经营所需等。基于上述列举的一些常见基本情形,外国公司的生产经营行为不能满足上述任意基本要求的,都存在被取消经营资格的可能性。

---

① 参见邹海林、周泽新:《破产法学的新发展》,中国社会科学出版社 2013 年版,第 89 页。

② 参见卞爱生、陈红:《司法实践中债权人申请破产的难题及对策》,载《政治与法律》2010 年第 9 期。

三、我国外国公司被迫撤离制度的完善

我国对于外国公司分支机构的被迫撤离仅在《公司法》[①]中作了部分规定。其中,仅对外国公司非法设立分支机构被撤离作出了规定,对外国公司分支机构无故歇业而被撤离以及外国公司解散、破产或依法被强制解散取消经营资格而被撤离等情形或规定于其他法律或并未规定。针对外国公司被迫撤离的规定比较分散且不完全,此种规制状况存在以下问题。

首先,这说明我国相关法律制度不完善,体系不完整。当未规定的其他几种撤离情况出现时,拥有撤销权的主管机关很可能面临缺乏可引用的有效法律规范的情况而不能作出撤销的决定,此类法律漏洞可能为外国公司所利用,从而违法设立分支机构以非法攫取利益,损害我国社会公共利益。

其次,我国《公司法》虽然规定了外国公司分支机构在我国境内从事经营活动不得违反我国法律法规,但是没有更为细致的规定,而是需要从其他法律法规中寻找与撤销分支机构相关的法条。这样会大大增加对外国公司分支机构的管理难度。由于外国分支机构在我国境内经营时,其经营行为可能涉及法律规定的各个方面,如环境保护、海关出入境、外汇管理及金融税收,而这些方面又是由我国不同国家机关职能部门管理,使主管机关不能在第一时间发现外国分支机构存在应被撤销经营资格的违法行为,需要相关管理部门协助调查处理。同时,撤销规定散见于各个部门法之中,也不利于外国公司分支机构在从事经营活动时对

---

① 我国《公司法》第212条规定:外国公司违反本法规定,擅自在中国境内设立分支机构的,由公司登记机关责令改正或者关闭,可以并处5万元以上20万元以下的罚款。

其进行详细的了解,从而形成自我约束和自我规范,不能达到法律法规的预防作用。

再次,我国对外国公司分支机构被迫撤离的具体情形规定得过于抽象,而且没有具体规定被迫撤离的法律程序。要从不同的法律规范中找寻外国公司分支机构违法的法律依据费时费力。同时,对于分支机构被迫撤离的法律程序,如撤离决定如何作出,主管机关撤销审查的过程中是否给予外国公司听证及申辩的机会,撤销决定书如何送达以及何时送达等具体细节均未规定。这极大地破坏了司法程序的正当性和公开性。对于这些规定的完善可以借鉴美国各州的相关规定,从而制定适合我国的法律规范。

最后,我国法律没有规定违反法律被迫撤销的救济途径。外国分支机构从事经营活动涉及众多法律规范,违反法律规定的后果未必都是吊销或取消(已经取得合法经营资格,由于违法经营,被行政机关收回)经营资格。对于最终的处罚决定还涉及具体情节、法律适用等多种因素,主管机关的撤销决定未必完全合理合法。所以,若不给予外国公司相关救济途径,则亦有失司法公正性,甚至会导致权力寻租,行政权力被滥用。

第三节　外国公司的自愿撤离

一、外国公司自愿撤离的类型

相对于外国公司分支机构的被迫撤离,外国公司的自愿撤离是外国公司主动做出的。外国公司自愿撤离又称任意撤离,是指外国公司及其分支机构自己决定自内国撤离。这种主动撤离的形式类似于公司申请解散,主要的区别在于公司解散的法律效果是消灭某公司的主体资格,而外国公司的自愿撤离只是自某个国家撤出而已。外国公司分支机构的自愿撤离主要有以下几种情况。

(一)外国公司决定撤离

外国公司决定终止内国经营活动或者撤销其分支机构是外国公司自愿撤离的最主要原因。外国公司进入内国的主要目的是实现自己的经营计划。如果外国公司在内国境内已经实现了公司的经营计划,则外国公司就可能主动向内国主管机关申请撤离,通过解散清算程序整理公司内国事务后将公司资产转移回本国。但并不是所有的外国公司都会因完成公司既定目标而撤离。它们也可能会因为在内国境内无法实现经营目的而申请撤离。例如,在我国,近几年经济快速发展,劳动力成本大大提高,产业结构的调整也使国家政策不再像过去那样追求单纯的经济增长,而是更注重社会效应和环境保护。这些经济环境和思想政策观念的转变也使部分外国分公司在我国的经营成本增加而无法实现大幅盈利,甚至反而出现亏损的情况,最终导致外国公司申请分支机构撤离。因此,外国公司的经营决策对外国分支机构的撤离起着决定性的作用。

(二)外国公司在内国的经营期限届满申请撤离

外国公司依据内国法律开展经营活动或者设立分支机构,申请设立时必须向主管机关说明在内国的存续期间。如果外国公司经营期限到期,外国公司无意再续期经营,则应当向内国的主管机关申请撤离。如果外国公司逾期未申请经营期限的延续,则会被强制撤销或者被视为自动注销登记。例如,美国 MBCA 规定,公司章程规定的公司存续期限届满的,州务卿可依法定程序予以行政解散公司。[①]

(三)主体性质变更导致的撤离

如果外国公司在内国的主体性质发生变更,则也可能导致外国公司的撤离。美国 MBCA 第 15.21 条规定,被授权在本州经营业务的外州(国)商事公司(Foreign Business Corporation)转化为本州非营利公司或者其他类型的本州备案实体。在转化生效之日起,应当视为已经撤离。MBCA 还规定,被授权在本州经营业务的外州(国)商事公司转化为本州或者外州的非备案实体的,应经向州务卿提交申请备案申请撤离证书。[②] 而其所提交的撤离申请书应包含以下内容:公司名称及公司据以设立的法律所属的州或国家;公司已不在本州从事业务活动的事实;公司对在本州从事业务活动权利的放弃;公司撤销其在本州的注册代理人接受诉讼文书的权利;公司收取文书的另外通信地址;在申请提出时,公司设定股本的数额的声明、公司授权发行的股份总数、已发行股份的总额以及股份的具体状况。州务卿审核该申请书内容属实情形下,即可直接向该公司颁发撤销营业执照的通知。[③]

我国台湾地区对境外公司分支机构的自愿撤离也作了规定。境外公司经认许后,无意在境内继续营业者,应向主管机关申请撤回认许。但不得免除申请撤回以前所负之责任或债务。撤回或废止认许之境外公司,应就其在境内营业,或分公司所生之债权债务清算了结,所有清算未了之债务,仍由该境外公

① See § 14.20. Grounds for Administrative Dissolution of Chapter 14 Dissolution of MBCA.

② See § 15.22. Withdrawal upon Conversion to a Nonfiling Entity of Chapter 15 Foreign Corporation of MBCA.

③ 参见肖强主编:《国际商法》,中国铁道出版社 2011 年版,第 53 页。

司清偿之。[①]

二、我国外国公司自愿撤离的实践

对于外国公司分支机构的自愿撤离，我国《公司法》仅进行了简略的概括规定，其他相关法律法规中也未有更加具体的规定。目前，法律仅规定外国公司撤销其在中国境内的分支机构时，必须依法清偿债务，此外便无其他系统详细的规定。[②] 较之于我国台湾地区“公司法”已称简略的规定尚且不如，更无法与美国如此细致的规定并论。针对外国分支机构自愿撤离缺乏规定细致的法律规范，亦将导致实务操作中产生众多问题。由于没有较为详细且统一的法律规定，外国分支机构在申请撤离时需要提交何种法律文书，需要经历哪些法律程序皆为空白，使实务部门无法统一、全面地掌握外国分支机构申请撤销时的实际状况。这样就使外国分支机构在撤离时可能存在违法隐瞒财产状况的问题，损害债权人和社会公共利益。同时，笔者在检索我国关于外国公司分支机构撤离的法律法规时，仅找到《公司法》中的相关规定。但是如上所述，《公司法》中的规定过于简单概括，所以当外国分支机构撤离而遇到纠纷涉及诉讼时，人民法院所赖以裁判的法律依据就十分匮乏或难以寻觅。

面临近年来我国外国资本撤离的上升趋势，相较于美国、日本等对于外国分支机构撤离的规定，现有对外国公司分支机构撤离的法律规定是远远不够的。无论是外国公司的被迫撤离还是外国公司的自愿撤离，我国都应当对其作出更加详尽、可操作性

---

① 参见我国台湾地区“公司法”第378条、第380条

② 我国《公司法》第197条规定：外国公司撤销其在中国境内的分支机构时，必须依法清偿债务，依照本法有关公司清算程序的规定进行清算。未清偿债务之前，不得将其分支机构的财产移至中国境外。

强的规定,以完善我国外国公司撤离制度,维护我国公民、企业的合法权益以及国家利益。

第四节　外国公司的撤离清算

一、外国公司的撤离清算概述

外国公司无论是自愿撤离还是被迫撤离,都必须经过清算程序,只有经过清算程序之后,其才能从法律上真正撤出内国。外国公司不进行撤离清算,不得将其在内国的财产转移出境外。因此,外国公司撤离时的清算程序对于外国公司在内国的雇员、债权人的权益以及内国的国家利益均有着重要意义。

公司清算,是指公司解散以后,清算组依法对公司的财产和债权债务关系进行清理、处分和分配,从而使公司法人人格消灭的一种法律行为和法律程序。[①] 清算作为公司终止的必经程序,与多方主体的利益密切相关,因此,清算的进行必须遵守我国的具体法律规定。而在清算期间,则由清算组接替公司董事会依职权对外代表公司,并全权处理公司清算的相关事宜和对外代表公司进行诉讼活动。而在清算期间,公司的权利能力、行为能力需受到相应的限制,而仅能经营与清算行为相关的业务。而公司清算的最终目的在于通过终止公司法人资格的方式来保护相关主体的利益,避免相关主体由于公司的经营行为而受到更大的损失。

外国公司的撤离清算,则是指外国公司自内国撤离时,通过

---

① 参见丰晓萌:《新公司法理论精解与实施研究》,中国水利水电出版社 2015 年版,第 235 页。

法定程序清理其在内国的债权债务，了结其现存法律关系的行为。外国公司的清算程序与内国公司的清算程序类似，但亦有自身特点。外国分支机构清算程序与公司清算的最大区别在于没有股东剩余财产分配程序。具有法人资格的有限责任公司及股份有限公司经清算，支付清算费用、职工工资、社会保险、相关税费之后的剩余财产要在原公司股东之间进行分配。有限责任公司按照股东的出资比例分配，股份有限公司按照股东持有的股份比例分配。外国公司本身不具有法人资格，其所有的全部财产本就属于外国公司所有，撤离后仅是将在内国的财产转移到境外，并不影响外国公司在其本国的存续，所以不存在剩余财产分配问题。其在经过公司清算程序并按照法律规定支付相关费用完毕后，将全部剩余财产移转出内国境外即可。

二、外国公司的撤离清算程序

对于外国公司的撤离清算程序，各国或地区法律及法规一般都规定适用其内国公司解散清算程序。例如，《日本公司法》规定，除因性质不被允许之外，外国公司在日本的财产准用本法有关公司清算程序。[①] 我国台湾地区亦规定撤回、撤销或废止认许之境外公司以境外公司在我国台湾地区境内之负责人或分公司经理人为清算人，并依境外公司性质，准用其有关各种公司之清算程序。[②] 与世界大部分国家和地区相同，我国《公司法》[③]亦规定外国公司撤销其在中国境内的分支机构时，必须依法清偿债

① 参见《日本公司法》第903条。

② 参见我国台湾地区“公司法”第380条。

③ 我国《公司法》第197条规定：外国公司撤销其在中国境内的分支机构时，必须依法清偿债务，依照其有关公司清算程序的规定进行清算。未清偿债务之前，不得将其分支机构的财产移至中国境外。

务，依照其有关公司清算程序的规定进行清算。

总结各国或地区公司法及相关法律规定，一般而言，外国公司的撤离清算应当履行如下程序：

(一)选任清算人

清算人，即在公司解散过程中，负责处理公司财产以及清理债权、债务关系的主体。此时的清算人取代公司董事会成为公司的代表人和业务执行机关，对内最基本的职权即为通过公司决策与管理实现对清算事务的处理，对外则代表清算中公司，对其自身负有的债权债务关系进行妥善处理。而公司原来的股东会及监事会依然存在，只是此时股东大会的主要职权为更换清算人、对清算报告给予确认等，而监事会则继续履行维护公司以及职工利益等职责。外国公司清算人的工作关系到清算程序能否顺利完成以及利益相关者的权益能否得到保障。因此，清算人的选任对于外国公司的撤离清算来说至关重要。各国公司法对于清算人的选任有不同的规定，主要存在 3 种模式：一是由公司董事会的 1 名董事担任清算人，《日本商法典》第 417 条规定，公司解散时，除去公司合并与破产的情形，由董事担任公司的清算人。[①] 而我国台湾地区规定，无论境外分支机构是自愿撤离还是被迫撤离，都以境外公司在其境内之负责人或分公司经理人为清算人。二是根据公司章程的具体规定，由股东大会选任清算人。适用此种方式选任清算人的前提在于外国公司内部就清算人选定事宜已于章程中达成了一致意见。三是由外部机关主要是法院选任。例如，《日本公司法》规定在外国分支机构被迫撤离解散清算的

① 参见史学瀛等主编：《国际商法》，清华大学出版社 2015 年版，第 197 页。

情况下,由法院指定清算人。[①] 清算人在清算期间享有清理公司资产、分别编制资产负债表和财产清单;通知、公告债权人;处理与清算有关的公司未了解业务;清缴所欠税款以及清算过程中产生的税款;清理债权债务;处理公司清偿债务后的剩余财产;代表公司参与民事诉讼活动等一系列职权。[②]

我国《公司法》规定,公司在解散事由出现之日起15日内成立清算组,开始清算。有限责任公司的清算组由股东组成,股份有限公司的清算组由董事或者股东大会确定的人员组成。逾期不成立清算组进行清算的,债权人可以申请人民法院指定有关人员组成清算组进行清算。人民法院应当受理该申请,并及时组织清算组进行清算。[③] 但是外国公司分支机构作为外国公司的组成部分,其本部公司的机构与主要营业地都不在内国境内。在解散清算时显然难以派出其的股东来组成清算组。而我国现行法律对于外国分支机构解散清算程序再无其他规定。那么分支机构解散之后,清算组的具体组成人员上就存在疑问。

本书认为,当解散事由出现之后,首先应当由外国分支机构在我国境内指定的机构代表人或机构代理人为清算人。原因如

---

① 参见《日本公司法》第822条。

② 我国《公司法》第184条规定:"清算组在清算期间行使下列职权:(一)清理公司财产,分别编制资产负债表和财产清单;(二)通知、公告债权人;(三)处理与清算有关的公司未了结的业务;(四)清缴所欠税款以及清算过程中产生的税款;(五)清理债权、债务;(六)处理公司清偿债务后的剩余财产;(七)代表公司参与民事诉讼活动。"

③ 我国《公司法》第183条规定:"公司因本法第一百八十条第(一)项、第(二)项、第(四)项、第(五)项规定而解散的,应当在解散事由出现之日起十五日内成立清算组,开始清算。有限责任公司的清算组由股东组成,股份有限公司的清算组由董事或者股东大会确定的人员组成。逾期不成立清算组进行清算的,债权人可以申请人民法院指定有关人员组成清算组进行清算。人民法院应当受理该申请,并及时组织清算组进行清算。"

下:第一,分支机构解散时机构本身不存在股东,也不存在股东大会或董事会,从而无法形成清算组。第二,如果要求外国本公司的股东来我国境内组成清算组,或是要求外国本公司的董事会或股东大会指定清算组也是极不可行的。因为强制要求外国公司股东来华组成清算组将大大提高清算成本,降低清算效率。若外国公司股东逾期未能来华,则仍然需要法院重新指定,又会造成司法资源的浪费。另外,我国法律规定的15日较短期间用于成立清算组,目的是提高解散清算的效率,保护债权人的利益。要求外国公司董事会或股东大会选任清算人往往会超过15日的期限,不利于清算的有效进行。第三,作为外国分支机构的代表人或代理人一般情况下都会长期居住于我国境内,全权处理管理机构的生产经营,能够迅速地通知其成立清算组。并且作为分支机构的代理人或代表人,也是最熟悉分支机构自身状况的管理者,能够提高清算的效率。

清算组的成立应当在解散事由出现后15日内由分支机构代表人或代理人召集组成,逾期未成立的再由法院指定成立。另外,还应当规定,外国公司债权人申请的,应当由人民法院选任清算人,以保障外国公司撤离清算程序的公正、公平。关于清算人的选任程序,可以参照破产管理人的选任办法执行。

(二)通知债权人申报债权

外国公司自内国撤离,如果债权人未在外国公司在内国注销前得到清偿,将会给其债权的实现造成很大难度。法律应该强制要求外国公司在法定期间内将撤离事实通知债权人,敦促债权人积极主张权利。我国《公司法》规定,清算组应当自成立之日起10日内通知债权人,并于60日内在报纸上公告。债权人应当自接到通知书之日起30日内,未接到通知书的自公告之日起45日内,向清算组申报其债权。债权人申报债权,应当说明债权的有关事项,并提供证明材料。清算组应当对债权进行登记。在申报债权期间,清算组不得对债权人进行清偿。[①] 法律强制要求外国公司在法定期间内将撤离事实通知债权人,其目的在于有效维护债权人的利益,防止外国公司借破产逃避自身的债务。但同时应考虑到的是,此时的外国公司已经处于清算程序,不宜在此对其课以过重的通知义务,若是债权人未在规定的期限内申报债权,就不能将其列入清算范围。因此,此时作为自身利益最佳看护人的债权人应承受其在维护自身权益时的懈怠而带来的不利后果。

(三)制订清算方案,清理债权债务

对于内国公司,在清算程序开始之后,清算人应当立即调查公司资产的现状,清理公司所有财产,编制资产负债表和财产清单后,应当制定翔实可行的清算方案,并报股东会、股东大会或者人民法院确认。但是,外国公司在内国并无股东会或股东大会。清算方案究竟由谁来确认,需要进一步的分析。

本书认为,由于外国公司撤离无论出于何种原因,最终其清算后果都将极大地影响外国公司的利益。因此,清算方案首先应当由外国公司的股东会或股东大会来确认。但是,由于对清算方案进行确认的决策机构不在内国境内,且外国公司股东会或股东大会未必能在合理的时间内确认清算方案。为了防止外国公司长时间无法对清算方案予以确认,而导致清算程序的拖沓,我国

---

① 我国《公司法》第185条规定:“清算组应当自成立之日起十日内通知债权人,并于六十日内在报纸上公告。债权人应当自接到通知书之日起三十日内,未接到通知书的自公告之日起四十五日内,向清算组申报其债权。债权人申报债权,应当说明债权的有关事项,并提供证明材料。清算组应当对债权进行登记。在申报债权期间,清算组不得对债权人进行清偿。”

法律应当进一步规定外国公司确认清算方案的期限,即给予外国公司一段合理期间(如30日)确认清算方案。如果超过这一期间,为保护债权人的利益并维护清算程序的有效进行,可经债权人申请由人民法院确认清算方案。

清算方案确认之后,应当以外国公司的所有财产按下列顺序支付:第一,支付清算费用。包括清算组成员和聘请工作人员的报酬;清算财产的管理、变卖及分配所需要的费用;清算中支付的诉讼费用、仲裁费用及公告费用等。第二,支付职工工资、劳动保险费用以及法定补偿金。第三,缴纳所欠税款。第四,清偿公司债务。包括有担保债务和普通债务,到期债务和未到期债务。外国公司支付完上述4部分款项后的剩余财产属于外国公司所有。如果外国公司在内国的全部财产无法全额支付上述部分债务,则由外国公司总部对未清偿部分承担责任。

(四)结束清算,办理撤离登记

对外国公司在内国财产清算结束后,清算人应当制作清算报告,报股东会、股东大会或者法院确认,并与撤离申请书一起报送内国主管机关,有分公司的向公司登记机关申请注销分公司登记,公告公司终止,结束外国公司撤离清算程序。各国公司法对于外国公司撤离时清算报告的确认亦无明确规定,本书认为,可以借鉴清算方案的确认方法。即给予外国公司一定的合理期间来进行清算报告的确认,超过该期间则由法院确认,并报主管机关注销登记。

三、外国公司撤离清算时的法律地位

外国公司在确定撤离以后至清算程序结束之前的这一期间内被称为"清算中公司"。理论界对于清算中公司的法律地位存在不同看法,涉及的主要学说有清算法人说、拟制法人说以及同

一法人说。清算法人说认为,清算中公司是独立于原公司法人的独立法人,不依附于原法人而存在,其存在目的在于实现法人自身的清算,故其作为独立的法人因而拥有特殊的权利能力。该学说的显著缺陷在于公司法人的设立必须经过申请登记。清算法人说依据解散事由的发生即可成立新的法人,与大多数国家或地区的现行法律规定不符。拟制法人说认为,原公司法人基于解散事由的出现,其权利能力也因此丧失,为了有效保障公司法人在解散后清算事务的顺利完成,因而由法律拟制出清算法人,赋予其在清算目的范围内享有相应的权利能力。该学说以公司法人人格并不实际存在而需法律拟制才能实现为理论基础,但现今对法人本质进行分析的学说中,已成为通说的法人实在说与该学说的理论基础存在根本性差异,因此,清算中公司的拟制法人说事实上难以得到普遍认可。同一法人说则认为,公司的解散并不等于公司权利能力的全部消灭,清算中的公司与原公司为事实上的同一法人,而清算中的公司所具有的特殊性在于清算中的公司在结算阶段的权利能力要受到一定的限制。① 该学说明确公司法人人格因设立登记而成立,因注销登记而消灭,公司解散仅是引起公司对人格消灭的原因,此时公司的独立人格仍然存续,只是由业务经营阶段进入清算阶段。该学说符合现行公司法的基本理论。②

我国《公司法》第186条明确规定,公司在清算期间仍然存续,但是不得开展与清算无关的经营活动,可见,我国现行法律采

① 参见李建伟:《公司法学》,中国人民大学出版社2008年版,第185页。

② 参见周玉利:《清算中公司的法律性质及其责任承担》,载《重庆科技学院学报》(社会科学版)2009年第7期。

用的是同一法人说。我国现行法律的规定是对上述学说进行综合考量,并结合我国经济发展现状而做出的最优选择。基于同一法人说,外国公司法人人格并不受解散事由出现的影响,并将一直延续到清算程序的完成,除法律另有规定以外,清算中的外国公司仍然以其全部财产对公司依法终止以前发生的债务独立承担民事责任。我国《公司法》的规定是对公司解散前后法人状态连贯性与稳定性的肯定,有助于清算中外国公司权利义务归属的明确,便于其在公司终止前就自身与利益相关者之间已经形成的法律关系进行妥当处理,从而能够实现外国公司解散可能给债权人、社会经济以及国家发展所造成消极影响的最小化。① 但此时仍赋予其法人人格之目的,在于更高效地处理清算事宜,因此将该期间内外国公司的权利能力限定在处理清算事务范围内,能够有效避免清算中外国公司孤注一掷,通过各种手段掏空公司自身的资产,使债权人的利益遭受二次损害的情形发生,此种合理且必要的规定对于维护交易安全具有重大意义。

根据公司清算的一般流程,与清算有关的活动一般包含对公司财产的清理和保管、了结公司债权债务关系以及分配公司剩余财产 3 个主要方面的内容。② 若清算中的外国公司违反上述规定从事清算事务范围外的活动,则对于此时外国公司行为的效力如何,现行法律并未进行明确规定。若此时与清算中外国企业进行交易的第三人明知该外国企业处于清算阶段却仍然与其进行交易,该交易行为无效自不待言。但若该第三人并不知道该外国公司已经进入清算的事实,而善意地相信此时的外国企业具有完全

① 参见刘俊海:《公司法学》,武汉大学出版社 2010 年版,第 282 页。
② 参见宁金成主编:《公司法学》,郑州大学出版社 2009 年版,第 384 页。

的权利能力和行为能力而与之进行交易,则对此种交易的效力展开分析具有必要性。事实上,我国《公司法》[①]仅规定,公司在清算期间开展与清算无关的经营活动的,应由公司登记机关予以警告,并没收违法所得。此种责任的性质为行政责任,并未涉及该经营活动的民事法律效力。从本条法律规定字面意思来理解,所谓违法所得即指该公司在清算期间超越清算范围进行经营活动所获利益。该规定明确说明由登记机关没收该违法所得,可以看出现行法律实际上是认可公司超越清算事项范围所为行为的民事法律后果的。因为若是法律认定公司的该行为无效,无效的法律后果则要求公司将自身基于交易行为的所得退还给交易相对方,因此并不会产生存在违法所得的情形。[②]

同时,我们可以依据我国现行法律对于公司超越经营范围所订立合同效力的规定,对外国公司超越清算范围所从事交易行为的效力进行思考。公司作为具有法人资格的主体,其所从事民事行为的效力受到公司经营范围的限制。依据早期确立的越权原则的基本内容,公司的生产经营活动应严格遵守公司经营范围的要求,超越经营范围所从事的民事行为一律无效。但该原则在适用过程中,容易破坏交易的便捷性、无形中增加交易成本的弊端亦不断显现。而根据最高人民法院《关于适用〈中华人民共和国合同法〉若干问题的解释(一)》第10条的规定,当事人超越经营范围订立合同,人民法院并不能因此认定该合同无效。只有在该合同违反国家限制经营、特许经营以及法律、行政法规禁止经营

---

① 我国《公司法》第205条规定:公司在清算期间开展与清算无关的经营活动的,由公司登记机关予以警告,没收违法所得。

② 参见暴秀丽:《清算中公司清算范围外经营活动民事责任辨析》,载《法制与社会》2010年第3期。

规定的除外。可见我国对于公司超越经营范围订立合同的效力仍然是认可的,只在该合同内容明确违反国家相关强制性规定的情形下,才对其效力进行否认。由此,反观公司在清算期间超越清算事务所从事的生产或经营活动的效力,在该公司与第三人所进行的交易并未违反法律强制性规定的情形下,对其行为效力进行认可较为妥当。

结　论

我们的时代是经济全球化深入发展的时代，世界各国之间再也不是处于相互孤立、相互隔绝的状态之中，尤其是在经济活动领域，人员、资本、商品、技术之间的流动日益加快，国与国之间经济的依赖度有了明显提升。外国公司前往我国投资兴业早已不是新闻，而是成为我国经济领域一个十分常见、十分正常的现象。对于外国公司在华的经济活动，我们必须保持辩证的态度和方法。一方面，应当肯定外国公司在我国经济发展中扮演的重要角色和作用，应当为外国公司在华的经营行为和业务活动提供必要的协助和便利，绝不能故步自封、闭关锁国，否则我们将会被这个时代发展的浪潮所淘汰；另一方面，也应当看到外国公司在华的经营活动所带来的风险和挑战，这种风险和挑战主要集中在国家经济安全领域、消费者权益保护领域、税收征收管理领域等,因此,我们也不能采取放任自流、无为而治的消极态度,任由外国公司在华随意经营、恣意妄为。面对外国公司如同潮水一般涌入中国所带来的机遇和挑战,必须在坚持改革开放总体基调不动摇的前提之下,进一步健全外国公司的相关法律制度,要善于运用法制的手段,因势导利、循循善诱,强化对外国公司在华行为的监管,充分发挥外国公司的积极因素,最大限度地消解消极因素,以实现维护社会安定团结、保障经济平稳有序发展的既定政策目标。

就外国公司基本问题研究这一课题而言,国内学界对其研究较为薄弱,这是由多方面的原因造成的。从社会经济因素来看,在很长的一段时间内,我国对外经济合作的水平较低,外国公司在华经营活动规模较小,总量有限,对相关法律制度的社会需求并不是很强烈。从学科背景的角度来看,外国公司基本问题的研究涉及公司法、税法、国际私法、国际投资法等诸多学科的领域,涉及面广,内容分布较为驳杂,需要研究者具备多方面、多领域、多学科的知识积淀,研究难度较大。随着我国对外经济合作的进一步强化,外国公司在我国经济生活中所扮演和发挥的地位愈发重要,在这种背景之下,现有的规范体系难以满足外国公司在华活动实践的需要,法律漏洞、法律缺位等现象在这一领域极为突出,为此,必须强化对该领域的研究,为司法实践与行政监管提供切实可行的方法与路径。从知识积淀的角度来看,随着我国法学研究的深入推进,对于公司法、税法、国际私法、国际投资法等相关领域的基本原理、基本制度的研究日益成熟和深入,外国公司法基本问题这一课题的研究开始具备了较为坚实的理论基础。

从研究方法的角度来说,本书主要采取了比较法研究法、案例研究法、实证研究法等方法,通过对相关国家和地区法制的比较、经典案例的梳理与分析、具体法律制度在现实中运行效果的剖析,试图为读者展现出外国公司相关法律制度的全景面貌。从结构上来说,本书以外国公司之进入、经营、退出为线索,全面分析了外国公司的相关法律制度。本书的第一章主要起到了导论的作用,通过对公司法律人格的历史考察来分析外国公司法律人格的特殊之处,本书认为,外国公司一般具有参与市场交易和进行诉讼活动的能力。本书第二章则着重考察外国公司进入内国的过程,对外国公司的承认与许可、目的与能力、行业限制等方面进行了分析。第三章至第五章构成了本书的第三个层次,这一层次着重考察外国公司在内国的行为论与内国行政主管机构对其的监管论,着重剖析了外国企业的社会责任、刺破外国公司的面纱、外国公司的监管等具体问题。第六章构成了本书的第四个层次,着重探讨了外国企业撤离的主要原因、外国企业撤离时清算的主要程序、外国企业撤离时债权的清偿顺序等问题。

本书的主要观点包括:

其一,对于外国法人人格而言,准据法的确定起到了核心而关键的作用,广泛采取的登记地主义模式既存在优点,也具有显著的缺陷,离岸公司的存在体现了法人人格的复杂性与可分性。不同于自然人,法人人格的取得并非理所当然、天经地义,而与特定法制环境之下的公共政策选择有着密切的关联性。在很大程度上,赋予何种团体以法律人格,往往取决于立法者的价值选择与价值判断,也与特定时空背景之下的社会经济结构有着极为密切的关系。因此,空泛地研究外国公司的法律人格问题并没有太大的实际意义,必须将其置于特定的法域范围之内加以探讨。在外国公司法律人格这一问题上,准据法的确定便显得尤为重要,只有首先确定了准据法，才能判定外国公司是否具备享受民事权利与承担民事义务的资格，有关外国公司的承认与许可制度才能发挥其应有的价值。在准据法确定这一问题上，世界上绝大多数国家和地区采取的是登记地主义的原则，即以公司的注册登记地作为确定其准据法的重要依据。这一标准操作简单，清晰明了，然而，其缺点也是显而易见的，即极易出现注册登记地与实际经营中心相分离的局面，导致虚假外国公司的广泛存在。在实践中，存在离岸公司的特殊情形，在这一情形中，公司的法律人格与税收人格发生显著的分离，按照相关国家和地区的规定，离岸公司无法在注册地从事实际的经营活动，甚至也不属于注册地居民纳税人的范畴。离岸公司的出现，极大地简化了公司注册的程序，降低了公司注册成本，便利了商事交易，但也在一定程度上成为洗钱、逃税等诸多违法犯罪的实施工具，因此，必须对离岸公司进行合理规制。

其二，在外国公司准入这一事项上，各国和地区主要借助外国公司承认制度与许可制度对其进行合理规制，在经济全球化的大背景下，应当适度放宽对外国公司的准入限制，为其营造一个良好的生存环境。外国公司承认制度与许可制度之间并不完全相同，然而，两者却存在极为密切的逻辑关联性。承认表现为对域外法法律效力的适度承认，将外国法律制度下特定事实状态的法律效果延展至内国法上。许可则表现为经特定主管行政机关审查过后，对外国公司在内国从事特定范围内的经常性、持续性业务的许可。在两者的关系上，承认为许可的前提，没有承认就一定没有许可，而许可则进一步表现为承认的延伸与扩展。为了保障国家经济安全，各国及地区法制普遍对外国公司所从事的行业进行限制，一般而言，与国家安全、国计民生息息相关的关键环节和重点领域往往会对外国公司施加一定的限制,甚至完全禁止外国公司进入。进言之,一国法制对外国公司准入的限制,同一国的经济发展水平之间存在一定的联系,经济发展水平越高,对外经济联系越是紧密,对外国公司准入的限制就越少。随着我国经济发展水平的提升和对外经济合作的不断深入,应当放松我国关于外国公司准入的审批制度,探索建立负面清单管理模式,增强市场准入机制的透明度和公正性。对于金融等资本行业而言,由于其与国家金融安全之间存在的密切联系,应当在确保安全的前提下扩大对外开放,重点推进健全红筹股回归与资本市场国际板的建设工作。

其三,外国公司应当在内国承担相应的社会责任,与此同时,考虑到内国行政当局对外国公司缺乏足够的控制力,应当坚持双管齐下、多头并举的方针,既要强化相关法律机制,又要健全外国公司内部行为准则,最终实现社会责任的有效落实。公司社会责任来源于对绝对意思自治原则的矫正与补充,充分体现了公司作为社会共同体的一员所承担的社会使命和职责义务。公司社会责任的理论基础主要包括经济力量理论、利益相关者理论、公司公民理论等。对于外国公司而言,由于其从内国社会中获取了大量的利润,增强了自身的经济实力,理应担负起解决社会问题、履行社会职责的使命,对内国社会做出一些力所能及的回报。外国公司所涉及的不仅是股东的利益,还涉及债权人、消费者、雇员、社区等诸多方面的利益,因此,外国公司的决策行为必须兼顾以上主体的切实利益。对于外国公司而言,其所承担社会责任的领域主要包括环境领域、产品流通领域、生产和交易领域、社区领域等方面。由于外国公司是按照外国法的标准设立的法人,其主要资产和业务活动均不在内国,内国行政当局很难实现对其的有效控制,因此,外国企业社会责任的相关规则具有很强的特殊性。应当引入一般注意义务,规范外国公司的组织责任,借助税收等激励措施,促使外国公司更加积极主动地承担社会责任。与此同时,外国公司也应当积极主动地担负起履行公司社会责任的义务,建立健全完善的行为准则和监督机制,共同维护外国公司与所在社群之间的良好关系。

其四,“刺破公司面纱”这一法律制度对于外国公司而言亦有适用的余地,尤其是在针对虚假外国公司事项上,具有很强的作用和价值,与此同时,还应当坚持复合标准机制,以严厉打击不法虚假外国公司。“刺破公司面纱”这一法律制度具有相当程度的衡平法意味,旨在矫正公司独立法律人格和有限责任制度滥用所带来的恶果,更好地保障债权人等相关利益主体的利益。[①] 在适用条件上,“刺破公司面纱”制度于外国公司而言并无特殊之处,当外国公司股东滥用公司独立人格和有限责任制度,给债权人利益带来严重损害时,法院可以适用这一制度。“刺破公司面纱”制度对于外国公司的特殊意义在于,在实践中,少数股东为实现恶意逃避债务的目的,通过在境外注册虚假的外国公司的方式,企图实现逃避相应的法律责任、损害债权人合法权益的目标。“刺破公司面纱”制度能够有效地遏制这种不法行为的蔓延,为债权人利益的维护提供一种行之有效的救济手段和工具,从而在一定程度上解决日益泛滥的虚假外国公司现象,最终实现国家经济秩序的有力维护。与此同时,“刺破公司面纱”这一制度的效力范围仅限于当事人之间,对于遏制日益泛滥的虚假外国公司现

① 参见孟勤国、张素华:《公司法人人格否认理论与股东有限责任》,载《中国法学》2004 年第 3 期。

象作用较为有限,为此,还有必要引入复合标准机制,规定只有当注册地和住所地两者均处于国外的公司方能被认定为外国公司,如果某公司的注册地或者住所地中有一处位于国内,则不能认定该公司属于外国公司的范畴,而是应当径直适用内国公司法的相关规定。

其五,由于内国政府无法对外国公司的组织机构、成员结构、资本制度等方面进行有效控制,为保障内国政治经济安全,应当从代表人制度、信息披露制度、资金监管制度等方面着手,强化对外国公司的监管。代表人是指接受外国公司全权委托,在内国代表外国公司从事生产经营活动的机构负责人。为防止代表人制度形同虚设,应当对代表人的任职条件、忠实勤勉义务等方面作出详细规定。在任职条件方面,各国法律普遍要求代表人须在内国有相应的住所,以便接受内国相关行政主管部门的监督。为防止代表人以权谋私、欺上瞒下,还应课以代表人以忠实和勤勉义务,代表人必须为了外国公司的最大利益而工作,当自身利益与公司利益存在冲突时,必须以公司的利益为重,同时,代表人还应当尽到善良管理人的注意义务。信息披露制度是改变信息不对称局面,确保交易公平、维护交易安全的重要机制。外国公司的域外属性给交易安全带来了一丝阴影和不确定性,为此,必须强化信息披露制度,完善准入阶段的信息披露、存续期间的定期披露和交易披露等制度,为交易安全提供多重保障机制。在资金监管机制方面,尤其应当关注金融类外国公司的问题,应当建立起最低运营资金限额机制、财务会计监管机制等制度,最大限度地保障储户和普通投资者的权益。

其六,外国公司的撤离与公司的终止之间在法律效果上存在一定的相似性,但也存在本质差异,为保障债权人、雇员等相关利益主体的利益,应当健全外国公司撤离清算制度。外国公司的撤离是指外国公司自愿或者被迫关闭处于内国的分支机构,停止在内国业务活动的行为。外国公司撤离的原因多种多样,大体可以分为内国强制外国公司撤离与外国公司自愿撤离两种情形。在法律效果上而言,外国公司的撤离与公司的终止既存在相似之处,也存在不少差异。两者的共性在于都会对债权人、雇员等相关主体的利益造成直接而重大的影响,为保障债权人合法权益不受侵害,无论是外国公司的撤离还是公司的终止,都必须经过法定清算程序。两者的差异主要体现为,公司的终止最终将导致公司法律人格的最终消灭,而外国公司的撤离并不会对公司法律人格产生直接影响。在外国公司撤离的清算程序上,我国法律并无明文规定,从域外规定来看,各国或各地区普遍规定,其清算程序应当准用本国或地区公司解散清算程序。

参考文献

一、译著

1.[德]迪特尔·梅迪库斯:《德国民法总论》,邵建东译,法律出版社2001年版。

2.[德]罗伯特·霍恩等:《德国民商法导论》,楚建译,中国大百科全书出版社1996年版。

3.[德]马迪亚斯·赫德根:《国际经济法》(第6版),江清云等译,上海人民出版社2007年版。

4.[德]托马斯·莱赛尔、吕迪格·法伊尔:《德国资合公司法》(第3版),高旭军等译,法律出版社2005年版。

5.[法]伊夫·居荣:《法国商法》(第1卷),罗结珍、赵海峰译,法律出版社2004年版。

6. [韩]李哲松:《韩国公司法》,吴日焕译,中国政法大学出版社 2000 年版。

7. [加]莫德·巴洛、托尼·克拉克:《蓝金:向窃取世界水资源的公司宣战》,张岳、卢莹译,当代中国出版社 2004 年版。

8. [美]罗宾·保罗·麦乐怡:《法与经济学》,孙潮译,浙江人民出版社 1999 年版。

9. [美]O. C. 费雷尔、约翰·弗雷德里克、琳达·费雷尔:《企业伦理学——诚信道德、职业操守与案例》,李文浩等译,中国人民大学出版社 2016 年版。

10. [美]阿奇·B. 卡罗尔、安·K. 巴克霍尔茨:《企业与社会——伦理与利益相关者管理》(原书第 5 版),黄煜平等译,机械工业出版社 2004 年版。

11. [美]弗兰克·伊斯特布鲁克、丹尼尔·费希尔:《公司法的经济结构》,张建伟、罗培新译,北京大学出版社 2005 年版。

12. [美]哈罗德·J. 伯尔曼:《法律与革命——西方法律传统的形成》,贺卫方等译,法律出版社 2008 年版。

13. [美]理查德·A. 波斯纳:《法律的经济分析》,蒋兆康译,中国大百科全书出版社 1997 年版。

14. [美]理查德·T. 德·乔治:《企业伦理学》(原书第 7 版),王漫天、唐爱军译,机械工业出版社 2012 年版。

15. [美]詹姆斯·W. 汤普逊:《中世纪晚期欧洲经济社会史》,徐家玲等译,商务印书馆 1992 年版。

16. [日]奥村宏:《股份制向何处去:法人资本主义的命运》,张承耀译,中国计划出版社 1996 年版。

17. [日]大塚久雄:《股份公司发展史论》,胡企林等译,中国人民大学出版社 2002 年版。

18. [日]末永敏和:《现代日本公司法》,金洪玉译,人民法院出版社 2000 年版。

19. [英]保罗·戴维斯:《英国公司法精要》,樊云慧译,法律出版社 2007 年版。

20. [英]丹尼斯·吉南著:《公司法》,朱羿锟等译,法律出版社 2005 年版。

21. [英]劳特派特修订:《奥本海国际法上:争端法战争法中立法》(第二分册),王铁崖等译,商务印书馆 1989 年版。

22. [英]亚当·斯密:《国民财富的性质与原理》(四),赵东旭、丁毅译,中国社会科学出版社 2007 年版。

23. [美]莱纳·克拉克曼、亨利·汉斯曼等:《公司法剖析:比较与功能的视角》,法律出版社 2012 年版。

24. [德]格茨·怀克、克里斯蒂娜·温德比西勒:《德国公司法》,殷盛译,法律出版社 2010 年版。

二、外文原著

1. Alan R. Palmiter, *Securities Regulation: Examples and Explanations*, Aspen Publishers, 2005.

2. Herman A. Cousy, "Risks and Uncertainties in the law of Tort", Helmut Koziol, Barbara C. Steininger, eds. *European Tort Law*, 2006.

3. Janet Dine, *Company Law*, Law Press, 2003.

4. L. C. B. Gower, LL. M., F. B. A. etc., *Principles of Modern Company Law*, Steven & Sons, 1979.

5. Philly I. Blumberg, *Corporate Responsibility in a Changing Society*, Boston University School of Law, 1972.

6. R. E. Freeman, *Strategic Management: A Stakeholder*

Approach, Pitman Press, 1984.

7. Saleen Sheikh, *Corporate Social Responsiblity: Law and Practice*, Cavendish Pubishing Limited, 1996.

三、外文期刊

1. Adolf A. Berle, "For Whom Corporate Managers are Trustees: a Note", *Harvard Law Review*, 45(7), 1932.

2. Clarkson, Max B. E, "A Stakeholder Framework for Analyzing and Evaluating Corporate Social Performance", *The Academy of Management*, 20, 1995.

3. E. Merrick Dodd, "For Whom are Corporate Managers Trustees", *Harvard Law Review*, 45(7), 1932.

4. Edwin M. Epstein, "Business Ethics, Corporate Good Citizenship and the Corporate Social Policy Process: A View from the United States", *Journal of Business Ethics*, 8(8), 1989.

5. Mark. S. Schwartz and Archie B. Carroll, "Corporate Social Responsibility: A Three Domain Approach", *Business Ethics*, Quarterly 13, 2003.

6. Milton Friedman, "The Social Responsiblity of Business is to Increas Profit", *the New York Times Magzine*, September, 1970.

7. Ryan P. Toftoy, "Now Playing: Corporate Codes of Conduct in the Global Theater Is Nike Just Doing It?", 15 *Ariz. J. Int'l & Comp. L.* 905 1998.

8. Tim Kitch, "Corporate Social Responsibility: A Brand Explanation", *Brand Management*, 10 2003.

9. Williams, Cynthia A. and Conley, John M., "An Emerging Third Way? The Erosion of the Anglo-American Shareholder Value

Construct",38*Cornell International Law Journal*,2005.

四、中文著作

1. 卞耀武主编:《当代外国公司法》,法律出版社1995年版。

2. 曹建明:《国际公法学》,法律出版社1998年版。

3. 陈安主编:《国际经济法学专论》(第2版)(下编),高等教育出版社2007年版。

4. 陈连军、王明明、栾颖娜主编:《公司法学》,吉林大学出版社2014年版。

5. 崔明霞主编:《商法学》,中国财政经济出版社2001年版。

6. 单荔枝、张朝珺、张博华:《公司治理法律问题研究》,天津人民出版社2007年版。

7. 范剑虹、李翀:《德国法研究导论》,中国法制出版社2013年版。

8. 范剑虹主编:《国际投资法导读》,浙江大学出版社2000年版。

9. 丰晓萌:《新公司法理论精解与实施研究》,中国水利水电出版社2015年版。

10. 甘培忠:《企业与公司法学》,北京大学出版社2014年版。

11. 高如星、王敏祥:《美国证券法》,法律出版社2000年版。

12. 韩长印、李金主编:《公司法通论》,中国法制出版社1996年版。

13. 洪宇主编:《经济法》,立信会计出版社2016年版。

14. 贾琳:《跨国公司法律与实务》,知识产权出版社2012年版。

15. 江平、赖源河主编:《两岸公司法研讨》,中国政法大学出版社2003年版。

16. 江平主编、方流芳副主编:《新编公司法教程》,法律出版社 1994 年版。

17. 江平主编:《法人制度论》,中国政法大学出版社 1994 年版。

18. 孔玉飞:《跨国证券发行与交易中的法律冲突》,知识产权出版社 2009 年版。

19. 李建伟:《公司法学》,中国人民大学出版社 2008 年版。

20. 李金泽:《公司法律冲突研究》,法律出版社 2001 年版。

21. 李永军:《民法总论》,法律出版社 2006 年版。

22. 梁慧星:《民法总论》(第 2 版),法律出版社 2001 年版。

23. 梁慧星:《民法总论》,法律出版社 1996 年版。

24. 林承铎:《有限责任公司股东退出机制研究》,中国政法大学出版社 2009 年版。

25. 凌丹、黄蕙萍主编:《国际经济技术合同》(第 2 版),武汉理工大学出版社 2013 年版。

26. 刘建生主编:《公司法》,四川人民出版社 2004 年版。

27. 刘俊海:《公司法学》,武汉大学出版社 2010 年版。

28. 刘俊海:《公司社会责任》,法律出版社 1999 年版。

29. 刘俊海:《欧盟公司法指令全译》,法律出版社 2000 年版。

30. 刘俊海:《现代公司法》(第 3 版),法律出版社 2015 年版。

31. 刘连煜:《公司治理与公司社会责任》,中国政法大学出版社 2002 年版。

32. 刘萍、冯帅:《公司社会责任的国际造法运动研究》,法律出版社 2015 年版。

33. 卢代富:《企业社会责任的经济学与法学分析》,法律出版社 2002 年版。

34. 吕岩峰主编:《国际私法教程》,吉林大学出版社 2007 年版。

35. 马树杰、李玉香主编:《国际商法》(第 2 版),清华大学出版社 2010 年版。

36. 宁金成主编:《公司法学》,郑州大学出版社 2009 年版。

37. 沈洪涛、沈艺峰:《公司社会责任思想起源与演变》,上海人民出版社 2007 年版。

38. 沈四宝、王军主编:《国际商法》,对外经济贸易大学出版社 2010 年版。

39. 沈四宝:《西方国家公司法原理》,法律出版社 2006 年版。

40. 施启扬:《民法总则》,中国法制出版社 2010 年版。

41. 施天涛:《公司法论》(第 2 版),法律出版社 2006 年版。

42. 施天涛:《公司法论》(第 3 版),法律出版社 2014 年版。

43. 石慧荣:《公司法》,华中科技大学出版社 2014 年版。

44. 史晓丽、祁欢:《国际投资法》,中国政法大学出版社 2009 年版。

45. 史学瀛等主编:《国际商法》,清华大学出版社 2015 年版。

46. 王保树、崔勤之:《中国公司法原理》,社会科学文献出版社 2000 年第 3 版。

47. 王春阁:《内地公司与香港上市及两地监管合作研究》,北京大学出版社 2005 年版。

48. 王建文、范健:《商法学》(第 2 版),法律出版社 2009 年版。

49. 王利民:《论人的私法地位:从一个制度的分析》,法律出版社 2007 年版。

50. 王文宇:《公司法论》,中国政法大学出版社2004版。

51. 吴大峰、郭振华主编:《经济法》,清华大学出版社2013年版。

52. 肖强主编:《国际商法》,中国铁道出版社2011年版。

53. 邢钢:《国际私法视野下的外国公司法律规制》,知识产权出版社2009年版。

54. 杨春宝、程强:《公司全程法律风险防控实务操作与案例评析》,中国法制出版社2015年版。

55. 姚梅镇主编:《海外投资法律实务》,法律出版社1993年版。

56. 叶林:《公司法研究》,中国人民大学出版社2008年版。

57. 尹田:《民事主体理论与立法研究》,法律出版社2003年版。

58. 余劲松:《跨国公司法律问题专论》,法律出版社2008年版。

59. 余劲松主编:《国际投资法》,法律出版社2007年版。

60. 虞政平:《股东有限责任——现代公司法律之基石》,法律出版社2001年版。

61. 张开平:《英美公司董事法律制度研究》,法律出版社1998年版。

62. 张民安:《现代英美董事法律地位研究》,法律出版社2000年版。

63. 张士元、王瑞、李丹宁编著:《公司与企业法》,立信会计出版社2015年版。

64. 赵树文:《公司资本规制制度研究》,人民出版社2015年版。

65. 赵相林主编:《国际商事关系法律适用论》,中国政法大学出版社 2005 年版。

66. 赵旭东:《企业法律形态论》,中国方正出版社 1996 年版。

67. 赵旭东主编:《公司法学》(第 2 版),高等教育出版社 2006 年版。

68. 朱慈蕴:《公司法人格否认法理研究》,法律出版社 1998 年版。

69. 邹海林、周泽新:《破产法学的新发展》,中国社会科学出版社 2013 年版。

70. 张诗伟主编:《离岸公司法理论、制度与实务》,法律出版社 2004 年版。

71. 马更新:《离岸公司的应用与法律规制:基于我国公司集团的实证研究》,法律出版社 2013 年版。

72. 许思奇主编:《日本市场经济法制——日本经验与中国社会主义市场经济立法思路》,辽宁大学出版社 1995 年版。

73. 葛伟军:《英国公司法要义》,法律出版社 2014 年版。

74. 曹兴权:《公司法的现代化:方法与制度》,法律出版社 2014 年版。

75. 赵万一:《商法》,中国人民大学出版社 2013 年第 4 版。

76. 黄辉:《现代公司法比较研究》,清华大学出版社 2011 年版。

77. 徐冬根、陈慧谷、潘杰:《美国证券法律与实务》,上海社会科学院出版社 1997 年版。

五、中文期刊

1. 暴秀丽:《清算中公司清算范围外经营活动民事责任辨析》,载《法制与社会》2010 年第 3 期。

2. 卞爱生、陈红:《司法实践中债权人申请破产的难题及对策》,载《政治与法律》2010 年第 9 期。

3. 蔡恒、孙晓洁:《公司权利能力受目的(经营)范围限制的立法变革——从新〈公司法〉第 12 条谈起》,载《求实》2006 年第 S2 期。

4. 陈杰:《FDI 中的返程投资:现状、成因及规制》,《西南金融》,2007 年第 1 期。

5. 陈盛光:《信托避税——跨国公司国际避税又一出》,载《国际商务财会》2007 年第 8 期。

6. 陈永正、贾星客、李极光:《企业社会责任的本质、形成条件及表现形式》,载《云南师范大学学报》(哲学社会科学版) 2005 年第 3 期。

7. 冯雁秋:《返程投资及其监管探析》,载《中国金融》2006 年第 6 期。

8. 甘培忠、郭秀华:《公司社会责任的法律价值与实施机制》,载《科学社会战线》2010 年第 1 期。

9. 蒋大兴:《中外合作企业合作条件法律性质之探讨——依循规范、实证和理论分析的逻辑》,载《南京大学法律评论》2014 年第 2 期。

10. 雷驰:《"一体两面"的企业社会责任与公司法的进化》,载《中外法学》2008 年第 1 期。

11. 李霖:《红筹股公司回归 A 股市场法律问题研究》,载《金融理论与实践》2007 年第 7 期。

12. 刘阳:《从松花江跨境污染事件透视企业环境责任的重要性》,载《当代法学》2007 年第 1 期。

13. 梅珊:《公司法人之国籍问题研究——兼评〈《中华人民

共和国外国投资法》(草案征求意见稿)〉第二章》,载《法学杂志》2015 年第 10 期。

14. 孟勤国、张素华:《公司法人人格否认理论与股东有限责任》,载《中国法学》2004 年第 3 期。

15. 潘华山:《法人人格的滥用及其否认》,载《法学》1998 年第 3 期。

16. 唐应茂:《私人企业为何去海外上市——中国法律对红筹模式海外上市的监管》,载《政法论坛》2010 年第 4 期。

17. 田孟清:《"假外资":现状、危害、成因与对策》,载《武汉大学学报》(哲学社会科学版)2008 年第 1 期。

18. 童列春、商燕萍:《论公司经营范围的准确定位》,载《行政与法》2006 年第 10 期。

19. 汪世虎、陈英骅:《论英国破产法对我国债权人申请破产之启示——兼论我国〈破产法〉第 7 条第 2 款之完善》,载《河北法学》2014 年第 5 期。

20. 王清友、郭上上:《离岸公司的国际避税手段与法律分析》,载《中国律师》2009 年第 5 期。

21. 王新峰:《外国公司分支机构法律地位的法理分析》,南京师范大学 2005 年硕士学位论文。

22. 吴雨冰:《论公司目的》,中国政法大学 2004 年硕士学位论文。

23. 吴越:《公司身份法的规则及实践》,载《现代法学》2004 第 3 期。

24. 晓文:《日本消费者权益保护政策和立法(上)》,载《中国工商管理研究》1999 年第 10 期。

25. 刑钢:《欧洲视角下对外国公司规制理论的协调》,载《比较法研究》2008 年第 6 期。

26. 徐明、蒋辉宇:《外国公司在我国证券发行与上市的法律问题》,载《东方法学》2009 年第 2 期。

27. 徐恬:《深圳拟推企业社会责任"门票"》,载《深圳商报》2005 年 7 月 21 日,第 A7 版。

28. 殷秋实:《法定代表人的内涵界定与制度定位》,载《法学》2017 年第 2 期。

29. 张锋:《论公司的社会责任》,载《探索》2008 年第 6 期。

30. 张鲲、张雯:《英美公司法越权代表制度及其启示》,载《中共济南市委党校学报》2012 年第 3 期。

31. 张琢、王皓雪:《浅析我国建设国际板是否存在法律障碍》,载《上海证券报》2010 年 4 月 7 日,第 F10 版。

32. 赵万一:《论民商法价值取向的异同及其对我国民商立法的影响》,载《法学论坛》2003 年第 6 期。

33. 周颖昕:《日本环境保护的特点》,载《中国社会科学报》2005 年 6 月 1 日,第 3 版。

34. 周玉利:《清算中公司的法律性质及其责任承担》,载《重庆科技学院学报》(社会科学版)2009 年第 7 期。

35. 朱慈蕴:《公司法人格否认法理与公司的社会责任》,载《法学研究》1998 年第 5 期。

图书在版编目(CIP)数据

公司法中的外国公司法律问题研究 / 赵磊著. —北京:法律出版社,2017
ISBN 978 -7 -5197 -0945 -7

Ⅰ.①公… Ⅱ.①赵… Ⅲ.①公司法—研究—中国
Ⅳ.①D922.291.914

中国版本图书馆 CIP 数据核字(2017)第 108376 号

公司法中的外国公司法律问题研究
GONGSIFA ZHONG DE WAIGUO GONGSI FALÜ WENTI YANJIU

赵 磊 著

策划编辑 刘晓萌
责任编辑 刘晓萌
装帧设计 李 瞻

出版 法律出版社
总发行 中国法律图书有限公司
经销 新华书店
印刷 北京京华虎彩印刷有限公司
责任印制 吕亚莉

编辑统筹 财经出版分社
开本 A5
印张 8.625 **字数** 230 千
版本 2017 年 7 月第 1 版
印次 2017 年 7 月第 1 次印刷

法律出版社/北京市丰台区莲花池西里 7 号(100073)
网址/www.lawpress.com.cn
投稿邮箱/info@lawpress.com.cn
举报维权邮箱/jbwq@lawpress.com.cn
销售热线/010 -63939792
咨询电话/010 -63939796

中国法律图书有限公司/北京市丰台区莲花池西里 7 号(100073)
全国各地中法图分、子公司销售电话:
统一销售客服/400 -660 -6393
第一法律书店/010 -63939781/9782 西安分公司/029 -85330678 重庆分公司/023 -67453036
上海分公司/021 -62071639/1636 深圳分公司/0755 -83072995

书号:ISBN 978 -7 -5197 -0945 -7 **定价**:43.00 元
(如有缺页或倒装,中国法律图书有限公司负责退换)